Un anthropologue en déroute

Du même auteur

Le Retour de l'anthropologue, « Petite Bibliothèque Payot/Voyageurs », Paris, Payot, 1995.

L'anthropologie n'est pas un sport dangereux, « Petite Bibliothèque Payot/Voyageurs », Paris, Payot, 1999.

Voyageurs Payot

Nigel Barley
Un anthropologue en déroute

Traduit de l'anglais par
Marc Duchamp

Titre original :
THE INNOCENT ANTHROPOLOGIST
(British Museum Publications Ltd, Londres)

Carte : Études et cartographie, Lille.

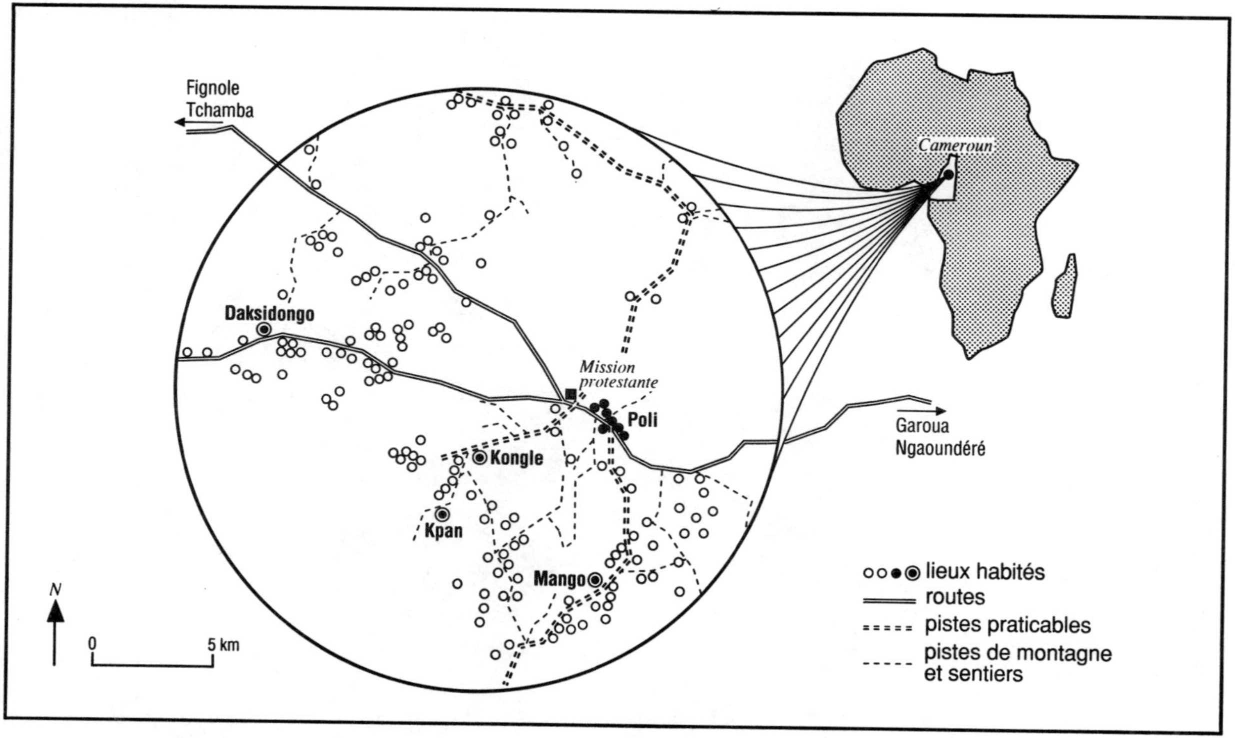
Fignole
Tchamba
Cameroun
Daksidongo
Mission
protestante
Poli
Garoua
Ngaoundéré
Kongle
Kpan
Mango
N
0
5 km
lieux habités
routes
pistes praticables
pistes de montagne
et sentiers

CHAPITRE PREMIER

Le pourquoi...

« Dans ce cas, pourquoi ne pas aller sur le terrain? » C'est la question qu'en vint à poser un collègue à la fin d'une soirée bien arrosée consacrée à l'examen critique de la situation de l'anthropologie, de l'enseignement et de la vie universitaire en général. Le jugement avait été défavorable. Comme dans la comptine de mon enfance, nous avions dressé un inventaire et retrouvé un placard vide.

Mon parcours était des plus classiques. Par la force des choses, j'étais passé des études supérieures à la carrière d'enseignant. En Angleterre, la vie universitaire se fonde sur un ensemble de postulats indéfendables. Pour commencer, il va de soi qu'un bon étudiant fera automatiquement un bon chercheur; qu'un bon chercheur ne peut donner qu'un bon professeur; qu'un bon professeur finira toujours par souhaiter aller sur le terrain. En réalité, tous ces rapports sont sans fondement. Des étudiants brillants sont nuls en recherche. De remarquables universitaires, dont les noms figurent dans toutes les revues spécialisées, distillent des cours d'un ennui mortel, à tel point que les élèves prennent la porte et disparaissent telle la rosée sous le soleil africain. La profession regorge d'adeptes inconditionnels du travail sur le terrain – la peau tannée par les climats torrides, les dents serrées en permanence après des années passées au contact des indigènes – qui, en définitive, n'ont rien à dire d'intéressant dans le cadre d'une discipline universitaire. Nous autres, inefficaces « nouveaux anthropologues », avec nos doctorats de rats de bibliothèque, nous avions décidé que toute cette affaire de recherches sur le terrain était plutôt surfaite. Bien sûr, les anciens qui avaient servi aux beaux jours de l'Empire en « faisant carrière dans l'anthropologie » avaient tout intérêt à entretenir le culte du dieu dont ils étaient devenus les grands prêtres. S'ils avaient bel et bien supporté épreuves et privations au cœur des marécages et de la jungle, ce n'était pas pour voir des freluquets prendre un raccourci.

Toutefois, s'il leur arrivait au cours d'un débat d'être interpellés sur un point de théorie ou de métaphysique, ils finissaient par secouer tristement la tête, tirer languissamment sur leur pipe, caresser leur barbe et marmonner quelque chose à propos des « vrais indigènes », en ignorant les pures abstractions maniées par ceux qui « ne sont jamais allés sur le terrain ». Ils manifestaient une sincère pitié pour tous ces collègues malchanceux, mais l'affaire était entendue. Eux y étaient allés, ils avaient vu de leurs propres yeux. Il n'y avait rien à ajouter.

Après plusieurs années passées à enseigner les vérités orthodoxes dans une section d'anthropologie qui ne se signalait par aucun mérite particulier, il était peut-être temps d'envisager un changement. Il était difficile de déterminer si le travail sur le terrain n'était qu'une rude corvée comparable au service militaire, dont on pouvait facilement se débarrasser sans se plaindre, ou s'il s'agissait d'un des « petits bénéfices » du métier dont un homme devait profiter avec reconnaissance. L'opinion des collègues n'avait aucune portée pratique. La plupart avaient eu largement le temps d'envelopper leurs expériences du rougeoyant éclat de l'aventure romantique. Le passé d'un homme de terrain lui accorde automatiquement le droit d'être un raseur. Ses amis, comme ses parents, sont un peu déçus si chaque sujet abordé, de la lessive à l'art de soigner un banal rhume, n'est pas truffé de réminiscences ethnographiques. Les vieux récits deviennent de vieux compères et, très vite, il ne reste plus que le bon temps passé sur le terrain, excepté quelques îlots encombrants d'inéluctable tristesse qui refusent de se laisser oublier dans l'euphorie générale. Un collègue se targuait d'avoir vécu ses jours les plus merveilleux en compagnie d'indigènes souriants et agréables qui lui offraient des paniers de fleurs et de fruits. Mais il étoffait la chronologie de son séjour en ajoutant : « C'était juste après avoir été victime d'une bonne intoxication alimentaire », ou bien : « A l'époque, je ne sais pas comment je tenais debout avec ces plaies suppurantes que j'avais sous les orteils ». On peut supposer que toute cette histoire était comme ces « joyeux souvenirs de guerre » qui vous font regretter, faute d'une meilleure connaissance des faits, de ne pas avoir vécu à l'époque.

Mais il y avait peut-être un profit à tirer de l'expérience. Les séances de travail en groupes restreints ne me piégeraient plus. Lorsque je serais obligé de disserter sur un sujet dont j'ignorerais tout, je pourrais puiser dans ma réserve d'anecdotes ethnographiques, comme l'avaient fait mes professeurs, et offrir à mes élèves une interminable histoire qui les ferait tenir tranquilles pendant dix bonnes minutes. Je disposerais de tout un arsenal de techniques pour clouer le bec à mes interlocuteurs. A ce propos, un souvenir me revient à l'esprit. Au cours d'une réunion particulièrement ennuyeuse, je conversais poliment avec plusieurs de mes pairs, dont un couple d'ethnographes australiens particulièrement rebutants. Comme s'ils s'étaient donné le mot, les autres invités m'abandonnèrent, me laissant sans défense aux prises avec ces affreux venus des antipodes. Après un silence de plusieurs minutes, je tentai de briser la glace en leur proposant de boire un verre. Une horrible grimace transforma le visage de mon interlocutrice en un masque répugnant. « Ah non! s'écria-t-elle, la bouche tordue de dégoût, on en a trop vu comme ça dans la brousse. » Le grand avantage que retirent ceux qui font des recherches sur le terrain, c'est de pouvoir employer de telles phrases – un droit refusé au commun des mortels. C'est, je le crains, l'utilisation de formules de ce genre qui a valu aux hôtes vraiment obtus des sections d'anthropologie de se voir parer d'une précieuse aura d'excentricité. Ils bénéficient auprès du public d'une image flatteuse. Tel n'est pas le cas des sociologues qui passent pour des gens de gauche sans humour, grands débiteurs d'inepties et de lieux communs. Mais les anthropologues se sont assis aux pieds des saints hindous; ils ont vu des dieux étranges et ont été les témoins de rites immondes; enfin, ils se sont rendus bravement là où nul homme ne s'était aventuré auparavant. Ils baignent dans les effluves de la sainteté et de la divine gratuité. Ils sont les saints patrons de l'Église anglaise de l'excentricité. Il n'était pas question de laisser passer la chance de les rejoindre.

En toute honnêteté, il fallait également envisager l'éventualité, aussi mince fût-elle, de voir le travail sur le terrain contribuer efficacement à l'enrichissement du savoir. A première vue, c'était peu probable. Rassembler des faits n'offre que peu d'attraits. L'anthropologie ne pèche pas par manque de faits mais faute d'une pincée d'intelligence pour en tirer parti. L'esprit du « collectionneur de papillons » règne sans conteste sur la discipline. Il imprègne les travaux de nombreux ethnologues et interprètes en panne d'inspiration qui accumulent des exemples significatifs de coutumes curieuses, classées par région, par ordre alphabétique, par ordre d'évolution, selon la nomenclature en vogue.

Franchement, il semblait et il semble encore que le travail sur le terrain, comme les activités universitaires, trouve plutôt sa justification dans un souci de développement personnel que dans le désir de servir la collectivité. En réalité, la recherche universitaire, comme la vie monastique, n'a pour objet que la perfection individuelle. Elle peut servir de plus vastes desseins mais ne doit pas être jugée sur ce seul critère. Cette opinion ne trouvera pas grâce aux yeux des universitaires conservateurs comme de ceux qui se prennent pour les dépositaires d'une force révolutionnaire. Les uns comme les autres sont affligés d'un zèle de calotin, d'une suffisance complaisante : ils ne peuvent concevoir que le monde ne soit pas suspendu à leurs lèvres.

Pour cette raison, lorsqu'on découvrit dans son journal que Malinowski, l'« inventeur » de la recherche sur le terrain, n'était qu'un homme faillible et trop humain, un pauvre pécheur, la majorité des gens du métier crièrent au scandale. Il allait jusqu'à avouer avoir été exaspéré et lassé par les « Noirs », tourmenté par la chair et par le poids de la solitude. On estima, en général, qu'il aurait mieux valu détruire ce journal, juste bon à « desservir la cause » par son aspect gratuitement iconoclaste incitant à l'irrespect envers les anciens.

Tout cela révèle une intolérable hypocrisie de la part des pourvoyeurs de l'art, qu'il faut dénoncer en toute occasion. C'est avec de telles intentions que j'entreprends la rédaction du récit de mes propres expériences. Ceux qui ont vécu une aventure identique ne trouveront ici rien de surprenant, mais je m'attarde justement sur les aspects que les monographies ethnographiques habituelles signalent comme « anti-anthropologiques », « hors de propos », « sans intérêt ». Dans mon activité professionnelle, j'ai toujours été attiré par les plus hauts niveaux d'abstraction et de spéculation théorique, car c'est uniquement en progressant dans ces domaines que l'interprétation en général peut se rapprocher de la réalité. Garder les yeux fixés sur le sol, tel est le moyen le plus sûr de se forger une vision inintéressante et partiale. Aussi ce livre peut-il servir à rétablir l'équilibre, à montrer aux étudiants et – espérons-le – à n'importe quel profane que la monographie achevée s'apparente à la « masse saignante » de la réalité brute sur laquelle elle repose, à transmettre enfin à ceux qui n'ont pas vécu cette expérience quelque chose des sensations que procure la recherche sur le terrain.

L'idée d'« aller sur le terrain » avait fait son chemin dans mon esprit; la graine n'avait plus qu'à germer et pousser comme il se doit. « Pourquoi aller travailler sur le terrain? » demandai-je à un collègue. Il me répondit par un geste emphatique que j'attribuai à sa panoplie de maître de conférences. C'était celui qu'il utilisait lorsque des étudiants lui posaient des questions du genre : « Qu'est-ce que la vérité? » ou « Comment épelez-vous " chat "? ». Il m'en avait donc dit suffisamment.

Une fiction de bon ton veut que les anthropologues soient consumés du désir brûlant de vivre parmi une population particulière de cette planète, qu'ils croient dépositaire d'un secret d'une grande portée pour le reste des humains. Suggérer qu'ils pourraient travailler autre part revient à supposer qu'ils pourraient tout aussi bien avoir épousé la première venue et non l'âme sœur. Ma thèse, elle, avait été rédigée à partir de documents manuscrits ou imprimés. Comme je l'avais précisé alors, quelque peu prétentieusement, je « voyageais dans le temps, non dans l'espace ». La formule rassura mes examinateurs qui, en me menaçant du doigt, se crurent néanmoins tenus de m'avertir que je devrais travailler à l'avenir dans des zones géographiques plus conventionnelles. Je ne me sentais d'allégeance envers aucun continent et, n'ayant pas choisi de spécialité avant la licence, aucun pays ne me rebutait *a priori*. Jugeant un travail achevé comme le reflet des hommes étudiés et non comme l'image de ceux qui les ont observés, je considérais l'Afrique comme de loin le continent le moins attrayant. Après un démarrage en trombe dû à Evans-Pritchard, l'anthropologie africaine était rapidement tombée dans la pseudo-sociologie et les systèmes de parenté pris comme un tout, puis elle avait retrouvé un peu de vigueur en étudiant, à son corps défendant, des sujets aussi « difficiles » que le mariage prescrit et le symbolisme – tout en restant fondamentalement fidèle à sa pure et simple individualité. L'anthropologie africaine doit être un des seuls domaines où le prosaïsme le plus terne est reconnu d'office comme méritoire. L'Amérique du Sud avait quelque chose de fascinant mais des collègues m'avaient assuré que le climat politique y rendait toute tâche presque impossible, sans compter le fait que, bon gré mal gré, le chercheur y travaillait à l'ombre de Lévi-Strauss et des anthropologues français. L'Océanie aurait été un choix de tout repos pour ses conditions de vie, mais toutes les études sur elle finissaient par se ressembler. Les aborigènes semblaient avoir le monopole de systèmes matrimoniaux aux diaboliques complexités. L'Inde aurait été pour moi un endroit paradisiaque à condition que je reste au moins cinq ans cloué à apprendre suffisamment de langues avant de songer à entreprendre la moindre étude sérieuse. Et l'Extrême-Orient? J'allais me documenter là-dessus le plus possible.

Cette manière de procéder peut sembler superficielle, mais mes confrères, et par voie de conséquences nos étudiants, n'ont pas d'autres critères de sélection. Après tout, la plupart des recherches ont comme point de départ un vague sentiment d'intérêt pour un certain pays ou un certain domaine à explorer, et rares sont ceux qui connaissent la thèse qu'ils défendent avant de l'avoir écrite.

Dans les mois qui suivirent, les nouvelles mêlèrent

gouvernement indonésien en mauvaise posture et atrocités ou destructions commises un peu partout en Asie. De guerre lasse, je mis le doigt sur la Timor portugaise. Je savais très bien que le symbolisme culturel et les systèmes de croyance m'intéressaient plus que la politique ou la socialisation urbaine, et Timor semblait un réservoir de possibilités fructueuses avec ses divers royaumes et ses systèmes d'alliances normatifs imposant des mariages entre membres d'une même parentèle. Il semble qu'une loi empirique veuille que des systèmes symboliques nettement établis se présentent souvent là où de tels phénomènes se produisent. J'allais m'atteler à un programme, lorsque j'appris par les journaux que l'île était le théâtre d'une guerre civile, d'un génocide et d'une invasion. Les Blancs fuyaient, la famine menaçait. Mon voyage tombait à l'eau...

Quelques collègues consultés rapidement me suggérèrent de réexaminer le cas de l'Afrique où l'on obtenait plus facilement qu'ailleurs des autorisations de recherche et où les conditions de travail étaient plus stables. On m'indiqua les Bubi de Fernando Póo, une île au large de la côte ouest, ancienne colonie espagnole, qui dépend administrativement de la Guinée Équatoriale. J'entrepris de fouiner dans la littérature qui lui était consacrée. Tous les auteurs disaient pis que pendre de Fernando Póo et des Bubi. Les Anglais manifestaient un profond mépris pour « un lieu où on est exposé à rencontrer, en fin d'après-midi, un fonctionnaire espagnol débraillé encore en pyjama », et ils insistaient sur la chaleur suffocante et les multiples maladies qui y ont élu domicile. Au XIXe siècle, les explorateurs allemands avaient ignoré les indigènes pour avoir vu en eux des dégénérés. Mary Kingsley signalait que l'île offrait la perspective d'une importante réserve de charbon. Richard Burton avait, semble-t-il, stupéfié tout un chacun en y séjournant bel et bien, sans trépasser. Une approche plutôt déprimante. Par bonheur pour moi, le dictateur local inaugura une politique de massacre systématique de ses « opposants », un terme qu'il utilisait dans un sens très large. Je ne pouvais plus songer à me rendre à Fernando Póo.

C'est à ce moment que d'autres collègues me vinrent en aide en attirant mon attention sur un groupe de païens d'une région montagneuse, au nord du Cameroun, étrangement négligés. C'est ainsi que je découvris l'existence des Dowayo, qui allaient devenir « mon » peuple, aimé et détesté à la fois. Me prenant un peu pour une bille de flipper, je partis à leur recherche.

En consultant le fichier de l'International African Institute, je trouvai des récits d'administrateurs coloniaux français et d'un ou deux voyageurs * qui suffirent à prouver leur intérêt : ils pratiquaient le « culte des crânes », procédaient à la circoncision, possédaient un langage sifflé et momifiaient leurs morts ; ils avaient aussi la réputation d'être sauvages et rétifs. Mon collègue me donna le nom d'un missionnaire qui avait vécu parmi eux durant plusieurs années et celui d'un couple de linguistes qui travaillaient sur leur langue. Il m'indiqua sur une carte où ils vivaient. J'étais dans le coup.

* Dont, peut-être, Bertrand Lembezat, *Les Populations païennes du Nord-Cameroun et de l'Adamaoua*, Paris, 1961, qui parle des Do Ayo ou Do Ouayo ou Namchi. Contrairement à cet auteur, nous avons conservé la transcription anglaise : Dowayo. *(N.d.T.)*

Je me mis aussitôt à l'œuvre, sans même savoir si j'étais vraiment décidé à faire le voyage. Il me manquait l'argent et l'autorisation nécessaires aux recherches. Si j'avais imaginé qu'il me faudrait deux ans d'efforts pour les obtenir, je me serais peut-être demandé si tout cela valait la peine. Heureusement, mon ignorance me maintint dans de bonnes dispositions et je me familiarisai avec l'art de ramper pour obtenir des fonds.

CHAPITRE II

... Et le comment

Je m'étais dit qu'en premier lieu il fallait convaincre la commission chargée d'accorder les subventions que mes recherches seraient « nouvelles » – c'était on ne peut plus éloigné de la vérité. Lorsqu'un ethnologue inexpérimenté parle de ses projets en ces termes, la commission commence, peut-être en s'appuyant sur une solide expérience, par se demander si la recherche s'annonce comme un modèle standard, dans la continuité de travaux précédents. En insistant sur les vastes implications théoriques de ma petite contribution de chercheur à la survie de l'anthropologie, je me plaçais dans la position d'un convive vantant les vertus du rosbif au cours d'un repas végétarien. Chacune de mes initiatives aggravait mon cas. Finalement, je reçus une lettre m'informant que la commission était favorable à l'achèvement de l'ethnographie de base de la région, c'est-à-dire à l'accumulation systématique de faits. Je reformulai ma demande, d'une façon idiotement circonstanciée. Cette fois, on me fit savoir qu'on était inquiet à l'idée de me voir entreprendre des recherches sur un groupe indigène inconnu. Je repris ma plume.

Ils cédèrent. Je reçus ma subvention. Le premier obstacle était franchi.

Il me restait encore à obtenir une autorisation de recherche. Le temps et l'argent filaient, le problème devenait crucial. Un an plus tôt je m'étais adressé au ministère compétent du gouvernement camerounais et on m'avait promis une réponse en temps utile. Je réitérai ma requête et on me demanda une description détaillée de mon projet. Je m'exécutai puis j'attendis. Enfin, alors que je désespérais, je reçus l'autorisation de déposer une demande de visa et de me rendre ensuite à Yaoundé, la capitale. Je confesse, non sans un certain embarras à l'égard des vieux routiers de l'Afrique, qu'à ce moment-là je croyais naïvement en avoir fini avec la bureaucratie. Je me représentais l'administration comme une équipe informelle de « gars » expédiant les papiers avec du bon sens commun et de la bonhomie. Dans un pays de sept millions d'habitants, presque tout devait pouvoir se régler d'homme à homme, en manches de chemise, comme au temps du vieil Empire britannique. Il devenait inutile de faire des phrases dès l'instant où chacun s'acquittait convenablement de sa tâche.

J'aurais pu tirer toutes sortes de leçons de mes rapports avec l'ambassade du Cameroun, mais je n'en fis rien. A la manière la plus anthropologique qui soit, en attendant d'avoir réuni les preuves, je laissai toutes les conclusions en suspens. Ayant téléphoné à l'ambassade pour m'assurer qu'elle était ouverte, je m'y rendis muni de toutes les pièces justificatives, non sans éprouver une certaine fierté à l'idée d'avoir eu la présence d'esprit d'y joindre les deux photos nécessaires à l'établissement de mon passeport. Je trouvai porte close.

En sonnant avec insistance, j'obtins qu'une voix me réponde d'un ton hargneux, et uniquement en français, de revenir le lendemain.

Le jour suivant je repris le chemin de l'ambassade et je réussis à progresser jusqu'au hall d'entrée. Là, on m'informa que la personne compétente était absente pour une durée indéterminée. J'en déduisis que la demande de visa était une démarche étrange et inhabituelle. Toutefois, je glanai un renseignement utile : pour obtenir un visa, je devais produire un billet d'avion retour. Je me rendis donc aux guichets de la compagnie aérienne.

A Air Cameroun les clients sont considérés comme des importuns. A l'époque, je n'avais pas encore compris qu'il en allait ainsi dans tous les services dépendant du gouvernement et je mis cela sur le compte de difficultés d'expression orale. Les chèques ne leur inspiraient pas confiance, l'argent liquide ne leur paraissait pas indiqué. Je m'en tirai en payant mon billet par traveller's cheques français. Mais j'ignore comment font les autres voyageurs. (Pour les novices, une règle s'impose : n'utiliser les compagnies aériennes des pays exotiques qu'en s'adressant à une agence de voyages qui acceptera les modes de paiement habituels.) Étant sur place, j'en profitai pour me renseigner sur les trains reliant Yaoundé et Ngaoundéré, mon étape suivante sur la route du Nord. On me fit sèchement remarquer que j'étais dans les bureaux d'une compagnie aérienne et non dans ceux du chemin de fer, mais il se trouvait qu'un train à air conditionné circulait entre les deux villes. Le voyage durait environ trois heures.

Porté par la victoire et armé de mon billet d'avion, je

retournai à l'ambassade. Le fonctionnaire était toujours absent. En attendant, je pouvais répondre à un questionnaire en trois exemplaires. Après avoir laborieusement rempli le premier formulaire, quelle ne fut pas ma stupéfaction de le voir jeter au panier. J'attendis pendant une bonne heure. Il ne se passait toujours rien. Des gens entraient et ressortaient du bureau où je me trouvais en bavardant nonchalamment, en français la plupart du temps.

Il est peut-être utile de rappeler que le Cameroun, colonie allemande, tomba aux mains des Britanniques et des Français au cours de la Première Guerre mondiale. Il obtint son indépendance en 1960 pour devenir une république fédérale, jusqu'en 1972 où fut proclamée la république unie du Cameroun. En principe, on y parle aussi bien anglais que français, mais il est téméraire de s'aventurer dans le pays avec l'anglais pour seul bagage.

Finalement, une Africaine monumentale vint me trouver et me fit longuement la conversation dans une langue inconnue. Aujourd'hui, je suppose que c'était de l'anglais. Si, sur un ancien territoire britannique, quelqu'un s'adresse à vous dans une langue parfaitement incompréhensible – dont même les sons de base vous laissent confondu –, c'est probablement de l'anglais. On me conduisit ensuite dans un autre bureau où de nombreux classeurs étaient rangés sur des étagères, le long des murs. Je remarquai qu'ils contenaient les photos et les signalements des personnes interdites de séjour au Cameroun. Qu'un pays aussi jeune ait pu déclarer tant de gens indésirables sur son sol, cela m'étonne encore aujourd'hui. Après avoir passé un long moment à me chercher en vain dans les classeurs, la femme les abandonna sans cacher sa profonde déception. Un nouvel obstacle se présenta lorsqu'on s'aperçut que mes deux photos étaient d'un seul tenant. On me blâma de ne pas avoir pensé à les séparer. Et c'est alors que commença une longue chasse aux ciseaux, qui mobilisa un nombreux personnel. On déplaça des meubles, on secoua les classeurs, et moi-même, désireux de faire preuve de bonne volonté, j'inspectai le sol, sans grande conviction. Aussitôt je me le vis reprocher. Avais-je oublié que j'étais dans une ambassade où je ne devais ni toucher ni regarder quoi que ce fût ? De fil en aiguille, on finit par suivre la trace des ciseaux jusqu'au sous-sol où un homme les détenait sans y être autorisé. On m'expliqua longuement l'affaire. Tout le monde fut invité à manifester son indignation. Survint alors la question du paiement ou non du visa. Naïvement, j'avais proposé de le faire, sans me douter que le problème prendrait une telle ampleur. Seul le directeur du service était habilité à se prononcer.

De retour dans le hall d'entrée, je vis arriver un nouveau Camerounais qui se mit à lire attentivement mes documents et me pria de lui expliquer les motifs de mon voyage. Il m'écouta d'un air on ne peut plus soupçonneux. En effet, comment expliquer – à cet homme en l'occurrence – pourquoi le gouvernement britannique estimait opportun de consacrer d'importantes sommes d'argent à ses jeunes chercheurs pour leur offrir la possibilité de se rendre dans des régions désolées du globe, soi-disant pour y observer des gens notoirement connus, localement, pour leur niveau d'ignorance et leur arriération ? Quel profit un jeune Anglais pouvait-il bien tirer de l'étude de telles peuplades? Bien évidemment, cela devait camoufler quelque chose du genre espionnage, contrebande ou prospection minière. Pour échapper à ces soupçons, je n'avais plus qu'à jouer au parfait imbécile inoffensif ne se rendant compte de rien, ce qui me réussit. On m'accorda un visa : un énorme tampon où l'on pouvait reconnaître la réplique grossière de la Marianne française. En sortant de l'ambassade, je me sentais étrangement fatigué, en proie à un sentiment persistant d'humiliation et d'incrédulité. Sentiment qui allait me devenir de plus en plus familier par la suite.

Il me restait une semaine environ pour mettre mes affaires en ordre et terminer mes préparatifs de départ. Depuis quelques mois, les vaccinations jouaient un grand rôle dans ma vie. Encore une contre la fièvre jaune, et je serais parfaitement invulnérable. Malheureusement, cette dernière injection provoqua un accès de fièvre et des vomissements qui compromirent la joie des adieux. On me gratifia d'une imposante boîte de médicaments accompagnée d'une liste des symptômes qu'ils étaient censés combattre et dont je connaissais la plupart depuis qu'on me vaccinait.

Le moment des ultimes recommandations était venu. Mes proches, vierges de toute compétence en anthropologie, savaient seulement que j'étais assez cinglé pour aller dans des pays sauvages où je vivrais dans la jungle, à la merci des lions et des serpents, sans parler du danger de finir dans la marmite des gens du cru. Lorsque, plus tard, je me trouvai sur le point de quitter le pays des Dowayo, j'entendis avec une certaine satisfaction le chef de village me déclarer qu'il m'aurait accompagné avec joie jusque dans mon village anglais s'il n'avait pas craint de se retrouver dans un pays très froid et plein de bêtes sauvages du genre des chiens européens de la mission, où, c'était bien connu, on rencontrait des cannibales.

On pourrait écrire tout un livre sur le thème des conseils aux jeunes ethnologues qui partent travailler sur le terrain. On raconte que l'éminent anthropologue Evans-Pritchard disait simplement à ses protégés : « Emportez un panier pique-nique de chez Fortnum and Mason's et n'approchez pas les femmes du pays. » Un autre spécialiste de l'Afrique confiait que le secret du succès des recherches sur le terrain tenait dans la possession d'un bon tricot de corps en coton à grosses mailles. En ce qui me concerne, on me conseilla de ne pas oublier de rédiger mon testament (ce que je fis), d'emporter du vernis à ongles pour les dandys locaux (ce que je ne fis pas) et de me procurer un bon canif (qui se cassa). Une anthropologue me communiqua l'adresse d'un magasin de Londres où je pourrais trouver des shorts aux poches à rabats « antisauterelles » (un luxe superflu).

S'il a besoin d'un véhicule, l'ethnographe est dans l'obligation de faire un choix fondamental. Soit il achète avant de partir une automobile qu'il remplit de toutes les denrées qui lui seront nécessaires pour survivre et il l'expédie par bateau, soit il arrive à destination les mains vides et se procure sur place tout ce dont il aura besoin.

La première formule lui offre l'avantage de s'en tirer à moindres frais et d'être sûr de ne manquer de rien. Les inconvénients résident simplement dans la frustration qui peut découler des rapports avec les agents des douanes et autres fonctionnaires, lesquels prendront à cœur de saisir, d'entreposer jusqu'au pourrissement, de taxer, de laisser piller ces « marchandises », d'exiger qu'il en établisse des listes en quatre exemplaires, dûment signées, certifiées, estampillées par d'autres fonctionnaires en poste à des centaines de kilomètres de là, le tout pour éviter de se voir harceler et persécuter avec délectation par cet efficace service d'accueil. Mais bon nombre de ces tracasseries lui seront épargnées s'il a une certaine pratique du pot-de-vin, ce qui en général fait défaut au nouvel arrivant qui n'a aucune idée de la somme appropriée ni de la personne à laquelle il est judicieux de la remettre. Entreprise à l'aveuglette, cette démarche délicate risque de lui attirer de sérieux ennuis.

La seconde méthode, qui consiste à tout se procurer sur place, a pour inconvénient d'être très onéreuse. En Afrique, les automobiles sont vendues à plus du double du prix pratiqué en Angleterre et le choix en est très limité. Le nouveau venu a peu de chances de faire une bonne affaire. Dans mon innocence, j'optai pour cette deuxième solution, faute de temps pour me préparer en toute quiétude et trop impatient de partir.

CHAPITRE III

En direction des montagnes

A la nuit tombée, tandis que l'avion se posait sur l'aéroport de Douala, une odeur musquée et lourde envahit la cabine – l'odeur de l'Ouest africain. Sur la piste, une pluie chaude nous accueillit, qui finit par dégoutter comme du sang de nos visages en sueur. A l'intérieur de l'aéroport régnait la plus inimaginable des pagailles. Une foule d'Européens s'agglutinait désespérément ou invectivait des Africains. Des Africains injuriaient des Africains. Un Arabe esseulé se laissait flotter, inconsolable, d'un guichet à un autre. Devant chacun d'eux, des gens se bousculaient sans ménagements : c'étaient des Français qui se frayaient un chemin à coups de coudes. J'allais recevoir ma deuxième leçon sur la bureaucratie camerounaise.

Il semblait que nous devions remplir plusieurs exemplaires de questionnaires sur nos visas, nos certificats de vaccination et de santé ainsi que nos permis de séjour. Le marché des stylos à bille y gagnait beaucoup. Tandis que les Français se frayaient un chemin en jouant du coude, pour s'octroyer le privilège d'attendre leurs bagages sous la pluie, nous eûmes le bon réflexe de prendre notre mal en patience. Malheureusement, plusieurs d'entre nous étaient incapables de préciser leur lieu de destination et les noms de leurs relations d'affaires. Un fonctionnaire d'une corpulence impressionnante était venu s'asseoir à son bureau et, plongé dans la lecture d'un journal, il nous ignorait. Nous ayant classés, avec satisfaction, par ordre hiérarchique, il nous fit enfin subir un interrogatoire avec l'air de dire : « On n'est pas là pour rigoler. » En voyant la tournure que prenaient les événements, je m'inventai une adresse, comme le firent plusieurs autres voyageurs. Par la suite, je devais remplir consciencieusement de nombreux formulaires qui finiraient sans aucun doute mangés par les termites ou déchirés sans avoir été lus.

De retour devant les trois bureaux de réception, nous passâmes la douane où un drame était en train de se dérouler. Des substances aromatiques avaient été découvertes dans les bagages d'un Français qui jurait, en vain, qu'il ne s'agissait que d'herbes pour des sauces de sa cuisine nationale. L'agent était convaincu d'avoir mis la main sur un important trafiquant de marijuana, un exploit, même si tout le monde savait que le marché de cette drogue se développait à l'intérieur du Cameroun et en alimentait l'exportation frauduleuse.

L'escouade de Français débrouillards était de retour et semblait faire merveille. Soudain, l'imposante silhouette d'un Africain immaculé, monté en première classe à Nice, fendit la foule. D'un claquement de ses doigts bagués d'or, il désigna ses bagages qui disparurent aussitôt aux mains de porteurs. Mes valises passèrent la douane avec les siennes et je me vis ainsi autorisé à pénétrer en terre africaine.

La première impression est toujours décisive.

L'homme dont les genoux ne sont pas noirs sera repéré quoi qu'il fasse. Pour commencer, je vis l'étui de mon appareil photo happé par ce que j'avais pris pour un porteur zélé. Il allait se fondre dans la foule lorsque je m'élançai à sa poursuite en criant : « *Au secours ! au voleur* * *!* » La cohue me servit en lui barrant la route. Après une courte bagarre, je lui repris mon appareil photo et il s'enfuit avec une joue fendue. Un chauffeur de taxi compréhensif me conduisit à mon hôtel en ne me prenant que cinq fois le prix normal de la course.

Dès le lendemain, je m'arrachai aux charmes de Douala et m'envolai pour la capitale sans nouvel incident, ayant toutefois adopté les manières rogues et menaçantes des autres passagers à l'égard des porteurs et des chauffeurs de taxi. A Yaoundé, je dus passer par une longue période de bureaucratie : pas moins de trois semaines pour avoir des papiers en règle. Il ne me restait plus qu'à jouer au touriste.

A première vue, la ville est sans charme. A la saison sèche, elle disparaît sous une poussière déplaisante ; à la saison des pluies, elle se transforme en marécage. Ses grands monuments sont aussi séduisants que les constructions qui servent de snack-bars sur les autoroutes. Sur les trottoirs, les grilles effondrées offrent aux promeneurs non avertis un plongeon direct dans les égouts de la ville. Rares sont les nouveaux venus qui survivent sans la moindre entorse. La vie des expatriés se déroule autour de deux ou trois cafés où ils viennent s'asseoir pour tuer l'ennui, regarder passer les taxis jaunes et résister au harcèlement des marchands de souvenirs. Ces derniers sont des messieurs au charme irrésistible qui savent que les hommes blancs achètent

* En français dans le texte.

n'importe quoi pourvu que ce soit à un prix exorbitant. Ils proposent un assortiment de sculptures tout à fait acceptables et de produits de pure pacotille comme autant d' « authentiques objets d'art ». Le tout avec l'air de se livrer à une bonne blague. Les prix sont au moins vingt fois supérieurs au seuil raisonnable. Si un client s'indigne à l'idée de se faire voler, les marchands s'esclaffent et acquiescent en baissant spectaculairement leur prix. Beaucoup entretiennent une sorte de relation de clientélisme avec des Européens blasés, en sachant pertinemment que plus ils mentiront sans vergogne, plus ces Blancs les trouveront divertissants.

Le cas le plus triste est celui des diplomates, qui semblent avoir pour règle de conduite d'éviter le plus possible les contacts avec la population du pays, passent en rasant les murs de leur bureau à leur résidence où ils se barricadent, via le café en vogue. Pour des raisons qui apparaîtront par la suite, je plaçai involontairement la communauté britannique dans une position délicate.

Beaucoup plus intéressants me parurent les jeunes *coopérants* * français qui avaient préféré occuper un poste à l'étranger plutôt que de faire leur service militaire dans l'armée. A leur façon, ils s'offraient une réplique de la vie provinciale française en improvisant des barbecues, des rallyes automobiles et des soirées, oubliant presque qu'ils se trouvaient en Afrique. Parmi eux, je fis rapidement la connaissance de deux garçons et d'une fille qui se destinaient plus ou moins à l'enseignement et qui me seraient par la suite d'un précieux secours. A la différence des diplomates qui se cloîtraient, ces jeunes Français sortaient de Yaoundé,

* En français dans le texte.

connaissaient l'état des routes, la situation du marché automobile, etc. Ils entretenaient des échanges avec des Africains, et pas seulement avec ceux qui leur servaient de domestiques.

Après mes déboires avec les fonctionnaires, j'eus la surprise de découvrir que la plupart des gens étaient d'un naturel franchement amical et bon enfant. Je m'attendais à tout sauf à ça. Après les ressentiments d'ordre politique manifestés par les Antillais et les Indiens d'Angleterre, il me paraissait particulièrement ridicule de devoir venir en Afrique pour découvrir que des gens de différentes races étaient capables de s'accepter et de s'entendre sans contrainte. Évidemment, tout ne s'avéra pas aussi simple. Bien des facteurs viennent compliquer les rapports entre Européens et Africains. Certains Africains ont si bien appris la leçon qu'ils sont en tout point semblables à des Noirs français. Par ailleurs, les Européens résidant en Afrique ont tendance à devenir d'étranges personnages. Leur extrême médiocrité explique peut-être le piteux état du corps diplomatique; pas mal de fous – j'en ai rencontré quelques-uns – qui vont très loin malgré les dégâts qu'ils laissent derrière eux. En bon Anglais, j'accordais peut-être trop d'importance au fait d'être abordé avec chaleur par des étrangers dans la rue, apparemment sans motif particulier.

Le temps passait. La vie est chère dans les villes africaines et Yaoundé, paraît-il, bat tous les records dans ce domaine. Je ne vivais pas sur un grand pied, mais je devais partir, vu l'état de mes finances. Il allait me falloir ruer dans les brancards. Je me rendis au bureau de l'Immigration, prêt à en découdre. Derrière sa table, toujours le même inspecteur dédaigneux. Il quitta des yeux les documents qu'il lisait et se lança dans la manipulation compliquée d'une cigarette et d'un briquet, ignorant mes doléances pour jeter enfin mon passeport sur son bureau. Au lieu des deux ans de séjour que j'avais demandés, on m'avait inexplicablement fait l'aumône de neuf mois. En le remerciant pour une telle générosité, je m'éclipsai.

C'est à ce moment que je commis deux bévues révélant à quel point je connaissais mal le pays où j'allais séjourner. Tout d'abord, je me rendis au bureau de poste pour prévenir par télégramme mes correspondants à Ngaoundéré de mon arrivée prochaine. Il parvint à destination quinze jours plus tard, un délai raisonnable selon ce que j'appris par la suite. Dans ce même bureau, un Australien, désespérant de l'arrogance des employés et des clients qui se bousculaient pour se faire servir, se tenait au centre de la pièce. Il hurla à la surprise générale : « C'est bon! j'ai compris. Ici ma couleur de peau n'est pas admise! » Et il ajouta qu'il ne lui viendrait plus jamais à l'idée d'écrire du Cameroun à sa mère. Je lui cédai un de mes timbres et il m'entraîna aussitôt boire une bière, en s'attendrissant sur les sentiments que lui inspirait le Commonwealth. D'une bière à l'autre il m'apprit qu'il voyageait depuis deux ans sans avoir jamais dépensé plus de cinquante pence par jour. J'en restai rêveur jusqu'à ce qu'il disparaisse sans avoir réglé les consommations.

Dans la foulée, je commis une erreur plus sérieuse. Jusqu'ici j'avais gardé sur moi le chèque international certifié qui représentait tout mon avoir. Je décidai de le déposer dans une banque par mesure de prudence. Après une heure d'attente et de bousculades habituelles, un convaincant jeune homme m'assura aimablement qu'on me ferait parvenir un chéquier à Ngaoundéré dans les vingt-quatre heures pour que je puisse retirer l'argent qui me serait nécessaire. Chose incroyable : je le crus. En réalité, je dus attendre cinq mois avant de pouvoir disposer de mon argent. Mais ce ne fut qu'un moindre mal à en juger par les récits, tous plus horribles les uns que les autres, qui circulaient dans la communauté blanche. La plupart des hommes qui se voulaient à la page circulaient avec de petites sacoches en cuir contenant tout ce qu'ils mettaient d'ordinaire dans leurs poches. Depuis, des bandes de grosses Africaines traînaient dans les rues à la nuit tombée pour s'attaquer aux hommes seuls et leur arracher leurs sacoches, les rouant de coups s'ils s'avisaient de se défendre. Rien d'étonnant à cela. L'Afrique a le secret des physiques les plus surprenants, tant chez les femmes que chez les hommes, à cause de vies entières passées aux durs travaux des champs et de régimes pauvres en protéines. Un svelte Occidental ne fait pas le poids face aux vastes pectoraux des Camerounais du Sud.

Je réglai ma note d'hôtel non sans un certain soulagement, souhaitant mentalement bon vent aux airs de guitare africains qui servaient jour et nuit de musique de fond assourdissante, puis je me frayai pour la dernière fois un passage à travers l'essaim des prostituées. Toutes ces dames sont peut-être les représentantes les plus effrontées de la profession. Elles ont imposé une fois pour toutes leur manière de procéder qui consiste à marcher droit vers l'homme sur lequel elles ont jeté leur dévolu avant de l'emprisonner entre leurs jambes comme dans un étau. Mieux vaut éviter de se trouver piégé ainsi dans un ascenseur.

J'arrivai sain et sauf à la gare, mais les délices du train à air conditionné que m'avait vantées la jeune femme de la compagnie aérienne à Londres devaient me rendre de plus en plus sceptique. Il s'agissait en réalité d'un exemplaire du matériel roulant italien de la Seconde Guerre mondiale, mystérieusement acheminé jusqu'ici. Les voitures étaient somptueusement agrémentées d'avertissements en italien sur l'utilisation des réserves d'eau et des toilettes. La question de la traduction des recommandations avait été purement et simplement mise de côté. En continuant à jouer des coudes, je parvins à prendre mon billet de chemin de fer en remplissant autant de formalités que pour souscrire une assurance-vie.

Il semble qu'un voyage en Afrique occidentale soit une aventure très proche de celle des malles-poste que nous décrivent les premiers westerns. L'ambiance est la même, à plus forte raison si l'on voyage en train ou en taxi de brousse. Ces derniers sont les plus utilisés pour les déplacements à l'intérieur du pays. Ce sont des Toyota ou des camionnettes Saviem équipées pour accueillir entre douze et vingt passagers, mais dans lesquelles leurs propriétaires n'hésitent pas à entasser, coûte que coûte, jusqu'à trente ou cinquante voyageurs. Si le véhicule donne la fausse impression d'être plein à craquer, il suffit au chauffeur d'appuyer à fond sur l'accélérateur puis de bloquer les freins, ce qui libère toujours deux ou trois places à l'arrière. Inéluctablement, semble-t-il, à chaque voyage une paire de caporaux, de lieutenants ou de gendarmes vient occuper les meilleurs sièges, à côté du chauffeur, en refusant fort courtoisement de payer leur place. Il est également très fréquent de rencontrer dans ces taxis un couple d'instituteurs originaires du Sud se lamentant d'avoir été nommés dans le Nord musulman. De but en blanc, ils entament le récit de leurs tribulations dans cette région d'obscurantisme, dénonçant tant le manque d'esprit d'entreprise ou la sauvagerie des païens que la nourriture infecte. L'une de ces païennes montera occasionnellement dans la voiture, les pieds dans des chaussures en plastique bleu, donnant le sein à un enfant, comme on le voit faire à tout moment par bon nombre de femmes. Pour compléter l'assemblée se présenteront deux musulmans de la région semi-désertique du Nord flottant dans leur robe et serrant contre eux leur bouilloire et leur tapis de prière.

Il en va de même dans les trains. La radiocassette est la plus appréciée des dernières réalisations de la technologie. Celui qui en possède une peut la faire marcher à plein volume, interminablement, et assourdir tous ses voisins d'une cacophonie hoquetante, criblée des sifflements et des craquements des parasites. Entre les musulmans du Nord et les catholiques du Sud, la compétition pour la maîtrise de l'espace sonore est féroce. Celui qui la détient en use et en abuse quelle que soit l'heure, imposant à la compagnie tantôt les interminables et discordants succès de la pop music en nigérian pidgin *(O me mammy I don forget you)*, tantôt les produits du cru *(Je suis un enfant de Douala, olé * !)* ou les rauques gémissements des fabrications pseudo-arabes. S'il s'avise de s'accorder la moindre pause, elle sera aussitôt mise à profit par un de ses concurrents pour le supplanter. Aussi ne s'y aventure-t-il pas. Dans les villes, il existe un fossé sonore entre le quartier habité par les fonctionnaires et les étrangers, et les

* En français dans le texte.

autres. Les Africains restent pantois devant la prédilection des Occidentaux pour les promenades silencieuses alors qu'ils ont tout à fait les moyens de faire marcher jour et nuit leurs postes de radio.

Autre différence fondamentale entre catholiques et musulmans, les premiers urinent debout et dans les lavabos, sans acrobaties, tandis que les seconds courent les plus grands risques pour se soulager en s'accroupissant à la portière du train en marche, penchés au-dessus du vide, leur robe déployée devant eux telle une tente spacieuse.

J'effectuai ce singulier voyage assis en face d'un agronome allemand qui devait retourner dans le Nord pour respecter les termes de son contrat. Il était chargé de mettre en œuvre un plan destiné à encourager la culture du coton pour l'exportation, dont le gouvernement se réserve le monopole puisqu'elle lui rapporte de précieuses devises. Il ne ménage donc pas son soutien financier à la production de cette matière première. A-t-il vu ses efforts couronnés de succès? Au-delà de ses espérances, me répondit mon voisin. En fait, la population concernée a consacré tant de temps et d'efforts à faire pousser le coton qu'elle en a oublié de cultiver les produits alimentaires dont les prix se sont envolés. Seul un programme d'assistance mis sur pied par l'Église a permis d'éviter la famine. Cette péripétie ne semblait pas décourager, au contraire, mon interlocuteur; il y voyait le signe d'un bel avenir pour le coton dans cette région.

Au cours de mon séjour au Cameroun, je devais rencontrer beaucoup de spécialistes de ce genre, dont certains me reprocheraient âprement d'être un « parasite de la culture africaine ». Eux étaient venus pour partager leur savoir, pour changer la vie des gens. Moi, je n'étais là que pour les observer et, par l'intérêt que je leur portais, les encourager à se maintenir dans l'ignorance et les superstitions païennes. Parfois, dans le silence des longues nuits sans sommeil, il m'est arrivé de m'interroger sur ce point de vue, comme je l'avais fait en Angleterre sur la vie universitaire. Quoi qu'il en soit, lorsque ces censeurs devaient faire face à une situation critique, ils ne semblaient pas être très efficaces. Pour chaque problème qu'ils résolvaient, ils en créaient deux nouveaux. Aussi étais-je plutôt enclin à penser que ceux qui se targuaient d'être les seuls détenteurs de la vérité auraient dû se sentir mal à l'aise en constatant les dégâts qu'ils avaient provoqués dans la vie des autres. A cet égard, l'anthropologue est une bête de somme inoffensive dans la mesure où, selon l'éthique de sa profession, il doit s'abstenir, autant que possible, de s'immiscer dans ce qu'il observe.

Dans le train, de telles pensées occupaient mon esprit d'ethnologue tandis que je mangeais banane sur banane. On m'avait garanti que le voyage n'excéderait pas trois heures : en fait il dura dix-sept heures. La température s'éleva au fur et à mesure que nous escaladions le plateau en direction de Ngaoundéré. Brusquement, la nuit tomba, mais dans le train l'éclairage ne fonctionnait pas. Assis dans l'obscurité, sans cesser de manger des bananes et de baragouiner en allemand, je regardais la savane broussailleuse s'enfoncer dans la nuit. Finalement, au moment où je me demandais si j'allais passer le restant de mes jours dans ce train, nous arrivâmes à Ngaoundéré.

L'impression de dépaysement fut plus forte que dans le Sud. La ville est considérée comme la borne qui sépare la partie nord et la partie sud du Cameroun. Les Blancs apprécient son climat froid et ses liaisons ferroviaires avec la capitale. Si les changements ont été favorisés par cette desserte, l'agglomération comporte encore des quartiers entiers formés d'enclos et de cases aux toits de chaume.

Dans le Sud, cet habitat traditionnel a été totalement sacrifié à la passion de la tôle ondulée ou de la feuille d'aluminium, qui deviennent des plaques brûlantes sous le soleil et font l'effet de vastes radiateurs pendant des nuits aussi étouffantes que les jours. Ce sont tous ces toits de tôle qui enlaidissent en grande partie les villes africaines aux yeux des Occidentaux, un peu par pur ethnocentrisme : le chaume est « pittoresque et rustique », la tôle fait « taudis ». A première vue, Ngaoundéré m'offrait pourtant un spectacle moins répulsif que la plupart des villes africaines. La nuit, avec les innombrables lueurs rougeoyantes des feux domestiques, elle correspondait bien à l'idée que les Blancs se font de l'Afrique. Le jour, entre les monceaux d'immondices, quelques adolescents de la jeunesse dorée faisaient du slalom sur des mobylettes ornées de fleurs en plastique.

Mais pour le moment, l'Allemand et moi étions en plein marchandage avec un chauffeur de taxi. J'aurais probablement accepté de me retrouver dans mon rôle historique d'éternel grugé si l'agronome ne s'en était pris au chauffeur avec toute la férocité et tout le mépris d'un homme qui connaît son monde. En conséquence, on nous conduisit dans un délai record et pour un prix raisonnable à la mission catholique où les prêtres qu'il connaissait bien nous accueillirent à bras ouverts.

Ici, les missionnaires donnent l'impression d'avoir

repris à leur compte la règle d'hospitalité des couvents du Moyen Age à l'égard des voyageurs. Si certains hébergent encore les inconnus de passage, depuis quelque temps la plupart accueillent plutôt des membres de missions en déplacement que des vagabonds. Ils ont été trop exploités par les auto-stoppeurs sans le sou qui croyaient pouvoir vivre d'expédients en Afrique aussi grassement qu'en Europe. Sous l'effet de leurs assauts répétés, l'hospitalité a vu ses ailes sérieusement rognées. Faute de quoi les missions n'auraient plus eu d'autre alternative que de se vouer à l'hôtellerie.

J'étais impatient de me rendre à la mission protestante où j'espérais être attendu. Avec tous les contretemps que m'avaient valus les tracasseries administratives, j'étais en retard de deux mois sur mon programme de recherche et je n'avais toujours pas vu le moindre Dowayo. Je n'avais qu'une peur, c'est qu'ils n'aient jamais existé : dans la langue de cette peuplade, Dowayo signifie « aucun, personne », comme l'avait soigneusement noté un fonctionnaire en réponse à l'une de ses questions. « Quels gens vivent là où je me rends ? » ai-je poliment demandé aux missionnaires catholiques. « Des Dowayo à n'en pas douter », me fut-il répondu. Grâce au ciel, on n'avait jamais eu beaucoup affaire à eux. C'étaient des gens terribles. A l'école des frères, il n'y avait pas pire qu'eux. Qu'est-ce que je leur trouvais donc d'intéressant ? Leur façon de vivre, qui reposait sur une chose : leur ignorance.

CHAPITRE IV

Honni soit qui Malinowski

Avant d'en avoir rencontré un seul, les jeunes anthropologues savent tout sur les missionnaires. Dans la démonologie de la discipline, ils jouent un rôle de premier plan aux côtés des administrateurs pharisiens et des colons exploiteurs. La seule réponse intellectuellement respectable à ceux qui collectent des fonds pour les œuvres des missions consiste en une réfutation argumentée du concept d'intrusion évangélisatrice. La matière ne manque pas. Dès les premiers cours, les anthropologues attirent l'attention des étudiants soit sur les excès de missionnaires sans discernement en Mélanésie, avec pour résultats le culte du cargo et les famines, soit les exactions dont se sont rendus coupables les ordres brésiliens en Amazonie, trempant dans le commerce des esclaves et la prostitution des enfants, faisant main basse sur les terres des paysans et intimidant les indigènes par des démonstrations de force ou la menace des feux de l'enfer. Un peu partout les missions ont détruit la culture et la dignité des indigènes qui tombaient sous leur influence, les réduisant à l'état d'incapables, démunis et désorientés, contraints de vivre d'aumônes dans la dépendance économique et culturelle de l'Occident. Le pire a consisté à imposer au tiers monde les systèmes de pensée néfastes dont nous nous étions depuis longtemps affranchis, en connaissance de cause.

J'avais toutes ces données présentes à l'esprit en me rendant à la mission américaine de Ngaoundéré. Le seul fait de parler à des missionnaires passait pour une trahison à l'égard des principes anthropologiques : depuis que Malinowski, le soi-disant inventeur de la recherche sur le terrain, a le premier passionnément adjuré les ethnologues de se lever et de fuir les vérandas des missions pour aller vivre dans les villages, ils sont obsédés par le souci d'éviter une telle souillure. En attendant, je comptais bien déjouer les ruses du Malin et gagner du temps en me renseignant auprès des gens qui avaient vécu au pays des Dowayo.

A ma grande surprise, on m'accueillit chaleureusement. Au lieu d'impérialistes rampants – excepté deux ou trois représentants de la vieille école –, je découvris des hommes très attentifs à ne pas imposer leurs propres points de vue. En fait, l'anthropologie se voit créditée d'une capacité assez embarrassante de remédier infailliblement aux regrettables malentendus culturels – une position que je me suis toujours honnêtement gardé de défendre.

Mon premier interlocuteur dirigeait la station radio de la mission qui diffusait ses programmes sur une bonne partie des territoires d'Afrique occidentale – lorsque le poste émetteur n'était pas nationalisé par le gouvernement en place. Ron Nelson et sa femme dégageaient une force tranquille très éloignée de l'hystérie conquérante des soldats de Dieu que je craignais devoir affronter. Après tout, il faut être un fanatique pour partir évangéliser les « sauvages ». J'ai rencontré de tels spécimens dans les groupes d'extrémistes radicaux sévissant encore au Cameroun. Parmi eux, certains me couvrirent d'injures en apprenant que j'avais l'intention de rapporter en Europe deux poupées représentant la fertilité, sous prétexte que j'allais ainsi importer le diable en terre chrétienne. Ces objets impies ne méritaient pas d'être exhibés mais brûlés. Fort heureusement, les missionnaires de ce genre sont de moins en moins nombreux, surtout à en juger par les jeunes que j'ai rencontrés.

D'une manière générale, je fus surpris par la masse des travaux effectués par les missions sur les cultures et les langues locales, la traduction, la recherche purement linguistique et les tentatives pour adapter la liturgie au symbolisme de l'idiome. Sans l'aide des missions, il m'aurait été impossible de mener à bien mon propre travail. Tout l'argent dont je disposais ayant été inconsidérément déposé dans les poches d'une banque africaine, c'est grâce à un prêt de la mission que je pus partir sur mon premier lieu de recherche. Par la suite, lorsqu'il m'arriva de tomber malade, c'est à l'hôpital de la mission qu'on me remit sur pied. Si j'étais en rade, les missionnaires m'hébergeaient. Si je n'avais plus de quoi manger, ils me permettaient de m'approvisionner à leur magasin, en principe réservé à leur personnel. Pour le travailleur éreinté et affamé que j'étais, il représentait la caverne d'Aladin, pleine de bonnes choses importées qu'on me cédait à prix réduits.

Mais la mission ne servait pas seulement de bouée de secours à l'anthropologue que rien n'avait préparé matériellement ni mentalement à la vie dans la savane ;

c'était aussi un sanctuaire irremplaçable où, lorsqu'il n'en pouvait plus, il pouvait venir se réfugier, manger de la viande, parler anglais et passer un moment avec des gens qui n'attendaient pas qu'il explique ou justifie sa situation présente.

Les missionnaires français eurent l'occasion eux aussi de me prendre sous leur aile, estimant que les Européens devaient serrer les rangs face aux Américains. Ma préférence allait au père Henri, un extraverti énergique et jovial. Il avait vécu plusieurs années avec les nomades Foulani et, comme le faisait remarquer un des autres missionnaires, « sans avoir jamais pu se décider à les évangéliser ». Il les aimait sans réserve et passait des heures à discuter de subtils points de grammaire avec ceux qui parlent le « pur Foulani ». Au séminaire, situé dans la montagne, sa chambre tenait du lieu de pèlerinage et du laboratoire. A l'aide d'un étonnant appareil Heath Robinson, il emmagasinait les enregistrements que lui apportaient ses informateurs ethnographes, les mettait en forme, les tapait à la machine et les référençait. Lorsqu'il s'emballait, cet homme semblait capable d'aller deux fois plus vite que le commun des mortels. En apprenant que je cherchais une voiture pour circuler dans la savane, il m'emmena sur-le-champ faire le tour de ses relations, ce qui revenait à passer en revue tout un choix de vieilles guimbardes coûtant les yeux de la tête. Pour finir, nous nous retrouvâmes au bar de l'aéroport, tenu par un colon français typique qui s'avéra être un cockney qui connaissait un homme qui connaissait un homme, etc. A la fin de l'après-midi, des voitures affluèrent pour la deuxième fois, le père Henri ayant négocié des séries compliquées d'options avantageuses avec un formulaire d'assurance auto que je pouvais remplir pour couvrir tous risques possibles sous le soleil.

Enfin, je jetai mon dévolu sur une 404 Peugeot que je payai avec l'argent avancé par la mission, et j'y entassai aussitôt des provisions, bien décidé à partir sans plus attendre pour mon terrain d'observation. Plusieurs personnes m'avaient prêté des matériaux rassemblés pour la mission au cours d'une vingtaine d'années passées en territoire dowayo. Il y avait non seulement des informations linguistiques mais aussi les grandes lignes de la parenté (plus que fausses) et toutes sortes de bribes ethnographiques. Je pourrais ainsi convaincre les Dowayo que j'en savais plus long sur leur culture qu'il n'y paraissait et que ce serait pour moi un jeu d'enfant de débusquer demi-vérités et faux-fuyants dans ce qu'ils me raconteraient. Lorsque j'étais encore en Angleterre, j'avais correspondu avec deux chercheurs d'un institut de linguistique d'été, qui m'avaient communiqué une liste de mots, des données générales sur le système verbal et les phonèmes de base de la langue dowayo. Pour un début, il était difficile d'être mieux équipé. Naïvement, je me voyais déjà m'élancer le lendemain matin dans l'air frais et limpide de la brousse pour entreprendre à partir de rien une impitoyable analyse en profondeur de la culture d'un peuple primitif bien à moi. C'est le moment que choisit la bureaucratie pour m'envoyer au tapis.

La survivance d'un système administratif français aussi tentaculaire que suranné au sein de la culture africaine décourage les plus déterminés. Ce sont mes hôtes qui, avec cette sorte d'indulgence bienveillante et résignée réservée à l'innocent ou à l'idiot, me mirent en garde contre le fait que je ne pourrais pas sortir de la ville sans avoir les papiers de ma Peugeot 404 en règle. En différents points, je n'éviterais pas des gendarmes ne pensant qu'à vérifier mes papiers. Dans l'impossibilité de deviner lesquels savaient lire, mieux valait ne pas compter pouvoir passer entre les mailles du filet, sauf en cas d'extrême nécessité.

Peu après, je sortais de la *préfecture* * en possession de tous les papiers requis. C'est alors que commença un « rallye papiers » des plus bizarres et accidentés. On m'avait informé que j'aurais à m'acquitter des droits d'enregistrement pour une somme de cent vingt livres. Après le traditionnel dosage de jeux de coudes et d'arrogance, on me remit un document avec lequel je devais me présenter au ministère des Finances. Là, on rejeta ma demande qui ne portait pas le timbre fiscal de deux cents francs représentant le montant des frais administratifs. Les timbres fiscaux, en vertu d'un règlement apparemment promulgué pour ce seul jour, n'étaient délivrés qu'au bureau de poste, au guichet des « colis ». Il n'y avait pas de timbres à moins de deux cent cinquante francs. Au ministère des Finances on me fit remarquer que mon timbre n'était pas réglementaire et qu'il allait à l'encontre du bon ordre administratif. Seul l'inspecteur était qualifié pour prendre une décision. Malheureusement, on avait le regret de m'informer que l'inspecteur était « retenu par un déjeuner d'affaires », mais qu'il serait tôt ou tard de retour dans son bureau. Un chauffeur de taxi foulani, fataliste et aussi encalminé que moi, me dit trouver dans sa religion musulmane une source de grand réconfort en ces temps d'adversité. Il bataillait pour tenter de régler sa facture d'électricité et courait d'un

* En français dans le texte.

bureau à l'autre pour essayer d'attraper un employé par surprise. On le morigénait avec une désapprobation croissante et, pour le punir de son impatience indécente, je me vis remettre, plus tôt que prévu, ma feuille de papier dûment timbrée par les autorités compétentes. J'attendais depuis près de trois heures.

Le lendemain, je réapparus dans le bureau où j'avais commencé mes démarches et, en échange de tous mes documents, je reçus un autre formulaire en triple exemplaire. Je le troquai contre plusieurs autres, après quelques heures d'attente, pour aller les faire timbrer à l'autre bout de la ville – après avoir fait un détour pour acheter d'autres timbres fiscaux. Au ministère des Finances, le chauffeur de taxi était plongé dans ses prières, ayant sûrement compris que seule une intervention surnaturelle directe pourrait le sortir de ce mauvais pas. Je passai devant lui à la vitesse de l'éclair.

A la fin du jour suivant, j'avais dépensé environ deux cents livres, mais le terme de mon odyssée approchait. Le fonctionnaire qui m'avait renvoyé la première fois m'accueillit d'un air hautement amusé à la *préfecture* et chassa les personnes présentes pour m'offrir un siège. « Félicitations », me dit-il avec un large sourire. « La plupart des gens mettent plus de temps que vous. Vous avez les documents, les récépissés et la déclaration ? » J'avais tout. Il glissa l'ensemble dans un dossier. « Merci. Revenez la semaine prochaine. » Je reculai dans un mouvement d'horreur, un tant soit peu mélodramatique. « Nous sommes en rupture de stock de cartes grises. Mais nous les attendons dans les jours à venir. » Il souriait béatement. Je devais commencer à m'adapter à la situation. Sans reculer d'un pouce, je passai à l'attaque avec force et venin, et je sortis du bureau muni d'une carte grise provisoire et de tout mon dossier.

Je roulai jusqu'à Gouna sous une pluie torrentielle et sans incident. La route était bitumée et en bon état pour le pays. Conduisant lentement, je descendis du plateau vers la plaine avec l'impression de pénétrer dans une fournaise. Une des particularités, périlleuses, de la route réside dans les ponts qu'elle emprunte et dont la largeur ne permet le passage qu'à un seul véhicule à la fois, dans un seul sens. Pour éviter que les conducteurs ne s'y engagent à trop grande vitesse, les autorités ont judicieusement barré la chaussée d'une double rangée de briques de part et d'autre des ponts. De ce fait, les bords des rivières sont de véritables cimetières de voitures aux carcasses calcinées. Leurs conducteurs ignoraient ce qui les attendait et beaucoup en sont morts. Le repérage des épaves nouvelles au bord de la route était devenu une distraction pour les conducteurs traversant les mornes étendues de savane. Dans les taxis de brousse, il y avait toujours un passager qui se chargeait de raconter aux autres l'histoire de chaque voiture incendiée aperçue sur le bas-côté. Ici, un camion avait flambé après que son réservoir se fut fendu et vidé. Là se devinait la carcasse d'une moto transportant deux Français qui roulaient à plus de 130 km/h lorsqu'ils avaient buté contre les briques.

Craignant de voir les voyageurs chevronnés tomber dans une routine fastidieuse, les autorités ont décidé de signaler les plaques de bitume mou par d'énormes rochers de granite qu'on ne distingue plus dès que la nuit tombe. Plus tard, l'un de ces rochers faillit nous coûter la vie, à des amis et à moi.

Pour le moment, je parcourais sans encombre mes

deux cents kilomètres dans la savane. Je traversais des villages de huttes en terre. Les enfants me faisaient des signes près de tas d'ignames à vendre au bord de la route. Fin juillet, on était à la haute saison des pluies. L'herbe et les buissons ne formaient qu'une masse verdoyante. A la saison sèche au contraire, les feux de savane empêchent tout arbre de croître. Au loin, je pouvais apercevoir les sommets de la chaîne du Godet avec ses cimes granitiques déchiquetées où vivaient les Dowayo.

Quelques heures plus tard, j'arrivai à Gouna où je cherchai vainement la station-service indiquée sur ma carte. Pour la bonne raison qu'elle n'existait pas. Il y a une différence considérable entre la représentation d'une région sur une carte d'état-major britannique et celle qui m'était proposée par la carte française que j'avais emportée. Contrairement à la première, on y faisait peu de cas des ponts, des clochers ou des flèches d'églises, mais on m'y renseignait en détail sur les restaurants et les sites qui valaient le détour. C'était comme si j'étais voué à passer par enchantement d'un lieu de délices sensuelles à un autre.

Sur les quelque quinze premiers kilomètres, le chemin de terre était plutôt bien entretenu. De chaque côté s'étendaient des champs que j'identifiais sans hésiter comme du maïs, alors qu'il s'agissait de mil. Entre eux, les bandes de terre étaient couvertes de broussailles calcinées. Là, enfin, je pus contempler des gens qui sarclaient leur jardin avec enthousiasme et qui n'étaient autres que mes Dowayo. La première impression fut nettement favorable. Ils sourirent en m'adressant de grands gestes, interrompirent leur travail pour me suivre des yeux et échangèrent des propos animés –

pour essayer sans aucun doute de deviner qui j'étais. Le chemin, cependant, devenait de plus en plus impraticable, pour ne plus être qu'un damier de nids-de-poule et de rochers fracassés. J'avais dû sortir de la piste. Deux petits garçons, portant leurs chaussures sur leur tête pour se protéger de la boue, me rattrapèrent. Par bonheur ils parlaient français. J'étais bien sur la route, la vraie. Mais n'était-elle pas très mauvaise? Oui, elle avait peut-être été meilleure. Plus tard, j'appris que les fonds destinés à sa réfection avaient mystérieusement disparu, mais que le *sous-préfet* * avait acheté à la même époque une voiture américaine, très grande, très basse. Au moins, il ne risquait pas de venir faire un tour en ville en empruntant cette route. Je me fis un plaisir d'emmener les deux garçons jusqu'à leur école, un peu plus haut sur la route et, tandis que nous bringuebalions en tressautant et en trépidant, cinq ou six autres enfants grimpèrent dans la voiture.

D'avoir enfin mes Dowayo sous la main me laissait à court de conversation. « Vous êtes tous des Dowayo? » finis-je par lancer. Le silence qui suivit m'étonna. Je répétai ma question. Ce ne fut qu'un rugissement d'indignation. Avec morgue ils me hurlèrent qu'ils n'avaient rien à voir avec ces fils de chiens. Eux, c'étaient des Dupa. Seul un imbécile pouvait commettre une telle erreur, me laissèrent-ils clairement entendre. Les Dowayo vivaient sur l'autre versant de la montagne. Les gamins ne m'adressèrent même plus la parole. Une dizaine de kilomètres plus loin, je les déposai devant leur école. Ils me remercièrent poliment sans chercher à rendre leur indignation moins visible. Je repris la route, seul.

* En français dans le texte.

A en croire ma carte, Poli devait être une ville d'une certaine importance. C'était une *sous-préfecture* * avec un hôpital, une station-service, un terrain d'aviation. Même sur une carte anglaise à grande échelle, elle aurait figuré en bonne place.

C'était rien de moins qu'un petit village. La seule rue s'étendait sur près de deux cents mètres entre des cases de terre aux toits de tôle en aluminium avant de s'enfoncer dans une nappe de vapeur puis de ressortir devant un mât cerné d'un enchevêtrement de broussailles. Je fis demi-tour, avec l'impression d'être arrivé dans une petite bourgade du Far West sur la route de Mexico au moment de la sieste. Des silhouettes en haillons apparaissaient furtivement aux coins des cases pour me regarder passer. Une enseigne en métal signalait la présence d'un bar. Une bicoque miteuse se donnait de grands airs, affublée d'affiches vantant les mérites de la loterie nationale et les inconvénients de l'analphabétisme. C'était imparable : « Un adulte illettré est un bon à rien qui reste inaccessible à l'information. Il freine les initiatives prises pour accélérer l'accession du pays à un haut niveau de développement. » Mais qui pouvait lire cette affiche ? Dans le bar désert je me laissai tomber sur un tabouret et j'attendis en considérant avec accablement la mer de boue qui envahissait la rue.

Partout dans le monde, les bars sont les endroits où prendre la température d'une ville et évaluer l'état général du pays. Celui-ci ne faisait pas exception. Au bout d'une dizaine de minutes, un homme au regard fuyant fit son apparition et m'annonça que j'attendais pour rien : il n'y avait plus de bière depuis trois

* En français dans le texte.

semaines et le camion qui la livrait n'était pas attendu avant vingt-quatre heures. Je commençais à me faire à la maladie de l'optimisme et je repartis en direction de la mission protestante.

Elle comprenait un ensemble de maisons aux toits de tôle, comme la plupart des missions du pays, groupées autour d'un temple aux murs de parpaing et surmonté d'une flèche habillée de feuilles métalliques. A la tête de l'établissement, un pasteur américain aux yeux fous exerçait depuis vingt-cinq ans avec sa famille. C'était une annexe de la mission de Ngaoundéré et on m'avait obligeamment offert de m'y héberger jusqu'à ce que je trouve à me loger au village. Une chose m'avait intrigué : chaque fois que je parlais de la mission de Poli, les gens devenaient aussitôt évasifs, fuyants. Ils parlaient des dures conditions de vie dans la brousse, de l'isolement, de la chaleur harassante. Dès que je vis le pasteur Brown, je commençai à comprendre la réaction de mes interlocuteurs (Brown n'est pas le vrai nom du pasteur).

A mon arrivée à la mission je vis surgir de la maison, « toutes voiles dehors », un homme torse nu poussant devant lui une belle bedaine. Un casque colonial lui couvrait la tête, du genre empire, mais son effet était quelque peu contrarié par une incroyable paire de lunettes de soleil violine. Il tenait à la main un trousseau de clefs ainsi qu'une clef plate. Tout le temps que j'ai connu Herbert Brown, je ne l'ai jamais entendu finir une phrase. Il passait de l'anglais au foulani puis au français, et inversement, en l'espace de quatre mots. Un brusque début de discours enflammé pouvait être interrompu par un juron foulani, un geste emphatique, un changement de sujet aberrant. Il vivait de la même façon. Il commentait la Bible tout en soudant un cadre de bicyclette dans le garage où il se sentait mieux que nulle part ailleurs; puis se précipitait sur l'antique générateur de la station-service, tombé en panne, pour le rouer de coups; il courait à la maison distribuer des médicaments contre la toux, sans s'être demandé si le générateur avait réagi à son traitement, mais s'arrêtait en chemin pour chasser les chèvres qui dévastaient le jardin, à moins qu'il n'entame une homélie sur les inconvénients des dettes. Le tout accompagné de hurlements et de pleurs de rage, de désespoir, de frustration qui le rendaient violet de congestion et semblaient mettre sa vie en danger. Il entretenait des rapports passionnés avec le diable, ne cessant de se mesurer en combat singulier avec lui. Aussi toutes ses tentatives pour venir en aide aux autres étaient-elles vouées à l'échec. Le tracteur importé se démantibulait, les pompes à eau tombaient en panne, les constructions s'effondraient. Sa vie avait pris la forme d'une tornade permanente destinée à vaincre une entropie galopante – entreprendre, réparer, prendre ici pour rabibocher là, scier, couper, marteler, battre le fer.

Une atmosphère de tension maniaque régnait sans relâche dans la mission protestante. Elle contrastait avec le calme et l'ordre qui présidaient aux destinées de la mission catholique voisine. Un prêtre français la dirigeait, secondé par deux « mères » religieuses qui tenaient le dispensaire. On y trouvait même des fleurs. Les Dowayo expliquaient cette situation en rappelant que le pasteur était forgeron. Chez eux, les forgerons et leur parenté vivaient à l'écart de la communauté avec laquelle ils entretenaient des rapports soigneusement réglementés. Ils se mariaient entre eux et il leur était défendu de manger et de puiser l'eau en compagnie d'autres Dowayo, ou encore de pénétrer dans leurs cases. Leur activité bruyante, leur odeur, leur étrange façon de parler les faisaient considérer par leurs frères de race comme des éléments perturbateurs.

CHAPITRE V

« Conduis-moi à ton chef »

En Afrique les jours commencent tôt. A Londres je me levais vers 8 h 30; ici tout le monde était debout à 5 h 30, dès que le jour pointait. J'étais régulièrement réveillé par des bruits de métal battu accompagnés de cris me laissant penser que le pasteur Brown s'activait non loin de ma chambre. On m'avait logé dans une grande maison de la mission qui accusait son âge. Je ne mesurais pas le luxe dont je jouissais; je n'allais pas revoir de sitôt de l'eau courante et à plus forte raison un éclairage électrique. J'avais été intrigué par la présence d'un réfrigérateur à pétrole près de la porte. C'était la première fois que je voyais un de ces monstres. Parfaitement imprévisibles, ces articles ménagers utilisés autrefois dans la savane sont devenus des raretés d'un prix de revient prohibitif depuis que l'électricité alimente les villes. Comme par pure perversité, ils se mettaient à dégivrer brusquement, avariant les provisions de viande de tout un mois, ou bien dégageaient une chaleur telle qu'on aurait pu les utiliser comme incinérateurs. De plus, il fallait leur éviter les accidents du sol, les courants d'air, l'humidité et, à ce prix, il y avait une chance pour qu'ils consentent à produire un petit froid inoffensif. Au Cameroun, avec la prolifération des langues et des pidgins, on assiste à d'autres dangers. Il n'y a pas de limites aux mélanges : le pétrole lampant et l'essence anglais avec le *pétrole* et l'*essence* * français, le kérosène et le gaz américains. Les domestiques n'hésitent pas à remplir les réservoirs des réfrigérateurs à pétrole avec de l'essence et, bien sûr, les effets en sont catastrophiques.

A l'intérieur du monstre, je devais découvrir des sacs soigneusement rangés contenant de grands termites jaunes. Même morts, ils semblaient grouiller. Je ne pus jamais me résoudre à manger plus d'une ou deux de ces friandises africaines – un mets dont les Dowayo raffolent. Les insectes pullulent au début de la saison des pluies et se ruent sur le moindre foyer lumineux. Pour les capturer, il suffit de placer une source lumineuse au-dessus d'un seau d'eau. En s'approchant de la lumière, ils replient leurs ailes et tombent à l'eau. Il n'y a plus qu'à ramasser les insectes dodus pour les manger crus ou grillés.

Après une journée de répit, je repris le chemin des bureaux de l'administration locale. A Ngaoundéré, les missionnaires m'avaient recommandé avec insistance d'aller me déclarer à la police dès mon arrivée et de me présenter au *sous-préfet*, le représentant du gouvernement. Pourvu de tous mes papiers je pris le chemin de la ville à pied – soit un peu plus d'un kilomètre à parcourir, tout ce qu'il y a de plus excentrique de la part d'un homme blanc. On me demanda aussitôt si ma voiture était tombée en panne. Les villageois sortirent de leurs cases et se précipitèrent pour me serrer la main et me tenir des discours dans un foulani

* En français dans le texte.

incompréhensible. A Londres j'avais appris les rudiments de cette langue. Je pus articuler : « Je regrette, je ne parle pas le foulani. » Peine perdue, l'incompréhension fut totale.

Le poste de police était tenu par une quinzaine de gendarmes armés jusqu'aux dents. L'un d'eux était en train d'astiquer une mitrailleuse qui ne datait pas d'hier. Le commandant était un géant d'au moins deux mètres de haut, originaire du Sud. Il me fit passer dans son bureau et se mit à examiner mes papiers minutieusement. Pour quelle raison étais-je venu ici ? Je lui remis mon permis de recherches, un document impressionnant couvert de photographies et de timbres. Lorsque j'entrepris de lui exposer en quoi consistait pour l'essentiel l'objet de l'anthropologie, il me parut franchement mécontent. « Mais à quoi ça sert ? » me lança-t-il. Renonçant à lui offrir un abrégé de conférence sur l' « Introduction à l'anthropologie », je lui répondis sans trop de conviction : « C'est mon travail. » Pour un fonctionnaire chargé, inutilement, de faire respecter des lois qui semblaient une fin en elles-mêmes, ma réponse devait le satisfaire pleinement. Sous des sourcils broussailleux ses yeux me fixèrent longuement. Je remarquai qu'il mâchonnait une aiguille. Il la faisait tourner pour la tenir en équilibre sur sa langue, le bout émoussé dardant hors de sa bouche, puis il la balayait d'une pichenette pour faire mine de l'avaler avant de la faire réapparaître à l'autre coin de sa bouche, la pointe en avant. De nouveau, il l'enfournait dans sa bouche pour en faire ressortir l'extrémité arrondie. Aussi horrible qu'une langue de serpent. Il me laissa repartir, comme on laisse assez de corde à un coquin afin qu'il ait les coudées franches pour se pendre ! Mon nom et mon signalement avaient été consignés dans un grand registre qui me rappela les classeurs des personnes indésirables à l'ambassade de Londres.

Le *sous-préfet* occupait une maison aux murs écaillés, suintants d'humidité, qui datait de l'époque coloniale française. Dans les crevasses et les fissures de la façade proliféraient mousse et moisissures. Sur une colline dominant la ville, il s'était fait construire un palais rutilant qui restait inoccupé, l'air conditionné et le sol carrelé inutilisés. En guise d'explications, certains racontaient que le gouvernement avait confisqué la résidence pour sanctionner la corruption de son représentant. Plus tard, les Dowayo me confièrent que, malgré leurs protestations, la maison avait été construite sur l'emplacement d'un de leurs anciens cimetières. Ils s'étaient contentés de faire savoir au *sous-préfet* que le jour où il prendrait possession des lieux, il mourrait : ils connaissaient les esprits de leurs ancêtres. Il était donc condamné à contempler son palais vide depuis la fenêtre de sa vieille demeure.

Après avoir pris connaissance de l'objet de ma visite, un domestique accepta de me laisser entrer et de me conduire jusqu'à son maître. A ma grande surprise, il ne lui adressa la parole qu'après s'être agenouillé devant lui. On m'avait opportunément fait savoir que des cigares constitueraient un présent apprécié. Aussi, les ayant exhibés en temps utile, furent-ils acceptés gracieusement puis promptement escamotés dans un pli des robes du *sous-préfet*. Lui était assis, le domestique toujours à genoux et moi toujours debout. Il épluchait soigneusement tous mes papiers. A ce train ils risquaient de tomber en lambeaux avant que j'aie quitté le pays. « Hors de question, finit-il par dire d'un ton impassible. Vous ne pouvez pas rester à Poli. » Ma visite n'était que de pure courtoisie : « Mais mon permis de recherches établi à Yaoundé, objectai-je prudemment, m'autorise à séjourner ici. – Yaoundé n'est pas ici. Je vous refuse mon autorisation », me répondit-il posément en allumant un de mes cigares. La situation ne semblait guère propice pour glisser une question d'argent entre nous, d'autant que le vénérable serviteur était toujours à genoux. « Que puis-je faire pour obtenir votre acceptation ? » lui demandai-je à tout hasard. « Une lettre du *préfet* * dégageant ma responsabilité me suffira. Vous le trouverez à Garoua. » Sur ce, il se mit à farfouiller dans ses papiers, me signifiant que l'entrevue était terminée.

A la mission, le pasteur Brown sembla considérer mes déboires comme la justification de son pessimisme. Il était vraiment désolé de voir le mauvais sort s'acharner contre moi. Mais je ne devais pas espérer pouvoir rencontrer le *préfet* même s'il était à Garoua, ce qui était peu probable. S'il se trouvait dans la capitale, il ne serait pas de retour avant des mois. La vie du pasteur n'avait été qu'un tissu de frustrations de ce genre. C'était sans espoir. L'Afrique, c'était comme ça. Il s'éloigna en gloussant. Constatant qu'il me restait juste assez d'essence pour aller à Garoua, situé à près de cent cinquante kilomètres de Poli, je décidai de prendre la route dès le lendemain à l'aube.

En sortant de la maison le jour suivant, j'étais loin de me douter qu'un océan de visages m'attendrait avec la ferme intention de m'accompagner. Mystérieusement, les informations ne cessaient de circuler. Les Occiden-

* En français dans le texte.

taux ont beau être avertis, ils sont toujours surpris de constater à quel point leurs moindres faits et gestes sont continuellement surveillés. Être vu en train de vérifier le niveau d'essence suffit à provoquer une avalanche de candidats au voyage. Il est inconcevable de refuser. Ceux qui reprochent aux Européens leur paternalisme n'ont pas saisi la nature des rapports entre riches et pauvres en Afrique. Un homme qui travaille pour vous n'est pas seulement un employé : vous êtes son patron. C'est une relation sans limites. Si sa femme tombe malade, c'est autant votre affaire que la sienne et il attend que vous fassiez tout ce qui est en votre pouvoir pour sa guérison. Si vous avez décidé de vous débarrasser de quelque chose, commencez par le lui proposer, à plus forte raison si vous finissez par en faire cadeau à quelqu'un d'autre. La frontière entre ce qui vous concerne exclusivement et ce qui relève de sa vie privée est pratiquement impossible à délimiter. L'Européen non averti ne peut qu'être pris dans les mailles du filet des obligations créées par la parenté. Lorsqu'un employé se met à vous appeler « père », c'est mauvais signe. Il y a sûrement une histoire de dot restée impayée ou de bétail mort à remplacer qui va faire surface, et si vous ne participez pas aux frais, quelle trahison! Entre « le mien » et « le tien » toutes les nuances sont possibles et les Dowayo savent mieux que personne en jouer pour faire le siège d'un homme riche.

Les rapports qui s'établissent entre Noirs et Blancs sont perçus, de part et d'autre, de façon si différente que l'incompréhension et les affrontements sont souvent inévitables. Les Blancs se plaignent sans arrêt d'avoir des employés (qu'ils n'appellent plus des

« boys » ou des « serviteurs ») qui ne manquent ni de « culot » ni de « toupet » – à toujours attendre béatement qu'on prenne soin d'eux et qu'on paie les pots cassés lorsqu'ils se sont mis dans le pétrin. En ce qui me concernait, il semblait que quoi que je fisse spontanément, j'étais aussitôt rattrapé par toute une cohorte de contraintes. En ville il devint encore plus irritant de constater combien tous ceux que j'avais transportés se plaignaient si je tardais à leur avancer de quoi payer leur séjour. Puisque c'était moi qui les avais convoyés jusqu'à ce drôle d'endroit, comment aurais-je pu avoir le front de les y abandonner à leur sort?

Mais en la circonstance j'étais un novice ignorant et je laissai tous les Dowayo présents envahir ma voiture. Là aussi, leurs notions et les miennes divergeaient du tout au tout. Pour eux, une voiture occupée par six personnes est quasiment vide. Prétendre le contraire, c'est faire preuve d'une impardonnable mauvaise foi. Si vous essayez de vous montrer intraitable en limitant le nombre des passagers – et en répondant à leur attente de fermeté de la part des Blancs –, ils ont tôt fait de vous prouver votre mauvaise foi en faisant passer tous vos bagages sur le toit où ils les arriment avec les inévitables rubans de caoutchouc taillés dans des chambres à air.

N'ayant accumulé que trop de retard, je pus enfin prendre la route de Garoua dans une voiture qui protestait en haletant et en hoquetant. Mais je n'étais pas au bout de mes peines. Les Dowayo n'ont aucun penchant pour les transports automobiles. A peine roulions-nous depuis une dizaine de minutes que quatre ou cinq d'entre eux furent pris de vomissements qu'ils accueillirent avec soulagement, sans songer à utiliser les fenêtres des portières. Aussi est-ce un chauffeur un tant soit peu lessivé et hagard qui se vit entrer dans Garoua pour se mettre en règle avec les autorités du pays. En principe, un Blanc n'a aucune raison d'attirer particulièrement l'attention des agents de police en service. Sauf si une grappe considérable de Noirs s'accroche à ses basques.

Les agents étaient visiblement très avides de découvrir où je me rendais dans un tel équipage et à quelles fins. En découvrant sur mon passeport que je portais le titre de « docteur », ils me firent grâce de tout, mais mes passagers n'eurent pas cette chance. Tandis que je m'appliquais à expliquer au maréchal des logis, preuves en main, que j'avais tout ce qui peut remplacer une carte grise sauf ladite carte, mes hôtes de passage avaient été mis en rang sur la chaussée et sommés de produire leurs quittances d'impôts des trois dernières années, leurs cartes d'identité et leurs cartes de membre de l'unique parti politique connu dans le pays. Évidemment, ils étaient loin de pouvoir satisfaire à tout ce lot d'exigences et cela demanderait beaucoup de temps. Je risquais de ne pouvoir repartir qu'entre le milieu et la fin de l'après-midi.

Garoua est une ville étrange, située sur la Bénoué, une rivière qui passe sporadiquement d'un extrême à l'autre – une sorte de Mississippi furibond à la saison des pluies et un lit de sable plus ou moins humide à la période sèche. L'engouement des habitants pour le fleuve capricieux explique peut-être l'odeur de poisson avarié qui enveloppe la ville. Le poisson fumé constitue l'une des principales sources d'activité de Garoua, au même titre que l'industrie de la bière et les services administratifs. Les Dowayo sont littéralement fascinés par la bière. Ils se rendent assidûment dans les brasseries qui produisent la bière « 33 », un vestige de l'administration française. C'est une boisson qui fait directement passer les buveurs de l'état de sobriété à la gueule de bois sans l'habituelle ébriété. La fabrique est pourvue d'une baie vitrée qui permet de voir les files de bouteilles de bière glisser toutes seules d'une phase du conditionnement à une autre. Les Dowayo ne se lassent pas de contempler le déroulement du miracle. *Gerse*, disent-ils, ce qui signifie « miracle », « prodige », « magie ». J'ai découvert que le mot était aussi une source de métaphores pour la plupart de leurs concepts métaphysiques. Ils croient à la réincarnation. Pour eux, la bière à Garoua obéit au même principe. Les gens sont comme des bouteilles dans lesquelles on enferme l'esprit. Lorsqu'ils meurent et sont enterrés, c'est comme si l'on renvoyait les bouteilles vides à la fabrique.

Commençant à craindre le pire à tout moment, je me préparais à apprendre que le *préfet* était parti je ne sais où et que je ne le rencontrerais jamais ou bien à une date indéterminée. J'étais devenu le jouet d'une sorte de fatalisme sans agitation. C'est peut-être l'un des privilèges des chercheurs sur le terrain que de pouvoir embrayer sur une vitesse supérieure à certains moments critiques et de s'en remettre au hasard pour s'accommoder du pire.

Sans avoir jeté le moindre coup d'œil anthropologique sur l'agglomération où je venais d'arriver, je ne pensais qu'à trouver une chambre dans un hôtel. Garoua se fait gloire d'en offrir deux aux voyageurs : un Novotel moderne à trente livres la nuit, et un autre en assez piteux état, rescapé de l'époque coloniale française, aux tarifs plus modestes. C'est à lui que j'aurais affaire. On l'avait sûrement destiné au repos et au délassement des officiers français des garnisons de l'Empire, suant l'ennui, sonnés par le soleil africain. Des huttes aux toits couverts d'herbe et meublées dans le goût militaire bénéficiaient de l'eau et de l'électricité, tandis qu'une terrasse spacieuse permettait à l'élite de se détendre en prenant un verre sous un soleil glissant derrière un rideau d'arbres – un romantisme pictural un peu contrarié par le rugissement des lions enfermés dans le zoo tout proche.

C'est dans cet hôtel que je rencontrai une femme connue sous le nom de lady Cou-courou. A Garoua la température est au moins de dix degrés supérieure à celle de Poli, et les moustiques y abondent. Après être resté enfermé dans ma voiture avec mes hôtes souffrant du mal des transports, je n'aspirais qu'à prendre une douche. A peine était-je passé sous l'eau que des grattements insistants contre la porte attirèrent mon attention. Comme mes demandes d'explications restaient sans réponse, je sortis, une serviette autour des reins. Une énorme femme foulani d'une cinquantaine d'années m'accueillit en minaudant outrancièrement, esquissant des ronds de jambes censés être expressifs. « Oui ? » lui demandai-je méfiant. « De l'eau ! de l'eau ! », me répondit-elle en faisant le geste de boire à un verre. Mes soupçons se renforçaient ; de vagues souvenirs concernant l'hospitalité du désert, ses règles et ses pièges, me revenaient à l'esprit. Toujours plus coquette et enveloppante, elle était passée devant moi pour s'emparer délicatement d'un verre qu'elle remplit à ras bord et, ô horreur, elle commença à dévoiler ses formes opulentes. Le garçon choisit cet instant pour m'apporter un savon et, se méprenant sur la situation, commença à reculer en bredouillant des excuses. Une farce. Un piège.

Je battis le rappel de ce que j'avais appris en foulani : « Je ne veux pas de ça », lui lançai-je, en remarquant qu'elle me rappelait fortement Oliver Hardy. Le garçon eut le brusque réflexe de me rejoindre et d'empoigner la dame par un bras tandis que je la saisissais par l'autre pour l'entraîner jusqu'à la porte. Ce qui ne la dissuada pas de revenir d'heure en heure roucouler derrière ma porte, incapable d'imaginer qu'on pût rester insensible à ses appas, faisant chaque fois entendre comme des miaulements de chatte qui supplie qu'on la laisse entrer. A la fin, n'y tenant plus, j'informai la direction de l'hôtel – elle ne pouvait qu'être de mèche avec ma belle bruiteuse – que je trouvais ce ballet déplacé, en ma qualité de missionnaire arrivant tout droit de la brousse pour rencontrer mon évêque, et que je désapprouvais fermement une telle conduite. Ils n'en revenaient pas et ne savaient comment s'excuser. Quant à elle, elle me raya de son univers.

Le récit de cet incident devint un des préférés des Dowayo lorsque nous prenions place autour des feux, le soir, tuant le temps à raconter ou inventer des histoires. Mon assistant ne manquait jamais une occasion de m'inciter à raconter « l'histoire de la grosse femme foulani », comme on avait fini par l'appeler, et chaque fois que j'en arrivais au moment où, pour appeler, elle lançait son « Coucourou », ils se mettaient à pousser des cris et à s'esclaffer en serrant leurs genoux entre leurs bras et en se laissant basculer sur le côté. Cela contribua pour beaucoup à l'établissement de bons rapports entre nous.

Le lendemain, ma visite au *préfet* me laissa sur un sentiment de frustration : rien ne se passa comme je l'avais redouté. Le *préfet*, un Foulani de grande taille à la peau très sombre, me laissa lui exposer mon problème puis dicta une lettre au téléphone. En attendant qu'on la lui apporte à signer, il m'entretint aimablement de la politique gouvernementale concernant la création d'écoles dans les régions païennes. Après m'avoir remis le document officiel dûment signé et estampillé, il me souhaita bonne chance et « *bon courage* * ». Ainsi paré contre l'imprévu, je repris le chemin de Poli.

En premier lieu, je devais me trouver un assistant et m'attaquer à la langue. Dans les comptes rendus des ethnologues, les assistants sont des personnages dont l'absence a quelque chose de suspect. L'image conventionnelle nous montre le pauvre anthropologue éreinté se rendant seul dans un village pour y apprendre la langue en moins de deux mois, quand il ne s'en tire pas au bout d'une quinzaine de jours. A dire vrai, peu m'importe que cela aille à l'encontre de toutes les expériences linguistiques sérieuses. En Europe, il n'est pas rare de voir un homme ayant appris le français à l'école pendant six ans puis s'étant entraîné avec un matériel de perfectionnement se rendre en France, se familiariser avec la littérature de ce pays, mais n'être tout juste bon qu'à bredouiller quelques mots en français lorsque les circonstances l'y contraignent. Une fois sur le terrain, pourtant, il devient un miraculé de la linguistique. Sans professeur qualifié, sans textes bilingues et souvent sans livres de grammaire ni dictionnaires, il se met à pratiquer une langue beaucoup

* En français dans le texte.

plus difficile que le français pour un Occidental. C'est du moins l'impression qu'il donne, même s'il a recours au pidgin ou à l'anglais pour pallier ses lacunes; ce qui est sûr, c'est qu'on ne parle jamais de ce genre d'expérience.

Quant à moi, j'avais besoin d'un Dowayo de souche, qui connaisse un peu de français, ce qui supposait qu'il soit allé à l'école et impliquait, chez les Dowayo, qu'il serait catholique. C'était pour moi un inconvénient de taille, dans la mesure où leur religion traditionnelle m'intéressait au plus haut point. Mais c'était à prendre ou à laisser : je comptais me rendre au collège pour essayer d'y trouver quelqu'un qui ferait plus ou moins l'affaire. En fait, je n'eus pas besoin d'effectuer cette démarche.

Un des prêtres de la mission de Poli prit les devants. Il avait douze frères. Sans perdre une seconde, il leur fit quitter leur village, à trente kilomètres dans la brousse, et vint me les présenter. Celui-ci, m'expliqua-t-il, était bon cuisinier et d'un caractère enjoué. Mais il ne parlait pas français. Cet autre savait lire et écrire, était un piètre cuisinier mais un garçon très résistant. Celui-là était un bon chrétien et racontait très bien les histoires. Chacun d'eux avait de grandes qualités et passait pour une occasion exceptionnelle. Je finis par jeter mon dévolu sur le candidat qui ne cuisinait pas mais parlait le mieux français, sachant aussi lire et écrire. Au fond, le prêtre aurait parfaitement fait l'affaire, mais je ne pouvais le détourner de son devoir. Plus tard, la mission s'en sépara pour conduite licencieuse.

Il était peut-être encore temps de choisir un village pour m'y installer. Les Dowayo se répartissaient entre la montagne et la plaine. Tous ceux que j'avais consultés m'avaient fortement recommandé les Dowayo de la plaine. Ils étaient d'un commerce agréable; je m'y approvisionnerais plus facilement; beaucoup parlaient français et je pourrais me rendre à l'église aisément. Les Dowayo de montagne étaient cruels, sauvages; ils ne me parleraient pas, ils vouaient un culte au diable. En ma qualité d'anthropologue je n'avais pas le choix : j'optai pour la montagne. A environ douze kilomètres de Poli se trouvait le village de Kongle, situé entre deux chaînes de collines mais cependant habité par des Dowayo de montagne. On m'apprit qu'un très vieil homme y vivait, un traditionaliste endurci très versé dans les arcanes du savoir ancestral. La route qui y conduisait n'était pas impraticable. Je décidai d'aller m'installer dans ce village.

Je fis part de mes intentions à Matthieu, mon nouvel assistant. Il fut horrifié à l'idée d'aller vivre dans la brousse. Cela signifiait-il que je n'aurais même pas une jolie maison et d'autres serviteurs? Kongle? Mais les gens qui y habitaient n'étaient que des sauvages! Il allait s'occuper de moi, en parler à son père qui nous trouverait une maison près de la mission catholique. Je lui expliquai une fois de plus en quoi consistait mon travail. Par le passé, des linguistes avaient séjourné plus de deux ans en pays dowayo, construisant une jolie maison et se faisant ravitailler par avion. Il était accablé de découvrir que nous allions vivre à peu de frais. Sa situation dépendait de la mienne, aussi me fit-il clairement comprendre qu'il considérerait toute atteinte à ma dignité comme une atteinte à sa propre fierté.

Le moment était venu de faire connaissance avec

mes Dowayo. Sur les conseils de Matthieu, j'achetai de la bière et du tabac et nous partîmes pour Kongle. Le chemin de terre n'était pas trop mauvais, mais il était coupé par le lit de plusieurs rivières qui ne me laissaient rien présager de bon. D'autant que ma voiture menaçait de tomber en panne chaque fois que nous en franchissions une. Cela n'aurait pas tiré à conséquence si tous ces cours d'eau n'avaient régulièrement été le théâtre de crues subites. Il suffisait qu'un orage éclate sur les montagnes granitiques pour que les rivières des vallées soient balayées par de véritables petits raz de marée. De chaque côté du chemin, des gens travaillaient dans les champs. En nous apercevant, beaucoup s'immobilisaient et nous regardaient passer. Certains s'enfuyaient. Plus tard, on m'a expliqué qu'ils nous avaient pris pour des envoyés du *sous-préfet* qui ne pouvaient, comme la plupart des étrangers, qu'être des oiseaux de mauvais augure. Au pied des montagnes, la route s'arrêtait devant une palissade de tiges de mil et de cactus qui défendait l'entrée du village.

Les huttes des Dowayo sont des constructions circulaires en terre surmontées de toits coniques. Édifiées avec la terre et l'herbe trouvées sur place, elles sont d'une sobre élégance, sans prix comparée à la laideur vulgaire de certains quartiers des villes. Les toits portent des pieds de melons rampants, aux fruits ovales, comme les rosiers grimpants des cottages anglais. Sur les talons de Matthieu, je pénétrai dans le cercle qui se trouve aux abords de chaque village dowayo. C'est à cet endroit que se tiennent les réunions publiques, les séances du tribunal, les cérémonies rituelles et les pèlerinages, indissociables de la vie religieuse. Au-delà, dans un second cercle, est rassemblé le bétail appartenant à la communauté villageoise. Quelques pas de plus et nous nous retrouvons dans la cour intérieure du chef.

En réalité les Dowayo n'ont pas de chef détenant le pouvoir et l'autorité. Les Français ont bien essayé de fabriquer de tels personnages qui leur auraient servi d'hommes de paille pour imposer leur volonté et prélever des impôts. Pour les Dowayo, les chefs, ou *waari*, ne sont que des hommes riches, autrement dit des propriétaires de bétail. Ce sont eux qui organisent les diverses festivités religieuses occupant une grande place dans la vie rituelle. Les pauvres peuvent s'associer aux riches et participer ainsi à l'organisation des cérémonies rituelles. Les chefs n'en sont pas moins des personnages très importants. Certains ont calqué leur comportement sur ceux des Foulani, la tribu locale dominante. Par exemple, ils refusent de parler dowayo avec leurs subordonnés. C'est leur première langue, mais ils prétendent ne la comprendre qu'avec difficulté. D'où leur étonnement quand je refuserai de m'exprimer en foulani, contrairement à tous les autres Blancs, et insisterai pour apprendre le dowayo. Certains de ces chefs sont allés jusqu'à adopter tous les éléments de l'apparat dont s'entourent les nobles foulani. Ils portent l'épée et se font accompagner d'un serviteur tenant un parasol rouge pour les protéger du soleil, quand ce n'est pas de chanteurs qui les précèdent en battant du tambour et en clamant la liste de leurs exploits et de leurs vertus, toujours en foulani.

Le chef de Kongle ne se chauffait pas de ce bois-là. Il condamnait ces Dowayo qui trahissaient leur culture et il mettait un point d'honneur à ne parler qu'en dowayo avec ces dévoyés.

Nous fîmes halte devant une femme aux seins nus qui s'agenouilla devant moi en croisant les mains sur son sexe, dissimulé sous une petite touffe de feuilles. « Elle vous souhaite la bienvenue, me glissa Matthieu. Serrez-lui la main. » Je m'exécutai. Elle se mit à se balancer d'avant en arrière, se déplaçant sur ses talons et frappant dans ses mains tout en chantonnant en foulani : « Merci, merci ! » Des têtes de curieux étaient apparues furtivement au-dessus des murs et du côté des huttes. A ma grande confusion, un enfant s'avança en portant un siège pliant. Il le plaça au milieu de la cour pour que j'aille l'occuper, dans un splendide isolement qui me rappela les photos de l'époque coloniale où l'on voyait des Britanniques poser d'un air raide et impénétrable. En Afrique, on s'applique le plus souvent à marquer les différences de position dans la hiérarchie sociale, non sans ostentation. Le commun des mortels passe son temps à s'agenouiller, à ramper, à s'aplatir, à s'égratigner – ce qui choque pas mal d'Européens. Mais c'est leur infliger un affront que de refuser de se prêter aux manifestations de leur soumission.

Au début, il suffisait que je m'asseye sur un rocher à même hauteur qu'un Dowayo pour le mettre très mal à l'aise. Il n'avait de cesse de trouver un prétexte pour se placer un peu plus bas que moi, ou bien il insistait pour que je prenne place sur une natte. Dès l'instant où j'étais assis sur une natte, je pouvais me tenir plus bas qu'un Noir, je restais à mon avantage. Tout était dans les normes.

Le silence devenant de plus en plus tendu, je sentis que je ne pouvais me dispenser de faire une déclaration. Mais le travail sur le terrain, comme on le sait, permet d'utiliser toutes sortes d'expressions qui sont le reste du temps sans utilité. « Conduisez-moi à votre chef ! » criai-je avec force. On m'informa aussitôt qu'il avait quitté son champ pour venir m'accueillir.

Par la suite, Zuuldibo devint un ami. Il avait une quarantaine d'années et un visage toujours rieur qui tendait à s'empâter. En robes foulani, avec son épée et ses lunettes de soleil, il était resplendissant. Je ne sais d'où il venait, mais sûrement pas de son champ. D'ailleurs, avait-il jamais tenu une houe entre ses mains ? Il exécrait les travaux des champs, une occupation ennuyeuse qui le conduisait à considérer avec commisération quiconque lui rappelait les contraintes de ce genre d'activité.

Je me lançai dans le petit discours que j'avais préparé, racontant comment j'avais quitté le pays des Blancs, à des kilomètres d'ici, pour avoir entendu parler des Dowayo, de leur façon de vivre en paix, de leur nature amène et de leur gentillesse. Cela sembla leur convenir. Je poursuivis en leur disant que je voulais vivre parmi eux, apprendre leur langue et connaître leurs coutumes. J'insistai sur le fait que je n'étais pas missionnaire. Peine perdue : personne n'ajouta foi à mon propos, tout le monde sachant que j'avais habité à la mission et que je conduisais une voiture appartenant à la communauté religieuse. J'ajoutai que je n'avais aucune accointance avec le gouvernement, mais mes interlocuteurs n'ignoraient pas que je m'étais rendu à la *sous-préfecture*. Je n'étais pas français, autant leur dire que je n'étais pas un Blanc. A part cela, ils m'écoutaient attentivement, poliment, opinant du chef en murmurant avec conviction : « Ça, c'est bien ! », ou « Vrai, c'est vrai ! ». Ils ne voyaient aucun inconvénient à ce que je revienne dans une semaine. D'ici là, le chef m'aurait trouvé une hutte et de quoi loger mon assistant. Nous bûmes de la bière et je leur offris du tabac. Tout le monde nageait dans le bonheur. Lorsque je fis mine de partir, une vieille femme se jeta à genoux devant moi et m'enlaça les jambes. « Que dit-elle? – Elle dit que c'est Dieu qui vous envoie pour entendre notre voix », me traduisit Matthieu en pouffant intérieurement. Je n'aurais jamais osé rêver un début si prometteur.

Dans la semaine qui suivit, je fis un autre voyage en ville pour m'approvisionner et acheter du tabac. Le tabac brun nigérian, qu'apprécient tant les Dowayo, leur est vendu quatre fois plus cher qu'à Garoua. J'en pris un grand sac pour payer mes informateurs. Ma situation financière était des plus critiques. J'avais demandé que mon salaire soit viré d'Angleterre sur mon compte en banque au Cameroun. Sans que je sache pourquoi, c'est une banque de Victoria, l'ancienne capitale du Cameroun britannique, qui reçut le virement. Elle aurait dû le faire suivre à ma banque à Garoua. En fait, elle se contenta de prélever une commission de dix pour cent avant de le réexpédier en Angleterre. Quant à moi, je n'avais plus qu'à m'en mordre les doigts et à solliciter un nouveau prêt auprès de la mission protestante. Mes lettres à la banque de Victoria restèrent sans réponse et les liaisons téléphoniques ne fonctionnaient pas.

C'est le moment où j'eus mon premier accès de paludisme. En quittant Garoua, je me sentais légèrement pris de vertiges. A Poli, je voyais double. Une forte fièvre s'accompagna bientôt de crises de tremblements et de sensations de pointes de feu dans l'abdomen.

Dans cette maladie, le plus lamentable est la perte de contrôle des sphincters. Debout, vous arrosez vos chaussures. Pour prévenir ou soigner le mal, il existe une liste interminable de remèdes. Malheureusement, les pilules qu'on me recommanda n'eurent aucune vertu curative. Mon état empira et la fièvre me réduisit rapidement à l'état de loque gémissante. Le pasteur Brown, venu constater le délabrement de ma personne, m'offrit un médicament en m'avertissant qu'ici « on ne sait jamais d'avance si une chose marchera ou ne marchera pas ». Il fit de l'effet et, le jour dit, je parvenais à me tenir plus ou moins debout sur mes jambes chancelantes – non sans avoir dû, auparavant, passer plusieurs nuits tourmenté par la fièvre et les chauves-souris qui envahissaient ma chambre en passant par les trous du plafond. On a beaucoup écrit sur le système d'orientation perfectionné dont elles disposeraient. C'est faux. Les chauves-souris tropicales passent tout leur temps à se jeter contre les obstacles avec un affreux bruit sourd. Entre autres, elles ont l'habitude de foncer sur les murs pour vous retomber mollement sur le visage. Pour ma part, « l'objet essentiel à l'équipement du travail sur le terrain » ne peut être qu'une raquette de tennis. C'est le seul instrument qui puisse efficacement vous permettre de lutter contre une invasion de chauves-souris. Lors de sa visite, le pasteur Brown avait pris le temps de me faire savoir que les chauves-souris étaient connues pour véhiculer la rage. Elles jouèrent aussitôt un grand rôle dans mes divagations fiévreuses.

Ce n'est qu'au moment où je bouclais mes valises pour partir que je découvris qu'on avait pénétré par effraction dans la maison et que la moitié de mes provisions avaient disparu.

CHAPITRE VI

« Est-ce que le ciel est clair pour toi? »

Après toutes ces épreuves, je me retrouvai enfin parmi « mes » Dowayo, accompagné de mon assistant et muni d'un crayon et de papier. Ayant dû franchir tant d'obstacles, j'éprouvai comme un choc en me rendant compte que j'étais bel et bien en état de « faire de l'anthropologie ». Plus je considérais cette notion, moins elle me paraissait claire. Si l'on m'avait demandé ce que cela signifiait concrètement, j'aurais été bien en peine de répondre avec certitude. Tout au plus aurais-je évoqué un homme en train d'escalader une montagne (en route pour « faire de l'anthropologie ») ou de prendre des notes (après avoir « fait de l'anthropologie »). A coup sûr, une définition assez large, du genre : « apprendre une langue étrangère sur le tas », eût été la bienvenue. J'en vins à décider que chaque instant passé à converser avec les Dowayo pourrait être considéré comme conforme à l'esprit de la définition.

Cela posé, les problèmes ne manquaient pas. Je ne parlais pas un traître mot de leur langue. A mon arrivée, j'avais trouvé un village déserté. Tout le monde était parti aux champs pour biner les pieds de mil. Il ne me restait plus qu'à passer la journée à donner à ma case une apparence de lieu d'étude.

Le chef avait très généreusement mis à ma disposition une vaste hutte en bordure de sa cour. Mes plus proches voisins étaient deux de ses femmes et son plus jeune frère. Par la suite, j'ai mesuré à quel point il me témoignait ainsi sa confiance, puisque la case n'aurait dû être habitée que par l'une de ses épouses favorites. Le dernier occupant y avait abandonné tout un tas de petits paquets au contenu difficilement identifiable, ainsi que des lances et des pointes de flèches fichées dans le chaume du toit. (Comment ne pas penser à Mary Kingsley découvrant une main humaine dans la hutte que lui avaient attribuée les Fang.) Après avoir fait de la place, je disposai mes affaires sur les soliveaux du toit et accrochai une carte de Poli, achetée à Yaoundé. Elle devait rester un objet de perplexité pour les Dowayo qui n'en saisirent jamais l'utilité dans la mesure où j'étais incapable de leur situer des villages que je n'avais pas visités. Si je leur donnais satisfaction, ils voulaient connaître le nom des gens qui y habitaient et mon ignorance leur paraissait encore plus suspecte.

Autre faveur insigne, le chef m'avait donné les deux chaises pliantes que possédait en tout et pour tout le village. Aussi, lorsqu'un visiteur de marque se présentait, on venait me les emprunter pour les disposer dans la hutte du chef du village. Comme le smoking que j'avais partagé avec trois camarades à l'université, elles voyageaient au gré des circonstances entre nos deux huttes.

Mon ameublement comprenait également un lit en terre battue, tout ce qu'il y a de plus inconfortable. A grands frais, je m'étais procuré un matelas rembourré de coton qui excitait la convoitise du chef. Il avait la passion des lits. Il me confia qu'il désirait mourir sur un lit en fer qu'il léguerait à son fils. « Les termites seront incapables de le manger, gloussait-il. Ça les rendra fous. »

Pendant les trois premières semaines, il plut à torrents. Un bain de vapeur. La moisissure envahissait toutes les surfaces exposées ; j'en vins à craindre pour l'objectif de mon appareil photo. J'occupais mon temps à essayer de me familiariser avec les bases de la langue. Pour la plupart, les Africains sont, à divers degrés, bi ou trilingues, mais leur apprentissage ne se fait que par la pratique des rapports sociaux. L'idée d'apprendre à conjuguer un verbe et à décrire ses formes, ses temps, ses modes leur est étrangère. Ils s'approprient les langues comme les enfants et passent sans effort de l'une à l'autre.

Les Dowayo ne peuvent pas mesurer les difficultés rencontrées par un Européen qui apprend leur langue, tonale : le ton, aigu ou grave, sur lequel un mot est prononcé en change le sens. De nombreuses langues africaines ont deux tons ; les Dowayo s'en offrent quatre. Passer d'un registre élevé à un registre bas ne présente pas de difficultés, mais entre les deux il peut se passer pas mal de choses. Pour tout arranger, ils combinent les tons pour donner des ports de voix. Un ton peut aussi subir l'influence de ceux qui affectent les mots voisins. A cela s'ajoutent les problèmes de dialectes. En certains endroits, les Dowayo fondent plusieurs tons ensemble, tout comme ils utilisent un vocabulaire et une syntaxe propres. Au début, étant donné l'importance des rapports entre les tons, je trouvai particulièrement difficile de parler à une femme à la voix haut perchée puis à un homme dont les tons élevés étaient au même niveau que les tons bas de la femme.

Mais ce qui m'indisposait le plus, c'était lorsque la routine devenait une obligation. Si je rencontrais un Dowayo, je le saluais. Aucun problème. Mon assistant m'avait fait la leçon : « Le ciel est-il clair pour toi ? – Le ciel est clair pour moi, et pour toi ? – Il est clair pour moi aussi. » Un échange rituel entre deux personnes qui se rencontrent. Les Anglais font peu de cas de ces formules de politesse qu'ils considèrent comme du temps perdu. Les Dowayo ont tout leur temps. Si on les prive de ces entrées en matière, ils se sentent offensés. Il m'est arrivé de proférer des inepties du genre : « Comment est votre champ ? » ou « Vous venez de loin ? ». Je voyais alors leurs visages s'allonger et leurs regards s'affoler. Mon assistant leur traduisait correctement mes propos et leurs visages s'illuminaient de nouveau. « Oh ! je comprends... Mais pourquoi n'arrive-t-il pas à parler notre langue ? Ça fait deux semaines qu'il est là ! »

Les Dowayo ont si peu de considération pour leur propre langue – leurs chefs se refusent à l'utiliser, sous prétexte qu'elle n'est qu'un instrument rudimentaire, imprécis, à peine plus élaboré que les cris des animaux –, qu'ils ne comprennent pas qu'on puisse perdre son temps à l'apprendre. Aussi font-ils de piètres initiateurs. Il n'était que trop tentant d'utiliser la langue la plus parlé, le foulani. J'en avais acquis quelques notions à Londres. La tradition veut que seules les informations recueillies dans la langue natale des gens sur le terrain soient fiables, et il est vrai que j'ai relevé toutes sortes de déformations dans les renseignements obtenus en foulani, notamment dans le domaine des métiers impurs, « forgerons, fossoyeurs, coiffeurs, guérisseurs, circonciseurs », qu'on flétrit sans rapport avec la façon dont les Dowayo les tiennent à l'écart. Autant que je sache, tout ce matériel avait été rassemblé par la même personne auprès de tribus qui tenaient les « prêtres » à l'écart. En réalité, chez les Dowayo, c'est le forgeron qui subit le plus sérieux ostracisme. Les autres tâches se répartissent selon des critères très variables. Reste que les Dowayo, la plupart du temps, ne parlent pas foulani entre eux. Dans mon village, un homme refusait obstinément de parler une autre langue que le foulani, ce qui faisait partie d'un jeu auquel les villageois eux-mêmes se prêtaient sans s'y retrouver. Lorsqu'il travaillait aux champs avec les Dowayo, il se lamentait d'en être réduit à labourer avec une telle engeance de sauvages et de païens. Sur sa lancée, il se mettait à énumérer les diverses tares de cette race de chiens, en s'accompagnant de grognements hystériques qui finissaient par déclencher l'incoercible hilarité des Dowayo présents. Par ailleurs, il trouvait plaisant que j'insiste pour parler avec lui et me serve des quelques mots de foulani que j'avais retenus.

J'aurais pu interroger mes Dowayo en foulani, mais en aucun cas converser utilement avec eux. Ils ne parlent qu'une forme abâtardie de cette langue, avec d'innombrables tournures qu'ils ont remodelées. Certains mots ont perdu leur sens originel. De toute façon, c'est en pouvant les suivre dans leur propre langue qu'on parvient à saisir les apartés destinés à d'autres oreilles.

Un jour, je m'aventurai dans les montagnes jusqu'aux confins du territoire dowayo. La plupart des enfants, n'ayant jamais vu d'homme blanc, poussèrent des cris de terreur en m'apercevant, jusqu'à ce que leurs aînés les rassurent en leur expliquant que j'étais le chef blanc de Kongle. En fumant, nous avons ri de leur frayeur. Habituellement je ne fume pas, mais c'est un moyen très pratique pour rompre la glace. En repartant, je vis qu'une des petites filles éclatait en sanglots et je l'entendis pleurnicher : « Je voulais le voir enlever sa peau ! » Plus tard, j'interrogeai mon assistant qui me sembla très embarrassé par ma question. Comme toujours en pareil cas, je fis tout pour l'amadouer. Les Dowayo ont l'habitude d'être tournés en dérision par les membres de tribus voisines leur reprochant leur « sauvagerie ». Aussi se tiennent-ils toujours sur leurs gardes, prêts à se défendre contre le moindre signe d'ironie. A regret, il finit par m'avouer que les Dowayo croyaient que chaque homme blanc séjournant un certain temps parmi eux était la réincarnation de l'esprit d'un sorcier dowayo. Sous la peau blanche que j'avais réussi à enfiler se cachait ma peau noire. La nuit, au moment d'aller me coucher, on m'avait vu enlever ma peau blanche et la suspendre à une solive. De même, lorsque j'étais à la mission avec tous les autres Blancs, nous tirions les rideaux, fermions les portes avant d'enlever nos peaux blanches. Bien sûr, ajouta mon assistant avec un certain dédain, *lui* n'y croyait pas. Mais ce disant, il me parcourait du regard, des pieds à la tête, semblant se demander avec effroi si je n'allais pas le punir pour son incrédulité en virant au noir sous ses yeux. Cette conviction expliquait pourquoi les Occidentaux défendaient avec tant d'acharnement leur intimité...

Dans cette perspective, je ne m'étonne plus de la gêne et de l'impatience des Dowayo lorsqu'ils me voyaient peiner pour parler leur langue. J'en faisais un peu trop pour cacher ma véritable identité ; ni eux ni moi n'étions dupes de mon manège. Je dus attendre une année avant de les entendre, non sans en éprouver une pointe de fierté, parler de moi en disant « notre » homme blanc. Mes efforts pour maîtriser leur langue avaient été payants : ils m'avaient « accepté ».

Mais toutes ces considérations n'eurent de sens que rétrospectivement. Au cours de ces trois premières semaines, je n'avais conscience que de m'être lancé dans l'apprentissage d'une langue impossible, de me retrouver dans un village désert, d'être confronté à une pluie diluvienne, de me sentir sans force et terriblement seul.

Comme tout anthropologue confronté à cette situation, je réagis en me jetant à corps perdu dans l'accumulation des faits. Je suis convaincu que la prédominance des informations brutes dans les monographies des anthropologues est la conséquence d'une règle : « dans le doute, accumulons les faits », plutôt que d'un culte de l'observation neutre. Cela n'a rien de surprenant. Le chercheur n'est pas en mesure de deviner ce qui se révélera plus tard important ou sans intérêt. Tout ce qui a pris place dans un carnet de notes ne demande qu'à figurer dans une monographie, la plupart du temps sous la forme de kilomètres parcourus au soleil ou bien d'heures passées à essayer d'empêcher des gens de vous filer entre les doigts. Surtout, un tri suppose une vue d'ensemble du projet, et nombre d'investigateurs n'ont à l'esprit que cette monographie à rédiger.

Ainsi, chaque jour, armé de carnets de notes et de tabac, je partais arpenter les champs autour du village, calculer les rendements, faire le compte des chèvres en vue, dans un besoin frénétique de m'activer sans rime ni raison. Ce faisant, je banalisais mon comportement bizarre et inexplicable aux yeux des Dowayo dont je commençais à connaître les noms.

Bien des absurdités ont été écrites sur la façon dont les anthropologues sont « acceptés ». On a prétendu qu'une tribu accueille souvent le visiteur étranger comme elle accueille un membre d'une communauté voisine. Au mieux, il peut espérer être regardé comme un imbécile sans malice, susceptible d'apporter quelques avantages au village. A la rigueur, il dépensera de l'argent et offrira des emplois aux gens qui le reçoivent. En ce qui me concerne, un virage fut franchi lorsque le chef du village me fit savoir qu'il voulait récupérer sa hutte. On en discuta longuement pour finir par décider que je m'en ferais construire une. Elle me revint à la coquette somme de quatorze livres et me permit d'embaucher le fils du circonciseur, qui demanda à son père de se porter garant de ma bonne foi, le frère du chef, qui m'apprit l'art de chasser, et le neveu du guérisseur, qui me présenta à son oncle. Ma voiture faisait office de taxi et d'ambulance pour les gens du village. Les femmes ne cessaient de m'emprunter du sel ou des oignons. Les chiens avaient compris que j'étais une bonne pâte et faisaient le siège de ma hutte au grand dam de mon assistant. Les potières et le forgeron n'avaient jamais eu tant de travail. Ma présence donnait un regain de prestige au chef. Il était persuadé que je savais tout de ce qui se rapportait aux fêtes religieuses et qu'il pouvait me demander n'importe quoi dans ce domaine. J'étais le banquier des sans-le-sou portés par de grandes espérances. Je faisais office de bureau d'achat pour ceux qui avaient besoin de pièces de rechange pour leur bicyclette ou pour leurs lampes. Les malades me réclamaient des médicaments.

Les inconvénients ne manquaient pas. J'attirais des inconnus au village. Je harcelais mes hôtes de questions saugrenues et je n'écoutais pas leurs réponses. Il y avait le risque que j'aille répéter ce que j'avais vu ou entendu. J'étais en permanence une source d'embarras pour la société. Par exemple, il m'est arrivé de demander à un homme s'il s'abstenait d'avoir des rapports sexuels avant d'aller chasser. Il n'y avait, en soi, rien de répréhensible à poser une telle question, mais sa sœur se trouvait à portée de voix. Tous deux s'enfuirent dans des directions opposées en poussant des cris de bête blessée. Peu avant, j'avais bavardé avec trois hommes dans ma case qui s'était vidée en quelques secondes, tandis que mon assistant se lamentait en se tenant la tête entre les mains. Mon indécence fit l'objet de murmures horrifiés pendant des semaines.

Mes connaissances très approximatives de la langue m'exposaient à de sérieux dangers. En dowayo, les obscénités guettent le moindre faux pas. Un léger écart de ton change la forme interrogative d'une phrase en une exclamation des plus obscènes, du genre « con » ou « chatte ». En lançant à des Dowayo : « Le ciel est-il clair pour vous, Con ? », je les déconcertais et les amusais tout à la fois. Un jour, le chef m'invita dans sa hutte pour m'y faire rencontrer le faiseur de pluie – une faveur que je lui réclamais depuis des semaines sans relâche. Nous bavardions librement, le courant passait bien. Je n'étais pas censé savoir qui il était : c'était moi qu'on interrogeait. Mon attitude respectueuse l'impressionnait. Nous convînmes que j'irais lui rendre visite. J'avais hâte de m'éclipser. J'avais laissé aux soins de mon assistant la seule viande que j'avais pu me procurer depuis un mois. Je me levai et serrai les mains en m'excusant : « Pardonnez-moi, j'ai de la viande sur le feu. » Du moins, avais-je cru dire cela, n'eût été un dérapage de ton qui avait fait entendre à mes deux hôtes : « Pardonnez-moi. Je baise avec le forgeron. »

Les gens du village avaient appris à comprendre ce que je voulais dire à partir de ce que je disais. Mais il m'était difficile de savoir jusqu'à quel point j'avais progressé dans la connaissance de leur langue et dans ce que je leur transmettais de mon propre pidgin.

Je reste convaincu de n'avoir été pour les Dowayo qu'un sujet de curiosité. L'ennui n'est pas l'apanage des peuples dits civilisés. En Afrique, la vie au village est assez morne, pas seulement pour l'Occidental habitué à n'avoir que l'embarras du choix pour se divertir, mais aussi pour les indigènes. Chaque petit événement ou scandale est avidement épluché, monté en épingle, déformé ; toute nouveauté est accueillie avec gratitude, dès l'instant où elle rompt la monotonie du quotidien. J'étais une source de distraction. J'étais imprévisible. Tantôt je partais en ville et j'en rapportais des nouvelles, des surprises ; tantôt j'avais de la visite. Si je me rendais à Poli, je revenais avec de la bière. J'étais un sujet de conversation inépuisable.

Ayant utilisé toutes les possibilités de me consacrer à des activités inutiles pour passer le temps, j'en vins à éprouver le besoin de m'imposer un programme quotidien. Pour commencer, je devais prendre l'habitude de me lever tôt. A cette époque de l'année, la plupart des villageois dormaient dans des abris, en pleins champs, pour empêcher le bétail de saccager les cultures. En principe, les Dowayo rentrent chaque soir les troupeaux dans le corral du village; en fait, ils s'astreignent rarement à une telle corvée. Traditionnellement, la garde du cheptel était confiée aux jeunes garçons, mais désormais ils sont contraints d'aller à l'école. Les bêtes sont libres de vagabonder dans la campagne et d'endommager les cultures. Les femmes savent que si leurs champs sont dévastés, leurs maris y verront la preuve de l'adultère et qu'ils leur flanqueront une raclée par-dessus le marché. Aussi sont-elles des gardiennes particulièrement vigilantes. Plutôt que de risquer de perdre la nourriture de toute une année, pendant des semaines peu d'entre elles rentrent passer la nuit au village, et celles qui le font n'y passent qu'en coup de vent et en repartent dès l'aube.

Aussi m'efforçais-je d'être levé tôt pour les saluer. Se saluer les uns les autres est une tradition importante en Afrique. On va jusqu'à recevoir la visite de gens qu'on ne connaît pas et qui s'attardent pendant des heures sans que s'engage pour autant une conversation. Il n'est pas question de filer à l'anglaise et l'on en est réduit à ressasser interminablement les mêmes thèmes – les champs, le bétail, le temps qu'il fait. Pour le néophyte, c'est là pain bénit : le vocabulaire est réduit au strict minimum, les constructions sont simples, et s'il parvient à placer quelques formules apprises par cœur, l'effet de surprise est garanti.

Les « salutations » terminées, je pouvais préparer mon petit déjeuner. La nourriture est la préoccupation majeure des Dowayo. Un collègue ayant travaillé dans la forêt vierge au sud du Cameroun m'avait parlé des délices de la nature : les bananes encombraient sa porte, les avocats jonchaient les sentiers, la viande était en surabondance. Malheureusement, je me trouvais plus près du désert que de la forêt équatoriale. Les Dowayo ne jurent que par le mil. Le reste ne peut que les rendre malades. Ils ne parlent que de mil ; ils paient leurs dettes avec du mil ; ils font de la bière avec du mil. Si on leur offre du riz ou des ignames, ils se résignent à en manger en se plaignant et en regrettant que ça ne soit pas aussi bon que le mil. Pour accompagner leur plat favori, ils utilisent une sauce aigre, visqueuse, à base de feuilles de plantes sauvages. Chaque jour, matin et soir, ils mangent du mil bouilli. Ils n'ont jamais accepté de m'en vendre un peu.

Chez eux la terre appartient à celui qui se donne la peine de la défricher et de la cultiver. Comme c'est un travail très pénible, chacun se contente d'un minimum vital. Le plus harassant reste cependant le sarclage des plants à mi-temps de leur croissance. Pour compenser l'ennui de la besogne, ils organisent des fêtes où la bière coule à flots. Lorsqu'un groupe a épuisé ses réserves de boisson, il en rejoint un autre pour l'aider à faire de même.

Le mil atteint un bon prix en ville, mais les Dowayo n'éprouvent pas le besoin d'en vendre. Le marché est aux mains des commerçants foulani qui font entre cent et deux cents pour cent de bénéfice sur tout ce qu'ils revendent. Ils ont aussi le monopole du transport, ce qui laisse peu de chose au cultivateur qui voudrait écouler une part de sa récolte.

Les Dowayo se contentent de produire de quoi se nourrir d'une récolte à l'autre, compte tenu des obligations qui s'attachent aux fêtes religieuses et aux diverses occasions qui réunissent les familles. Mais ils vivent toujours sur le fil du rasoir et il suffit que les pluies soient moins abondantes que prévu avant la récolte pour que se profile la menace de la famine. En territoire dowayo, acheter quoi que ce soit relève de l'exploit. Les Français ont essayé, sans succès, d'amener les Dowayo à utiliser la monnaie en cours. Encore maintenant, ils préfèrent pratiquer le troc et rembourser leurs dettes en abattant du bétail. S'ils m'avaient donné du mil, j'aurais été tenu de le leur rendre en mil ou en viande que j'aurais dû aller acheter en ville.

Leur bétail ne leur fournit ni lait ni viande. C'est une race naine de zébus sans bosse, contrairement aux bêtes qu'élèvent les Foulani, et ils en parlent comme d'animaux « féroces ». J'en suis encore à me demander quand se manifeste cette férocité. A la rigueur, ils en abattent un ou deux à l'occasion d'une fête religieuse. A la mort d'un riche propriétaire, sur un troupeau de quarante bovins on en sacrifiera une dizaine pour distribuer la viande aux membres de sa famille. Le gouvernement s'est inquiété d'un tel gaspillage de ressources, mais la coutume tient bon.

Certaines fêtes religieuses comportent le sacrifice de bovins et c'est toujours le bétail qui sert de monnaie d'échange pour prendre femme. D'ailleurs, les jeunes hommes qui ont des projets de mariage freinent l'abattage des animaux pour leur viande ou pour régler une dette. Lorsque le chef de Kongle m'offrait de la viande, c'était du tout ou rien. Pendant un certain temps, il me gratifia généreusement d'une jambe entière de bovin, dont la plus grande partie s'avariait même en mettant les bouchées doubles. Par la suite, j'en vins à céder de la viande contre des œufs, dont les Dowayo sont loin de raffoler. Ils les examinent en général avec une mine dégoûtée : « Est-ce que vous savez d'où ils viennent ? » demandent-ils, méfiants. Tout au plus les donnent-ils à couver à leurs poules. Très généreusement ils m'en apportaient qui étaient restés au soleil deux ou trois semaines – de quoi satisfaire mes goûts les plus malsains. Inutile de les plonger dans de l'eau pour savoir s'ils étaient frais. Au bout d'un certain moment, les œufs pourris coulent comme les œufs frais. Mais il m'arrivait de rêver et d'en casser un pour tomber sur une putride mixture d'un bleu verdâtre.

Contraint de manger ce que je trouvais sur place, je décidai d'élever mes propres poules. Sans grand succès. J'en achetai quelques-unes, on me fit cadeau des autres. Les poules et les poulets des Dowayo sont de pauvres créatures, des bestioles efflanquées qui font pitié. Je nourris les miennes au riz et aux flocons d'avoine. Elles prospérèrent et finirent même par pondre. Les Dowayo, qui n'offrent rien à manger à leurs poulets, me trouvaient d'une extravagance folle. J'en vins à décider de déguster un œuf chaque jour. Un matin, tandis que je déjeunais tranquillement, jubilant à l'idée de m'offrir mon butin quotidien, je vis apparaître mon assistant, sur le pas de la porte de ma hutte, l'air triomphant : « *Patron* *, s'exclama-t-il, j'ai repéré toutes les poules qui pondaient et je les ai tuées avant qu'elles perdent toutes leurs forces. » Il ne me restait plus qu'à me contenter de flocons d'avoine et de lait condensé que j'achetais à la mission. Le thé pousse très bien au Cameroun, mais c'est une denrée introuvable à Poli. A la rigueur, on peut dénicher du thé nigérian de contrebande.

En principe, mon assistant prenait ses repas avec

* En français dans le texte.

moi, tout en disant pis que pendre de tout ce que ces sauvages Dowayo se contentaient de manger. Au bout de quelques mois, je remarquai qu'il avait engraissé de manière assez spectaculaire et je finis par découvrir qu'il dînait tout bonnement deux fois par jour, avec moi et avec le chef du village.

Après le petit déjeuner, ma case faisait office de dispensaire. Les gens malades ne manquaient pas et les voir arriver n'avait rien de réjouissant pour moi. Mais aussi limitées que fussent mes connaissances médicales et les moyens dont je disposais, je ne pouvais pas les renvoyer, contrairement à ce que fit mon assistant dans les premiers temps. Appliquant les règles de hiérarchie sociale en usage au Cameroun, il me considérait comme un personnage qu'il avait le devoir de soustraire à toute promiscuité avec le troupeau des gens de peu. S'il trouvait normal de me voir fréquenter les chefs ou les sorciers, il ne tolérait pas que je perde mon temps à discuter avec des femmes ou de simples villageois. Lorsque je m'intéressais à des enfants, il se détournait horrifié. D'ailleurs, il se mettait en faction à l'entrée de ma cour et chassait ceux qui cherchaient à y pénétrer, tel le secrétaire dévoué d'un haut dignitaire de l'État. S'il me prenait l'envie d'offrir une cigarette à un Dowayo, elle devait passer par ses mains pour être remise à son destinataire. Mes remarques l'amenèrent à relâcher bon gré mal gré sa vigilance, mais il ne m'en reprocha que plus amèrement de mettre son propre prestige en jeu chaque fois que je m'abaissais à converser avec n'importe qui.

On venait me consulter pour des blessures ou des plaies anciennes sur lesquelles je posais un antibiotique et un pansement, mais je savais qu'il ne resterait pas longtemps en place, les Dowayo ayant l'habitude de laisser leurs plaies à l'air libre. Les cas de paludisme, rares, trouvaient en moi un expert. Je me contentais de demander à mon assistant de traduire correctement aux malades les doses de quinine que je leur prescrivais.

La nouvelle selon laquelle je distribuais des « racines » – comme ils appellent les remèdes – se répandit rapidement. Je fus pour le moins abasourdi lorsqu'une vieille femme vint se plaindre et m'accuser de lui avoir transmis le paludisme. On lui expliqua que j'en étais incapable et elle repartit déconfite sous les sourires moqueurs. Plus tard, les guérisseurs et les sorciers m'ont permis de comprendre la méprise. Les Dowayo classent les maladies en diverses catégories : les épidémiques, les infectieuses comme le paludisme ou la lèpre, pour lesquelles les hommes blancs disposent de remèdes efficaces, les maladies provoquées par la sorcellerie ou par les plantes, celles, enfin, dues au contact de choses ou de personnes impures. Dans ce dernier cas, le remède consiste en un autre contact, particulier, avec la personne ou l'objet interdits à l'origine du mal. La vieille femme accusatrice avait cru que ma hutte était à la fois la source et le remède du paludisme dont elle souffrait. Garder une telle poudrière au milieu du village avait effectivement de quoi l'alarmer.

Le reste de la matinée était consacré à l'étude de la langue. Mon assistant adorait son rôle de professeur et prenait grand plaisir à me faire répéter les conjugaisons des verbes, jusqu'au moment où je criais grâce. Plus tard, mes nouvelles méthodes le trouvèrent moins enthousiaste.

J'avais emporté un petit magnétophone portatif qui

ne me quittait pas. Aux champs, il m'arrivait d'enregistrer mes conversations avec les villageois. Les Dowayo aiment entendre leur voix, mais ils connaissaient le procédé depuis longtemps. Les jeunes à la page possèdent des cassettes de chanteurs et ils en ont même rencontré quelques-uns. Mais ce qui provoquait des murmures d'étonnement – « merveilleux », « magique » –, c'était mon écriture. A part quelques enfants, les Dowayo sont illettrés. Lorsque je commençai à prendre des notes dans un pot-pourri de français, d'anglais et de phrases en dowayo transcrites phonétiquement, ils passèrent des heures à me regarder faire, venant à tour de rôle derrière moi pour suivre, par-dessus mon épaule, le mouvement de ma main sur le papier. Lorsque j'en vins à pouvoir lire à un homme ce qu'il m'avait dit au cours de notre dernière rencontre, il fut stupéfié. Petit à petit, j'en arrivai à me constituer une petite réserve de conversations enregistrées, accompagnées de mes notes et des interprétations que j'avais obtenues. J'étais capable d'en prendre une au hasard, de l'écouter avec mon assistant qui justifiait les traductions qu'il m'avait proposées, m'expliquait certains termes, certaines règles d'usage et les différences entre certains synonymes. Grâce à cette méthode de travail, nos compétences linguistiques firent un bond en avant. Lui devint plus attentif ; je commençai à apprendre plus vite. Au lieu de me laisser me contenter d'une approximation, il me signalait les difficultés sur lesquelles nous aurions à revenir plus tard, renonçant à cette position d'omniscience qu'il avait adoptée au début.

La plupart du temps, le déjeuner se composait de galettes, de chocolat, de beurre de cacahuètes et de riz.

Puis mon assistant allait faire une sieste au moment le plus chaud de la journée et je passais moi-même une heure sur mon lit, dur comme du béton, à écrire, dormir ou jongler avec mes difficultés financières.

Les semaines s'écoulaient, le temps devenait de plus en plus chaud et la pluie ne tombait que sporadiquement, en averses torrentielles. Je décidai d'aller me baigner chaque après-midi. Ici, l'eau représente un sérieux danger. De nombreuses maladies parasitaires sévissent à l'état endémique dans la région. La plus grave est certainement la bilharziose dont sont atteints bien des Dowayo. Elle provoque des hémorragies intestinales, des nausées et un affaiblissement qui conduit à la mort. Mais l'espérance de vie de la population est si faible qu'on meurt avant. Selon certains, il suffit de mettre un pied dans une rivière au mauvais endroit pour être définitivement infecté; d'autres affirment que pour en arriver là, il faut rester des heures immergé dans de l'eau polluée. Un géographe français m'a assuré qu'après les premières fortes pluies l'eau était parfaitement saine. Il semblerait qu'elles entraînent avec le courant les escargots d'eau qui transportent le parasite. Autrement dit, pour réduire le plus possible les risques d'infection, il faudrait déjà s'abstenir de se baigner à la saison sèche dans les eaux stagnantes ou d'un faible débit. Depuis que j'avais regardé avec envie des Dowayo s'ébattre joyeusement dans la fraîcheur des rivières pendant que moi, je suais sang et eau dans les champs, je ne rêvais que de les imiter. De toute façon, il était impossible de s'aventurer plus ou moins loin en territoire dowayo sans être obligé de traverser des torrents tumultueux avec de l'eau jusqu'à mi-corps. M'en remettant au diagnostic du géographe, je pris le chemin du « bain » des hommes, un plan d'eau profond, creusé dans le granite sous une cascade, interdit aux femmes depuis qu'on y pratiquait la circoncision des jeunes garçons.

Deux jeunes hommes s'y baignaient après avoir travaillé dans leurs champs. Visiblement mon anatomie leur inspirait une foule de commentaires. Les jours suivants, vingt ou trente hommes se déplacèrent pour venir voir de leurs propres yeux le spectacle de l'homme blanc nu comme un ver. Très vite, les amateurs se firent de moins en moins nombreux, ce qui ne manqua pas de blesser mon amour-propre.

L'endroit était incomparable. Au pied des montagnes, l'eau claire et froide semblait jaillir de la roche. Des arbres ombrageaient le plan d'eau tapissé de sable. Au-delà, le torrent courait sur des marches de granite où l'on pouvait s'étendre et passer graduellement du chaud au froid. A moins d'avoir à faire ailleurs, Matthieu et moi passions de longs moments, chaque jour, près de cette piscine naturelle, et c'est dans ce cadre réservé exclusivement aux hommes que les Dowayo me parlèrent pour la première fois de leur religion et de leurs croyances. Visiblement, ils étaient tous circoncis et je ne l'étais pas. Spontanément, la conversation porta tout d'abord sur ce sujet quasi obsessionnel dans leur culture.

Après la baignade, nous faisions habituellement un tour dans les champs pour essayer de trouver un groupe de villageois se délassant avec de la bière. Une vingtaine d'hommes et de femmes pouvaient alterner binage des pieds de mil et pauses à l'ombre d'un arbre. Un éminent colon français en poste au Cameroun a parlé de la bière de mil comme d'un breuvage ayant la consistance d'une soupe de pois et le goût du pétrole. C'est juste. A midi, les Dowayo ne prennent rien d'autre et sont, curieusement, très rapidement et spectaculairement ivres malgré la très faible teneur en alcool de cette bière. J'en étais toujours aussi étonné. Malgré la répulsion que m'inspirait son mode de fabrication, je m'étais fermement promis d'y goûter par pure correction.

Aussi, lorsqu'on me demanda : « Voulez-vous de la bière? », m'empressais-je de répondre : « La bière est labourée », pour avoir commis une faute de ton. « Il a voulu dire oui », s'empressa de corriger mon assistant avec lassitude. Tous me regardèrent sidérés. A leur connaissance, j'étais le premier homme blanc à accepter de boire de leur bière. S'emparant d'une calebasse, ils commencèrent par la nettoyer par égard pour ma sensibilité exotique. Ils confièrent l'opération à un chien qui se mit en devoir de la lécher. Les chiens des Dowayo n'ont rien de très séduisant. Celui-ci était particulièrement repoussant. Il n'avait que la peau et les os, des blessures ouvertes aux oreilles, noires de mouches, de grosses tiques sur le ventre. Il nettoya l'intérieur du récipient avec ardeur. Après quoi, on me présenta la calebasse remplie de bière. Tous me contemplaient d'un air réjoui. Il n'y avait pas d'échappatoire, je la vidai et manifestai mon contentement. On m'infligea le même supplice plusieurs fois. Mes hôtes n'en croyaient pas leurs yeux. Je ne manifestais aucun signe d'ivresse. Pratiquement, un Occidental ne peut pas se soûler à la bière de mil : il lui est impossible d'en boire une quantité suffisante. En revanche, il en faut peu pour qu'un Dowayo tombre ivre mort en buvant de la bière de houblon : avec une bouteille, il peut rester en état d'ébriété pendant près de trois jours.

Zuuldibo, le chef, passait son temps à rôder dans les champs au moment du sarclage pour ne pas rater une occasion de boire avec les villageois au travail. Mais il refusait toujours aussi obstinément de toucher un instrument aratoire en paiement de la bière. Pour savoir où se tenait une réunion arrosée d'alcool, il suffisait que j'envoie Matthieu à la recherche du chef. Depuis que le chien de Zuuldibo m'avait adopté dans l'espoir d'une gâterie, nous formions une bizarre procession. Ma première déclaration en dowayo qui remporta un certain succès fut : « Matthieu suit le chef. Je suis Matthieu. Le chien me suit. » Elle devait être répétée et appréciée pour la qualité de son humour.

Après un détour par les champs, je ne rentrais pas au village sans m'être posté auparavant au croisement des chemins qu'empruntaient les paysans pour regagner leurs huttes avant la tombée de la nuit. Deux troncs d'arbres servaient de bancs aux hommes qui passaient là un moment à bavarder en chassant les moustiques jusqu'à l'heure du dîner. Pour ma part, je terminais la journée avec des flocons d'avoine ou de la purée de pommes de terre en sachet (les pommes de terre coûtaient très cher et pourrissaient à vue d'œil), accompagnés d'une soupe en conserve. Puis je mettais mes notes au propre, j'enregistrais les questions que je me proposais de poser le lendemain et je lisais ce qui me tombait sous la main.

Une lampe à gaz, achetée à Ngaoundéré, constituait mon seul vrai luxe. Les Dowayo défilaient dans ma cabane pour contempler la merveille. J'avais du mal à les convaincre qu'il ne s'agissait pas d'électricité. Pour changer le manchon, je devais parcourir près de deux cents kilomètres, ce qui se produisait tous les deux mois, mais j'en avais une de rechange. Autrement dit, je pouvais travailler après la tombée de la nuit : un gros avantage quand on sait qu'elle a eu lieu avant sept heures tout au long de l'année.

Les premières semaines s'étaient écoulées et je commençais à avoir l'impression de participer à la vie du village. Je me sentais moins seul, mais j'étais encore sujet aux coups de cafard lorsque la pluie me tenait confiné dans ma petite hutte. La crise de paludisme m'avait laissé sur le flanc. Je ne me nourrissais pas aussi bien que j'aurais dû pour reprendre des forces. Par ennui, il m'arrivait de sauter des repas. La plupart du temps je m'obligeais à manger malgré la monotonie des menus, la nourriture étant un carburant dont je ne pouvais me passer.

Pendant des mois, je restai convaincu de ne faire aucun progrès dans l'apprentissage de la langue, comme si j'étais condamné à repartir sans avoir rien appris, rien compris. Le pire, c'est que les Dowayo, pour ainsi dire, ne faisaient jamais rien, n'avaient aucune croyance, ne se consacraient à aucune activité symbolique. Ils se contentaient d'exister.

La frustration que j'éprouvais à ne saisir que des bribes de ce qu'on disait en ma présence me fit douter des compétences de mon malheureux assistant. J'avais l'impression qu'il m'apprenait la forme des verbes incorrectement et que, la moitié du temps, il ne comprenait pas ce que je voulais dire même s'il était capable de parler le dialecte des Dowayo des montagnes. Il m'était même arrivé de le surprendre en train d'échanger des regards furtifs avec d'autres hommes lorsqu'on abordait certains sujets. Il y avait de la conspiration dans l'air.

La position d'assistant d'un chercheur sur le terrain n'est pas confortable. Les gens du cru attendent qu'il se range de leur côté si un différend survient avec son employeur. En Afrique, il ne fait pas bon se mettre à dos les membres de sa famille. Par ailleurs, son « patron » compte sur lui pour faciliter les contacts avec la population locale et lui fournir le maximum de renseignements dans tous les domaines. Pour un ethnographe désireux de traquer la vérité, il est frustrant d'être obligé, pour arriver à ses fins, de s'en remettre en partie à un jeune étudiant. La plupart des Dowayo, se fondant sur leur expérience des missionnaires, s'attendent à ce que tous les Blancs soient des chrétiens fanatiques. Ils furent très surpris de constater que je n'accompagnais pas mon assistant à l'office religieux le dimanche. J'en fus réduit à me trouver, comme par hasard, à la sortie de l'office pour bavarder avec les paroissiens et montrer que mon absence n'était pas le signe d'un sentiment de supériorité.

Je me désolais de constater que je ne parvenais jamais à obtenir d'un Dowayo qu'il me dise plus de dix mots d'affilée. Si je demandais à l'un d'eux de me décrire un animal ou une cérémonie, il me répondait par une ou deux phrases, c'est tout. Pour en savoir plus, il me fallait lui poser d'autres questions. En fait, je dirigeais beaucoup plus leurs réponses que ne l'autorise toute recherche honnête. Un jour enfin, je compris : les Dowayo équilibrent une conversation selon des règles qui leur sont propres. En principe, en Occident, on n'interrompt pas quelqu'un qui a pris la parole. En Afrique, on intervient dans le discours de son interlocuteur comme on le ferait au téléphone, pour signaler qu'on est toujours à l'écoute. Un Dowayo en train de suivre la conversation de quelqu'un regarde fixement le sol ou les rochers devant et derrière lui en acquiesçant – « oui », « c'est ça », « bien sûr ». Sans cette ponctuation, celui qui parle reste court. Dès que j'appliquai ce procédé, les personnes que j'interrogeais parlèrent abondamment.

Le vrai problème résidait moins dans la fidélité et la droiture de Matthieu que dans son âge. En Afrique, la valeur dépend pour beaucoup du nombre des années et les Dowayo ne manquent pas de traduire le respect qu'ils éprouvent pour un homme en l'appelant « vieil homme ». C'est ainsi que de vénérables patriarches dowayo me gratifiaient de titres tels que « l'ancien » ou « le grand-père ». Ils trouvaient scandaleux qu'un blanc-bec de dix-sept ans puisse assister à nos conversations. S'il m'était facile d'oublier sa présence, elle les tourmentait comme une écharde dans le pied. Ils le traitèrent longtemps avec un superbe dédain, jusqu'au jour où nous abordâmes des sujets sérieux et où je dus le consulter sur des problèmes de linguistique. Fort heureusement, il avait de vagues liens de parenté avec la famille du plus en vue des faiseurs de pluie, ce qui contribua à rendre sa présence à mes côtés tolérable. Sinon, comme d'autres qui avaient séjourné parmi les Dowayo avant moi, je serais certainement reparti excédé par l'obstination bornée de ces « têtes de cochons » que sont la plupart des Dowayo.

CHAPITRE VII

« Ô Cameroun, ô berceau de nos aïeux »

Tous les vendredis après-midi, je rompais le cours monotone de la semaine en me rendant en ville pour y prendre mon courrier, qui arrivait en principe ce jour-là de Garoua. En principe, car en fait cela relevait d'une fumisterie éhontée. C'était le chef foulani de Poli qui était chargé de distribuer le courrier avec sa camionnette, mais il n'obéissait qu'à son bon plaisir. Il suffisait que l'envie lui prenne de s'offrir quelques jours de bon temps à Garoua et le courrier n'arrivait à Poli que la semaine suivante. Les professeurs et les fonctionnaires pouvaient attendre leur paie, l'hôpital manquer de médicaments, toute la ville en pâtir : il n'en avait cure.

De toute façon, les liaisons postales étaient si lentes et si capricieuses qu'un mois sur deux je ne recevais que des lettres de la banque de Garoua, qui m'adressait les relevés de compte les plus fantaisistes qu'on puisse imaginer. Par je ne sais quel tour de passe-passe je me retrouvais avec trois comptes, un à Yaoundé, un à Garoua et encore un autre, mystérieusement, dans une ville où je n'étais jamais allé.

Aller chercher le courrier avait pour avantage de me

séparer de mon assistant pendant quelques heures. De ma vie, je n'avais jamais passé autant de temps en tête à tête avec le même individu, et je commençais à me sentir dans la peau de quelqu'un qu'on a marié contre son gré avec la personne qui lui convenait le moins.

Le vendredi après-midi, je commençais par filtrer l'eau que j'emportais pour faire la route à pied. Je me refusais à y aller en voiture, d'abord parce qu'il était impossible de trouver de l'essence à Poli et puis parce que tout le village m'aurait accompagné. Durant la saison des pluies, l'eau débordait de partout, aussi me limitais-je à filtrer ce que je buvais. A la saison sèche au contraire, chaque point d'eau devient une mare stagnante et puante. Il faut faire bouillir l'eau ou y ajouter du chlore. Ma bouteille était un sujet de plaisanterie pour les Dowayo qui se demandaient comment je pouvais me contenter d'un litre pour plus d'une journée.

En fait, ils appliquent à l'eau tout un système d'interdits qui n'est pas sans rapports avec les précautions que je prenais. Par exemple, les forgerons ne doivent pas puiser la même eau que les autres Dowayo. Ceux de la plaine s'abstiennent de boire l'eau des Dowayo des montagnes, à moins que ces derniers ne leur en offrent. Les faiseurs de pluie ne boivent pas l'eau de pluie. Tout un système complexe codifie les rapports avec les femmes, l'eau et la nourriture. Je n'échangeais ni femmes ni nourriture avec un groupe de Dowayo, mais j'étais soumis à certaines restrictions – celles que je m'imposais – concernant ma consommation d'eau. A moins de leur mettre littéralement ma bouteille d'eau entre les mains, les Dowayo n'en buvaient jamais de peur de tomber malades aussitôt.

Une marche d'environ neuf kilomètres sur un chemin caillouteux m'apportait un soulagement appréciable après mes déambulations harassantes dans les champs boueux. Deux mois passés à patauger sous la pluie m'avaient laissé les pieds et les chevilles tapissés de moisissures et de champignons vénéneux, rebelles à tous les médicaments que j'avais apportés avec moi. A l'épreuve des pluies, les fonds de pantalons ne résistaient pas plus d'un mois, mangés par la pourriture. Les shorts avaient le don de rendre instantanément mon assistant maussade, sous prétexte que les hommes respectables n'en portent pas. Ils avaient surtout l'inconvénient de ne pas me protéger les jambes des épines, des herbes et des roseaux coupants de la savane.

En ville, j'allais prendre place au bar où se retrouvaient tous ceux qui attendaient, contre vents et marées, l'hypothétique arrivée de la camionnette transportant le courrier. Parfois, il y avait de la bière pour nous aider à patienter. Sinon j'allais faire un tour au marché où quelques vieillards misérables attendaient de vendre une poignée de poivre ou des colliers de perles de verre. Au peu qu'ils gagnaient s'ajoutait sûrement une manière de tromper l'ennui. Pour avoir de la viande il fallait aller à l'autre bout de la ville; mais le boucher n'en avait que deux jours par semaine. Les gros bonnets de l'agglomération s'en faisaient réserver la majeure partie; le reste, constitué essentiellement de tripes et de pieds, était débité à la hache. Pour le même prix, la quantité de marchandise que le commerçant vous attribuait variait dans des proportions considérables. Où que l'on se rendît, on rencontrait des fonctionnaires qui flânaient, des gens du pays plus ou moins en vagabondage, des gendarmes marchant par deux en se tenant par la main et, partout, des nuées d'enfants.

Grâce aux vendredis du courrier à Poli, je fis notamment la connaissance d'un certain nombre de membres de l'enseignement. Parmi eux, Alphonse, un colosse originaire du sud du pays qui avait été nommé instituteur dans la savane, au-delà de la rivière Faro. Cette région du Cameroun est tournée à tous égards vers le Nigeria d'où affluent devises et marchandises passées en fraude. C'est dans cette contrée lointaine qu'Alphonse vivait, seul parmi les Tchamba. Un ami qui était allé le voir racontait qu'il habitait une case minuscule et qu'il possédait, en tout et pour tout, une paire de shorts et deux sandales de couleur différente. Il n'y avait pas une goutte de bière. Au début de la saison sèche, un petit nuage de poussière apparaissait à l'horizon, sur la route reliant Tchamba à Poli. Sortant du nuage, un petit point finissait par apparaître et par grossir progressivement. C'était Alphonse qui approchait de Poli en marchant ou en courant, s'essoufflant à force de crier : « Bière! bière! » Lorsqu'il s'installait dans le bar, il y buvait toute sa paie en bière. Quelle divinité bienveillante lui épargna-t-elle de débouler à Poli au cours d'une des longues périodes sans bière? Toujours est-il que vers quatre heures de l'après-midi, Alphonse rejoignait régulièrement le stade où lui prenait l'envie de danser.

C'était un gaillard affable, si on évitait de le provoquer, mais qui pouvait s'abandonner à des colères terribles. Le serveur – la plupart du temps un élève faisant l'école buissonnière – était prié d'aller chercher son transistor. Dès qu'il entendait la musique, Alphonse dépliait majestueusement son grand corps et, oubliant le monde entier, il se mettait à traîner les pieds, à pousser des grognements, à se déhancher, à balancer sa tête, en gardant le goulot de sa bouteille de bière entre ses dents. Cette danse de l'ours durait des heures, jusqu'au moment où il décidait que tout le monde devait l'imiter. On se demandait chaque fois si la camionnette du courrier allait apparaître avant qu'Alphonse entame la phase de danse généralisée. Car il ne permettait à personne de se dérober. Aussi voyait-on souvent tournoyer nerveusement des inspecteurs des contributions directes et des gendarmes en uniforme, sous le regard impérial d'Alphonse qui, enfin, se reposait en souriant béatement dans un coin du bar.

Son principal allié et camarade de beuverie était lui aussi un homme du Sud, Augustin. Il avait renoncé à une carrière d'expert-comptable dans la capitale pour monter dans le Nord enseigner le français. C'était un autre individualiste convaincu, dans un pays où le conformisme servile est de rigueur. Le seul homme, à ma connaissance, qui ait toujours refusé de prendre la carte du parti unique camerounais. Il était entré en conflit avec le *sous-préfet*. Tous deux avaient la réputation d'être de grands séducteurs. Les fonctionnaires locaux laissaient entendre qu'ils ne seraient pas surpris si, un jour, Augustin « disparaissait » pour des raisons politiques, ou à cause de ses relations avec les femmes des Foulani de Poli. Dès qu'il avait un verre dans le nez, il enfourchait sa grosse moto et semait la terreur dans la petite ville, non sans tomber régulièrement de son engin, avec seulement quelques égratignures. Il se déplaçait dans une atmosphère de désastre imminent et provoquait effectivement des troubles partout où il passait.

Le jour où il vint me voir à Kongle, il trouva le moyen de forniquer ouvertement avec une femme mariée du village. Les Dowayo sont plutôt indulgents envers les femmes adultères et considèrent la conquête des épouses des uns et des autres comme un sport amusant. Mais la femme en question avait cédé à Augustin dans la hutte de son mari, ce qui constituait un affront sérieux. Lorsque l'homme apprit son infortune, il décida, en bonne logique, que je devais lui verser un dédommagement. Après avoir consulté le chef et des « conseillers légaux », je refusai poliment. Le mari bafoué vint me trouver avec ses frères et m'annonça qu'à la première occasion il s'emparerait d'Augustin et, surtout, qu'il démolirait sa moto à coups de bâton. Je crus bon d'avertir Augustin pour qu'il s'abstienne de revenir au village pendant un certain temps. Le lendemain, il était de retour et garait sa moto devant la hutte de son rival. Tout cela risquait de finir mal et de compromettre mes rapports avec les Dowayo.

Le mari ne tarda pas à apparaître accompagné de ses frères. Augustin sortit les bières qu'il avait apportées de Poli et tout le monde but en silence. D'autres bouteilles furent offertes et Zuuldibo déboula, comme averti par un sixième sens que la boisson l'attendait. Quant à mon assistant, il tournait nerveusement en rond dans la cour. Je fis passer du tabac. Soudain, le mari, qui était resté tout le temps assis à broyer du noir en silence, comme le font souvent les hommes de Glasgow, se mit à chantonner d'une petite voix monotone. Aussitôt, tous les autres hommes l'imitèrent avec empressement. Il est d'usage que l'anthropologue arrive après coup et demande, à droite et à gauche, à quoi l'on joue. Je m'enquis donc de ce qui s'était passé et j'appris que la chanson entonnée disait : « Oh, qui voudrait copuler avec un vagin aigri ? » Le mari, calmé par la bière, avait décidé que la solidarité des hommes ne devait pas être à la merci d'une infidélité de femme. On ne fit plus allusion à l'affaire. Et Zuuldibo devint le meilleur ami d'Augustin avec qui il partagea, maintes fois, plus d'une bière.

Souvent, Alphonse et Augustin se retrouvaient au bar en attendant le moment de toucher leur salaire, aussi inutilement anxieux que deux futurs pères dans une maternité. Régulièrement, ils finissaient par se chamailler à propos du calcul de l'impôt sur le revenu. En l'occurrence, j'ai constaté que les professeurs en poste à Poli recevaient un salaire équivalant à celui qui m'était attribué à Londres. Ils bénéficiaient également de billets d'avion gratuits sur les vols intérieurs, qu'ils revendaient la plupart du temps au marché noir quand les fonctionnaires ne les confisquaient pas à leur profit.

Dans la pratique, récupérer son courrier prenait toutes les apparences d'un retour nostalgique aux bousculades dans les gares ou les autres bureaux des services publics. Il fallait se résigner à batailler pendant des heures, tandis qu'un employé consignait minutieuement une foule de renseignements dans un cahier d'écolier en faisant grand usage de la règle et du tampon. Chaque pièce d'identité fournie était examinée sous toutes les coutures, et le récépissé d'une lettre nécessitait dix bonnes minutes d'intense concentration de la part du fonctionnaire qui le remplissait avant de vous le remettre.

Puis venait le moment du dépouillement. Ceux qui n'avaient pas eu de courrier revenaient au bar noyer leur déconvenue ; ceux qui avaient été plus heureux y revenaient pour savourer leur plaisir. Comme la nuit tombait avant sept heures, je me retrouvais invariablement devoir faire le trajet de retour dans l'obscurité. En Angleterre, les citadins oublient à quel point une nuit peut être noire sans aucun éclairage. Ici il y avait des nuits noires comme la poix, où personne ne s'aventurait sans torche ou lampe de poche. D'ailleurs, les Dowayo refusaient de sortir du village dès qu'il faisait nuit : l'obscurité les terrifiait. Dans la montagne ou la savane, ils se pressaient les uns contre les autres près du feu de camp jusqu'au petit jour. Au cœur des ténèbres rôdent les bêtes sauvages, les esprits maléfiques et le géant « Tête de piment » qui traque les voyageurs imprudents pour les rouer de coups et les laisser pétrifiés d'épouvante.

Les Dowayo ne comprenaient pas comment je pouvais parcourir la savane en pleine nuit, et cette téméraire bravade était pour eux le fait d'un homme un peu fou. Pourtant, nulle part ailleurs je ne m'étais senti autant en sécurité. Il y faisait aussi frais que par une belle nuit d'été dans la campagne anglaise. En général, la pluie cessait de tomber, tandis que dans le lointain, au-dessus des montagnes, dans le silence, des éclairs zébraient le ciel. Un ciel où je découvrais de splendides constellations. Si la lune se levait, elle éclairait le paysage comme en plein jour. Dans la région, il n'y a pas de prédateurs dangereux : je risquais tout au plus de marcher sur un serpent. Il régnait une paix, une tranquillité qui me transportaient à des lieues du remue-ménage d'un village et me délivraient de mes efforts continuels pour essayer de comprendre les Dowayo, pour supporter d'être surveillé sans arrêt, désigné à leur curiosité, interpellé et questionné. Une intimité irremplaçable, l'une des premières choses dont la vie africaine vous prive, m'était ainsi magiquement restituée. Aussi rentrais-je toujours revigoré de mes marches nocturnes.

En route, il m'arrivait souvent de rencontrer des gens talonnés par la peur des ombres de la nuit. Ils s'étaient attardés dans les villages de la montagne ou ils revenaient d'une cérémonie. Certains rebroussaient chemin en m'entendant approcher ou couraient se cacher pour laisser passer le danger. Le lendemain on les écoutait, non sans un certain amusement, raconter comment ils avaient réussi à échapper de justesse aux griffes de Tête de piment. Tout le monde se gardait bien de faire remarquer la curieuse et brusque multiplication des apparitions de Tête de piment depuis mon arrivée au village. Je crois que la plupart considéraient que la peur du géant avait un effet préventif salutaire sur tous ceux que travaillait l'envie de courir les femmes, y compris celles des autres. Des hommes allaient même jusqu'à placer à la croisée des chemins des herbes qui avaient le pouvoir, magique, de prendre l'apparence de Tête de piment et d'effrayer les suborneurs en maraude. Mais il ne semblait pas que cela soit suffisant pour faire peur aux femmes.

Au fur et à mesure que je découvrais les rapports entre faiseurs de pluie, Dowayo ordinaires et forgerons, je commençais aussi à me faire une idée de la nature des relations entre hommes et femmes. Pour certains détails physiques, je me fiais aux confidences de mon assistant et des hommes qui se retrouvaient au plan d'eau pour la baignade. A cela s'ajoutaient les informations que me fournissait généreusement Augustin, après ses fructueuses investigations parmi la population féminine païenne. Il me confirma, entre autres, l'étrange mélange de libertinage et de pruderie qui caractérisait la sexualité des Dowayo.

Bien que les Dowayo n'aient aucune idée de leur âge, il semble qu'ils soient sexuellement actifs dès leur huitième année. En aucun cas on ne cherche à les dissuader de satisfaire leurs besoins sexuels. On autorisera sans difficulté un jeune garçon à passer la nuit avec une fille de son choix, dans la case de cette dernière, cependant, pour que sa mère puisse veiller à ce que soit respectée une certaine pudeur. A la puberté, les rapports sexuels proprement dits prennent le relais. Les grossesses avant le mariage sont accueillies comme une preuve de fécondité. Par ailleurs, un homme doit se garder de tout rapport avec une femme qui a ses règles, sous peine de sombrer dans l'imbécillité.

Reste la circoncision, qui peut être pratiquée entre dix et vingt ans, tous les mâles d'une localité étant « coupés » en même temps. Un homme peut se marier et avoir des enfants avant d'être circoncis, et il arrive de voir le père et le fils se faire circoncire le même jour. Mais les hommes non circoncis sont entachés de féminité. Cette souillure les expose à l'accusation de répandre une puanteur de femelle qui provient d'un prépuce malpropre. Aussi leur est-il interdit de participer aux réunions entre hommes, à leurs activités. Ils sont enterrés avec les femmes. Mais surtout, ils ne peuvent pas jurer sur leurs couteaux, le serment le plus grave que puissent prononcer les Dowayo étant « *dang mi gere* » – « sur mon couteau » – en référence au couteau de la circoncision, un objet détenteur d'une grande puissance, capable de mettre à mort les sorcières et au besoin une femme. Si un homme utilise ce juron contre une femme, c'est qu'il ne peut plus se contenir et qu'il est sur le point de lui donner une raclée. Les hommes non circoncis qui s'arrogent le droit d'utiliser ce juron sont la risée de l'assistance et courent le risque de se faire corriger s'ils persistent. Chaque fois que j'en ai fait usage, les Dowayo ont trouvé ça du plus haut comique.

Chez eux la circoncision est une coupe sévère, le pénis étant épluché sur toute sa longueur. De nos jours, quelques garçons subissent l'opération à l'hôpital, au grand scandale des anciens et des jeunes respectueux des coutumes, qui trouvent qu'on n'y enlève pas assez de peau et que les garçons ne sont pas séparés des femmes pendant neuf mois aussi strictement qu'ils le devraient. Par un processus de mort et de renaissance, l'opération transforme un être imparfait, produit d'une naissance naturelle, en un individu d'une complète masculinité. On me fit clairement comprendre que j'avais été promu au grade de « membre honoraire circoncis », pour le prix de six bouteilles de bière. J'avais été exempté à bon compte.

Les femmes sont censées ne rien savoir de la circoncision. On leur raconte une histoire d'orifice anal bouché avec un morceau de peau de bœuf. A partir de là, le récit peut varier à l'infini. Au cours de la saison sèche, la savane n'offre plus un brin d'herbe verte et il n'y a plus l'ombre d'un abri. Les hommes vont et viennent d'un air dégagé en se retenant désespérément, jusqu'au moment où, la voie libérée, ils se précipitent derrière un rocher pour se soulager. Les femmes savent très bien à quoi s'en tenir, mais s'abstiennent d'en parler ouvertement. En acceptant de se confier à moi, elles reconnaissaient implicitement ce que ma personne avait à leurs yeux d'anormalement asexué. Il s'écoula beaucoup de temps avant que quelqu'un finisse par accepter de me parler du partage des connaissances. Il y a toutes sortes de sujets – cérémonies, chants, objets... – concernant les « secrets des hommes » que l'on ne doit pas aborder en présence des femmes. Elles connaissent en général pas mal de choses mais il leur manque souvent une vue d'ensemble. Aucune n'ignore que le pénis est concerné dans la circoncision, mais elles n'établissent pas de rapport entre le rituel dont les garçons sont l'objet et celui que subissent les veuves au cours des cérémonies organisées plusieurs années après le décès d'hommes riches. Il y a la cérémonie du crâne et celle de la circoncision. Seuls les hommes ont le droit de connaître les rites dans leur ensemble.

On a remarqué l'absence des femmes dans les tableaux des anthropologues. Elles ont mauvaise presse : difficiles, mal informées, peu crédibles. Pour ma part, je les ai trouvées remarquablement coopérantes et avisées – après un début raté. Comme d'habitude, une faute de langage avait été à l'origine du malentendu. Je voulais m'entretenir avec une vieille femme des changements survenus au fil des ans dans le comportement des Dowayo et j'avais cru bon d'obtenir d'abord l'autorisation de son mari. « Mais de quoi voulez-vous lui parler ? » me demanda-t-il. « J'aimerais qu'elle me parle du mariage, lui répondis-je. Et des coutumes en général. De l'adultère, de... » Le mari et mon assistant me regardèrent d'un air horrifié, le souffle coupé. Je commençai par chercher rapidement si je n'avais pas commis une faute de ton dans mon élocution. Apparemment pas. Je pris mon assistant à part pour lui demander de m'éclairer et il me dit que j'avais malmené la langue : en dowayo, on ne « pratique » pas une coutume, on la « parle »; de même, on ne « commet » pas l'adultère, on le « parle ». J'avais donc informé cet homme de mon intention de pratiquer des rites et de commettre l'adultère avec sa femme.

Le malentendu dissipé, la vieille femme devint pour moi une source d'informations très précieuse. Tandis que les hommes avaient tendance à se considérer comme les dépositaires des ultimes secrets de l'univers et que je devais les amadouer pour qu'ils consentent à m'en confier quelques-uns, les femmes savaient que tout ce qui constituait ce domaine réservé était en réalité sans importance, et elles se faisaient un plaisir d'en faire profiter un étranger. Ainsi leur arrivait-il souvent de faire allusion, en ma présence, à certaines croyances ou cérémonies dont les hommes s'étaient bien gardés de me parler et qui m'ouvraient de nouveaux champs d'investigation.

Hommes et femmes vivent très séparés. Même s'il a un grand nombre de femmes, un Dowayo passe le plus clair de son temps avec ses amis. De son côté, une Dowayo fréquente les autres épouses de son mari et la plupart de ses voisines. Cette façon de vivre ressemble assez aux usages en pratique dans le nord de l'Angleterre, où les hommes prennent leurs repas seuls ou avec leur fils aîné, tous deux servis par la maîtresse de maison. En territoire dowayo, l'homme cultive son champ, et la femme le sien. Il ne lui donne un coup de main que pour les plus gros travaux de la terre. En ce qui concerne les rapports sexuels, c'est selon un calendrier bien établi que les femmes viennent, chacune à leur tour, retrouver leur mari dans sa case. Entre les hommes et les femmes les manifestations de familiarité ou de tendresse ne sont pas de mise. Des Dowayo m'avaient rapporté, d'un air étonné, avoir vu la femme d'un missionnaire américain se précipiter à la rencontre de son mari, de retour de voyage, pour l'accueillir. Ils gloussaient en se rappelant que c'était à elle et non à son mari qu'ils avaient dû demander de les transporter en voiture. Et puis, lui ne semblait jamais filer de raclées à son épouse.

Il ne faudrait pas en déduire pour autant que les femmes dowayo sont de pauvres créatures effacées, terrorisées par leur mari. Elles connaissent leurs droits, savent ce qu'elles veulent et comment l'obtenir. Au pire, un mari renvoie sa femme dans son village natal à pied. Mais il y regarde à deux fois, sachant à quel point il lui sera difficile de récupérer le bétail qu'elle lui a coûté. Il risque de se retrouver sans rien. Pour prévenir ce danger, il cherchera mille prétextes pour différer la remise du bétail aux parents de son épouse. En cela, il fera preuve du même savoir-faire que la meilleure banque du Cameroun, d'autant que les femmes quittent rarement leur mari de leur propre initiative. Cependant, la fréquence des mariages rompus et des cas où le mari n'a pas payé du tout ou entièrement le prix de son épouse conduit souvent l'ethnologue à faire entrer deux ou trois fois la même femme dans ses calculs. Ainsi, plusieurs hommes peuvent très bien compter la même femme au nombre de leurs épouses, même si aucun d'eux ne s'est acquitté de sa dette envers ses beaux-parents. Un deuxième mari peut se déclarer en règle, en omettant de préciser qu'en fait il n'a dédommagé que son prédécesseur ; et ce dernier peut avoir utilisé le bétail pour régler d'autres dettes de femmes – qui peuvent remonter fort loin ; et les parents de la femme peuvent venir réclamer leur dû au second mari en le menaçant de reprendre leur fille... Il pourra toujours rappeler que, trois générations plus tôt, leur famille n'a pas versé ce qu'elle devait à la sienne pour prix d'une de ses lointaines parentes, et il risque de s'ensuivre un procès sans fin.

Les Dowayo ne justifient jamais le choix d'une femme en faisant valoir sa beauté, mais sa nature soumise et son bon caractère. Une femme ne doit jamais voir un pénis circoncis sous peine de tomber malade. Un homme ne doit jamais voir un vagin sous peine de perdre tout désir sexuel. Aussi l'acte sexuel a-t-il lieu assez furtivement, dans l'obscurité, sans que les partenaires se mettent nus. La femme garde les poignées de feuilles qu'elle porte devant et derrière. Autrefois, les hommes portaient un pagne sans coutures pour qu'au moment de la circoncision on puisse placer et ôter l'étui pénin utilisé en la circonstance. Seuls les hommes âgés et ceux qui participent à des cérémonies rituelles portent encore des étuis ; les autres ont adopté les shorts. Les femmes s'amusent souvent à imiter avec leurs joues le bruit que font les étuis lorsque les hommes les enlèvent. Ce petit bruit caractéristique sert également à désigner, par un timide euphémisme, l'acte sexuel lui-même. Les femmes s'attendent toujours à recevoir un cadeau après services rendus, même de la part de leur mari, ce qui a conduit certains missionnaires à assimiler cette conception du mariage à une sorte de prostitution. Chez les hommes, comme chez les femmes, se manifeste un besoin très fort de tirer profit des situations, même dans un couple marié.

Je ne suis arrivé à une telle conclusion qu'après de nombreuses observations. Mes recherches sur les cérémonies rituelles, qui sortaient du cadre de la vie quotidienne, ont pris un autre cours.

J'eus la chance d'arriver chez les Dowayo l'année qui suivit une bonne récolte de mil (les années finissent et commencent au début de novembre, à l'époque de la récolte du mil). Profitant de cette abondance, de nombreux Dowayo organisaient des cérémonies du crâne. Après sa mort, le corps d'un Dowayo est enveloppé dans un linceul tissé avec du coton d'origine locale et dans les peaux du bétail sacrifié à cette occasion. Le cadavre est enterré en position accroupie. Quinze jours plus tard, on enlève la tête par un trou laissé dans le linceul à cet usage et, après l'avoir soumise à un examen de sorcellerie, on la met dans une poterie qu'on cache dans un arbre. Ensuite, on réserve aux crânes des hommes et des femmes (ou des non-circoncis) des sorts différents. Les premiers sont placés en pleine savane, derrière une case où ils trouvent leur dernier repos. Ceux des femmes se retrouvent derrière la hutte où elles sont nées. A son mariage, la femme vient habiter dans le village de son mari ; à sa mort, elle retourne dans son village natal.

Après plusieurs années, l'esprit d'un mort peut tourmenter les membres encore vivants de sa famille en leur apparaissant en rêve, en les rendant malades, en refusant la pénétration dans l'utérus des femmes – faute de quoi les enfants ne peuvent pas naître puisque les esprits ne se sont pas réincarnés. Tous ces signes prouvent qu'il est grand temps d'organiser une cérémonie du crâne. Un homme riche commence par venir solliciter le concours des membres de sa famille et leur offrir de la bière. Si deux rencontres arrosées de bière se terminent sans différends, l'affaire est conclue. Sous l'effet de l'alcool, les Dowayo deviennent vite belliqueux et, lorsqu'ils se séparent sans en être venus aux mains, c'est un exploit de leur part. Ils n'ont pas perdu de vue leur intérêt commun. Un jour, Zuuldibo m'annonça qu'une cérémonie du crâne devait avoir lieu dans un village, à une vingtaine de kilomètres de Kongle, et qu'il comptait s'y rendre pour mieux s'informer; je décidai de l'accompagner...

Les Dowayo ont une façon si fantaisiste de mesurer le temps et de s'y insérer qu'avec eux il est chimérique de programmer quoi que ce soit au-delà d'une dizaine de minutes. Ceux d'un certain âge n'ont qu'une très vague idée de ce que représente une semaine, et la notion du temps divisé en mois ayant chacun leur nom ne semble qu'un emprunt culturel sans grande portée. Les anciens continuent à mesurer le temps en nombre de jours à partir du présent. Toute une terminologie compliquée sert à désigner et situer des événements dans le passé ou le futur, comme « le jour d'avant le jour, d'avant-hier ». Avec ce système, il est pratiquement impossible de fixer à quel moment précis on prévoit de faire quelque chose. De surcroît, les Dowayo sont farouchement indépendants et refusent de se laisser un tant soit peu diriger. Ils n'obéissent qu'à leur bon plaisir. J'ai été long à l'accepter. Pour ma part, je déteste perdre mon temps. Si je m'accorde un répit, c'est que j'estime l'avoir mérité. Chaque fois que je cherchais à coincer des Dowayo pour qu'ils me montrent une chose précise, à un moment précis, je savais que j'allais toujours obtenir la même réponse : « Ce n'est pas le bon moment. » Il était inutile de convenir de rencontrer quelqu'un à une date et en un lieu précis. Les gens tombaient des nues lorsqu'ils me voyaient offensé de les avoir attendus plusieurs jours, et parfois jusqu'à une semaine, ou lorsque je parcourais une dizaine de kilomètres pour découvrir qu'ils n'étaient pas chez eux. Pour eux, le temps n'était pas quelque chose qu'on peut fixer ou répartir.

D'autres choses, plus concrètes, entraient dans la même catégorie. Par exemple, pour le tabac, il n'était pas possible de tracer une frontière entre « le tien » et « le mien ». Au début, j'étais déconcerté par le sans-gêne avec lequel mon assistant puisait dans ma réserve de tabac, alors qu'en aucun cas il n'aurait touché à ma réserve d'eau. Personne ne peut prétendre garder du tabac pour lui seul. Tous les amis ont le droit de fouiller vos poches et de se servir. Et pourtant, chaque fois que je payais un Dowayo pour les renseignements qu'il m'avait fournis, il s'empressait de dissimuler son gain sur lui, en attendant d'aller le cacher dans sa hutte, en veillant à ce que personne ne le surprenne et sans se soucier des règles de conduite de sa communauté.

Mon voyage vers la cérémonie du crâne me permit aussi de découvrir la vallée des Palmiers Borasses, le seul endroit où cette espèce trouve les conditions d'un plein épanouissement. Sur les vieilles cartes, la route qui s'engage dans la vallée semble carrossable, mais depuis, elle a été laissée dans un tel état d'abandon qu'elle est devenue impraticable. En roulant au pas, on peut parcourir en voiture quelques kilomètres à l'intérieur de la vallée encaissée d'où l'on aperçoit au loin la chaîne montagneuse qui sert de frontière avec le Nigeria.

Les villages que je découvrais ressemblaient davantage à ceux des Dowayo de la montagne qu'à celui où j'avais ma cabane. Je ne comprenais pas un mot de la langue des habitants, tout simplement parce que le ton général n'était plus celui auquel j'étais habitué, l'écart et les passages du grave à l'aigu semblant plus grands et plus brusques, les bonds plus inattendus et désordonnés. Après deux heures de route, Matthieu et Zuuldibo ouvrant la marche, nous arrivâmes dans l'enceinte habitée par le chef de la région. Dans un but défensif, les huttes avaient été construites si près les unes des autres qu'on devait se mettre à quatre pattes pour se glisser entre elles. Les entrées des huttes étaient si basses qu'on ne pouvait les franchir qu'en rampant sur le ventre. A Kongle, la taille moyenne des hommes tourne autour d'un mètre soixante. Ici on pouvait voir de solides gaillards d'un mètre quatre-vingts qui devaient avoir quelque peine à s'accommoder de ces particularités.

Le chef nous reçut avec cérémonie. C'était une espèce de vieux flibustier, borgne, le visage copieusement couvert de profondes balafres décoratives. Zuuldibo se jeta sauvagement sur la bière. Je commençais à redouter de devoir passer là toute la journée. La cérémonie du crâne était bien prévue, mais à une date restée obstinément très floue. Le « jour après le jour » annoncé, je me rendis compte que le chef était complètement soûl. Zuuldibo essayait par tous les moyens de le faire tenir debout. L'un parlait dowayo, l'autre foulani. Un de ses fils vint nous rejoindre et se mit à parler en français. Je découvris que le chef n'avait pas la moindre idée de qui j'étais; il avait plutôt tendance à me prendre pour le linguiste hollandais qui avait quitté le village récemment, après y avoir séjourné plusieurs années, et qui avait trente ans de plus que moi. Apparemment, il ne faisait aucune différence entre les Blancs. Il était enchanté que j'assiste à la cérémonie, quel que soit le moment où elle aurait lieu. Il m'enverrait un mot pour me prévenir. Je savais qu'il n'en ferait rien et je m'employai à faire sortir Zuuldibo de la cabane en remplissant de bière la bouteille qui me servait de réserve d'eau.

L'après-midi touchait à sa fin. Il avait fait particulièrement chaud et mon visage pelait par grandes plaques. Les Dowayo ne me quittaient pas des yeux, guettant le moment où ma vraie peau noire allait enfin faire surface. Même ceux d'un certain âge arrivent à se déplacer deux fois plus vite qu'un Européen rompu à la marche forcée. Ils bondissent de rocher en rocher, comme des chèvres, et je commençais à regretter ma bouteille d'eau. Les Dowayo n'hésitaient pas à me porter chaque fois qu'ils le jugeaient nécessaire, en s'étonnant de constater que tous les hommes blancs étaient incapables de marcher longtemps. Ils s'expliquaient nos difficultés, notre prédisposition à tomber malade, ou à être mal en train, par le fait que nous avions une « peau supplémentaire ». Et de fait, la leur, sous les pieds et aux coudes, avait deux centimètres et demi d'épaisseur. Une véritable semelle de corne, qui leur permettait de marcher pieds nus, sans risques, sur les rochers aux arêtes coupantes et même sur du verre cassé. Finalement, nous retrouvâmes la voiture dans la vallée et, en repartant, nous prîmes une femme comme passagère. Au bout d'un kilomètre elle se mit à vomir, en s'y prenant comme tous les autres, c'est-à-dire sur moi. Au cours de mon séjour, les chiens comme les gens ne se permettaient de vomir que sur moi. A la saison des pluies, ce n'était qu'un demi-mal, il me suffisait de courir jusqu'à une rivière et de m'y plonger tout habillé pour me rincer.

A mon retour au village, la présence d'esprit dont avait fait preuve Matthieu me surprit agréablement. Voyant la tournure que prenait notre rencontre avec le chef ivre mort, il était sorti de l'enceinte pour aller trouver une jeune femme du village qu'il connaissait, chargée de préparer la bière pour la cérémonie du crâne. D'après son degré de fermentation, il en avait déduit que la cérémonie aurait lieu dans deux jours. Dans quatre, la bière serait devenue aigre. C'était le jour de sa paie et nous fûmes tous les deux surpris lorsque je lui accordai un bonus. L'incident marqua un tournant dans nos relations. Il devint d'un jour à l'autre plus efficace dans la recherche de renseignements ou de cérémonies en préparation. En me quittant, il me fit remarquer que nous aurions pu faire l'économie du voyage. En tenant compte des gens qui allaient passer par le village, on pouvait savoir quand la cérémonie aurait lieu. Et il n'y avait pas besoin de demander la permission d'y assister. Les cérémonies étaient des événements publics. Plus étaient nombreux les étrangers qui y assistaient, plus le succès en était assuré.

A la date prévue, le jour se leva, lumineux et clair. Les voix des Dowayo me réveillèrent, comme maintes autres fois : « Il est *encore* au lit ? » demandaient-ils à Matthieu devant la porte de ma hutte. « Il n'est donc pas encore levé ? » Il était six heures et quart. C'était, pour moi, l'occasion de tester sur le terrain mon matériel – appareils photo et magnétophone. Matthieu avait accepté de se charger du magnétophone, après avoir appris à le faire marcher, tandis que je prendrais des notes et des photos. Il n'était pas peu fier de ses nouvelles responsabilités, et il écartait ostensiblement les gens sur son passage, pour leur faire comprendre qu'on ne plaisantait pas avec un appareil aussi précieux. Entre-temps, un des ponts avait été emporté par les eaux, ce qui allongea notre trajet à pied de cinq bons kilomètres. Traverser un torrent aux eaux tumultueuses n'était pas de tout repos. Tout en glissant sur les parois rocheuses, nous devions tenir à bout de bras les appareils photo et le magnétophone au-dessus de nos têtes. Matthieu, un Dowayo des plaines, peinait autant que moi pour suivre le Dowayo des montagnes qui nous accompagnait, un homme d'une cinquantaine d'années ne ménageant pourtant pas ses efforts pour nous guider et nous soutenir, en prenant appui, pieds nus, sur les rochers.

Des groupes d'hommes et de femmes suivaient de petits sentiers dans la savane, convergeant tous vers le lieu de la cérémonie. Pour cette occasion exceptionnelle, les femmes avaient troqué leurs poignées de feuilles pour des bandelettes de coton. La loi fait obligation aux Dowayo de porter des vêtements et interdit les photos de femmes aux seins nus. Je comptais cependant l'enfreindre en espérant ne pas être pris sur le fait par un gendarme de ronde. En arrivant au village, nous fûmes submergés par une foule d'étrangers venus assister à la cérémonie. Des essaims d'enfants surexcités nous faisaient fête, souriant, gloussant, se bousculant autour de nous, en pataugeant allègrement dans la boue. De vieux hommes branlant du chef nous tendaient la main, des jeunes nous proposaient d'écouter sur leurs radios le flot ininterrompu de la musique nigériane. Ils firent les yeux ronds lorsque je leur dis que j'étais surtout venu pour la musique des Dowayo. Les anciens me trouvèrent très bon public.

La foule se pressait dans l'enclos aux bestiaux, avec de la boue jusqu'aux chevilles. Zuuldibo était déjà affalé sur un lit d'herbe, majestueux, avec ses lunettes de soleil et son épée. Nous bûmes de la bière et il essaya de m'expliquer le déroulement du rituel. Les « explications » des Dowayo me posaient bien des problèmes. Ils commençaient par faire l'impasse sur l'information qui rendait l'ensemble compréhensible. En l'occurrence, personne n'avait songé à me dire que ce village était celui du « Maître de la Terre », l'homme qui contrôle la fertilité de toutes les plantes, et qu'en conséquence certaines parties de la cérémonie seraient différentes de celles célébrées ailleurs. Il est cependant vrai qu'il y a des choses si évidentes qu'il est superflu d'en parler. Si j'avais dû montrer à un Dowayo comment conduire une automobile, je lui aurais dit l'essentiel sur la boîte de vitesses et sur les panneaux de signalisation, avant de le lui signaler qu'il vaut mieux éviter d'accrocher les autres voitures.

Les explications des Dowayo finissaient invariablement dans une impasse qui m'était devenue familière. Je demandais :

« Pourquoi tu fais ça?

– Parce que c'est bien.

– Pourquoi c'est bien?

– Parce que les ancêtres nous l'ont dit.

– Pourquoi les ancêtres te l'ont dit? (Sournois.)

– Parce que c'est bien. »

Je n'ai jamais pu aller au-delà des « ancêtres » qui gardent le mot du début et de la fin.

Au début, les Dowayo me déroutaient par la façon

dont ils utilisaient leurs catégories normatives. Je demandais :

« Qui a organisé la cérémonie?

– L'homme avec les piquants de porc-épic dans les cheveux.

– Je ne vois personne avec des piquants de porc-épic dans les cheveux.

– Non, il ne les porte pas. »

On me décrivait les choses comme elles auraient dû être, non comme elles étaient.

Une fois de plus, les Dowayo cédaient au besoin de faire des blagues. Je prenais toujours soin de noter quelles variétés de feuilles portaient les divers participants aux cérémonies, les costumes ayant chaque fois une grande importance. Mais je me laissais toujours abuser par les « farceurs ». Ils désorganisaient tout, arrivaient attifés des feuilles les plus étranges. Je devais essayer de les identifier dès le début si je ne voulais pas risquer de les confondre avec les vrais acteurs de la cérémonie.

Un même participant à une cérémonie pouvait remplir plusieurs fonctions. Cette fois-ci, l'un des pitres, qui avait seul le droit de toucher les crânes, était aussi le frère cadet du défunt en l'honneur de qui avaient été organisées les festivités. Pour un observateur peu averti, il n'était pas facile de faire la distinction entre les deux rôles. D'autant que le sorcier de la maison des crânes, n'étant plus très alerte, était remplacé pour exécuter bon nombre de ses tâches rituelles.

Pour le moment, j'étais loin d'analyser toutes ces particularités. Je me contentais de rester assis sur un rocher humide pour mieux voir, poser des questions oiseuses et prendre des photos des moments qui me paraissaient les plus intéressants.

Au cours de cette journée, le spectacle ne cessa d'être captivant. Les pitres ne reculaient devant aucune extravagance. La moitié du visage peinte en blanc, l'autre en noir, ils étaient affublés d'oripeaux crasseux et poussaient des cris stridents ou vociféraient en foulani et en dowayo. Les obscénités et les absurdités pleuvaient. « Le con de la bière » remportait un franc succès auprès des spectateurs qui grognaient de plaisir et s'esclaffaient en voyant les clowns montrer leurs parties sexuelles et péter d'une façon si assourdissante que je me demande comment ils s'y prenaient. Ils feignaient de vouloir s'accoupler sur-le-champ. Ils me photographièrent au moyen d'une cuvette sans fond, prirent des notes sur des peaux de banane et, lorsqu'ils firent la quête, je leur tendis solennellement un bouchon de bière.

A la sortie du village avaient été disposés, séparément, les crânes des hommes et ceux des femmes. On avait sacrifié des chèvres, des bœufs et des moutons et jeté leurs excréments sur les crânes. Les organisateurs les arrosèrent du sang de poulets décapités. Aussitôt les bouffons s'arrachèrent les dépouilles des volailles, faisant gicler la boue avec leurs pieds, la projetant sur les spectateurs avec sang et excréments mélangés. Il faisait une chaleur étouffante, la puanteur était telle que plusieurs Dowayo commencèrent à vomir, ajoutant à l'infect mélange. Je pris prudemment le large. Soudain, la pluie se mit à tomber si dru que Zuuldibo et moi nous réfugiâmes sous un arbre en tenant des feuilles de palmier sur nos têtes.

De la foule s'élevèrent des murmures et un attroupement se forma autour d'un petit homme maigrichon, qui avait le visage déformé par un rictus. En fait, il tenait les Dowayo en haleine en faisant bouger dans sa bouche un dentier d'occasion. Il bondit pour aller s'asseoir sous un parasol rouge d'où il balaya l'assemblée d'un regard satisfait et protecteur. « Un vieil homme d'une grande bonté », « Je ne sais pas », me répondirent Zuuldibo et Matthieu lorsque je cherchai à savoir qui il était. On lui apporta un grand pot de terre plein de bière. Il la goûta avant de disparaître dans la savane. Brusquement, la tension avait monté dans la foule devenue silencieuse. Au bout de quelques minutes, le vieil homme réapparut et la pluie cessa de tomber. Visiblement, tout le monde – moi compris – éprouva un grand soulagement. Je n'avais aucune idée de ce qui s'était passé. Plus tard, peut-être Zuuldibo accepterait-il de m'éclairer.

Puis les choses traînèrent en longueur, comme il arrivait souvent avec les Dowayo. Je me mis « au point mort » – un état où toute activité est suspendue, où l'on peut attendre que le temps passe, pendant des heures, sans ressentir la moindre impatience, la moindre frustration ou le désir d'autre chose. Puis j'appris que des parents mal informés n'étaient pas encore arrivés et qu'on les attendait pour le lendemain. Commencèrent les tractations pour trouver à me loger. Matthieu prit l'affaire en main. Zuuldibo déclara qu'il dormirait sous un arbre, pourvu que la bière ne vienne pas à manquer.

Une petite randonnée dans la savane, avec en prime la traversée de deux rivières bordées de roseaux coupants, me conduisit jusqu'à la hutte où je passerais la nuit. Son propriétaire, un homme patelin, occuperait celle de son fils... qui se consolerait en passant la nuit avec une jeune fille dowayo.

On ne pouvait pas trouver cabane plus sordide. Dans un coin, une caisse contenait des carcasses de poulets en putréfaction qui avaient dû servir à arroser de leur sang les crânes des morts. Divers artefacts étaient accrochés aux soliveaux : les flûtes dont on joue à la mort d'un homme, des queues de cheval, des linceuls servant à parer les crânes avant qu'un Dowayo les prenne pour danser. Le sol était jonché d'ordures nauséabondes. Quant au lit, il était parsemé de morceaux de viande et de débris d'os rongés : visiblement des restes du bétail sacrifié.

Pelotonné sous mes vêtements humides, je me laissais bercer par les vagues de chants, accompagnés de roulements de tambours, qui arrivaient du gros village perdu dans la nuit. Un grattement à la porte me fit sursauter. Ce n'était que Matthieu qui avait pensé à m'apporter de l'eau chaude dans une calebasse : « Je l'ai fait bouillir pendant cinq minutes, *patron*, vous pouvez en boire. » J'avais mis de côté du lait et du café en poudre ainsi qu'une bonne quantité de sucre pour les Dowayo qui m'en demanderaient. Nous partageâmes le café, Matthieu y ajoutant six cuillerées de sucre. J'en profitai pour l'interroger sur les différents objets qui pendaient au-dessus de nos têtes. « Aujourd'hui, le vieil homme est le Vieil Homme de Kpan, le maître de tous les faiseurs de pluie. »

Le lendemain, le premier homme que je rencontrai fut Augustin, venu se distraire des rigueurs de Poli. Comme tous les Africains des villes, il ne savait plus se déplacer en marchant. Il était arrivé tard le soir, sur sa moto, et avait passé la nuit avec une Dowayo qui n'était autre que l'épouse capricieuse du Vieil Homme de Kpan. C'était son village natal, qu'elle retrouvait à l'occasion de cette cérémonie. Son frère avait indiqué à Augustin la porte de la hutte de sa sœur en des termes qui ne prêtaient à aucune confusion, le menaçant d'être foudroyé, ou de pis encore, si le faiseur de pluie découvrait son infortune. Mon dossier mental sur le faiseur de pluie, ouvert la veille, se remplissait vite.

Les événements de la journée se bousculèrent dans ma tête. Les rites d'une cérémonie de crâne dowayo sont comparables aux attractions d'un cirque russe : on ne sait plus où donner de la tête. Après une ultime séance de jet d'excréments sur les crânes, les pitres commencèrent à les nettoyer. Pendant ce temps, des femmes, nées au village, avaient été ramenées par leurs maris et costumées en guerriers foulani. Elles dansaient sur la pente d'une colline bien en vue, brandissant des lances au son de flûtes « discoureuses » qui imitaient les inflexions du langage parlé. Les flûtes encourageaient les jeunes femmes à faire étalage des richesses de leurs époux, lesquels les harcelaient pour qu'elles les mettent bien en valeur, les parant de lunettes de soleil, de montres empruntées, d'appareils radio et autres produits de consommation, sans compter les robes voyantes. Certains hommes accrochaient même des pièces de monnaie dans les cheveux des danseuses.

Dans une autre partie du village, les veuves des hommes célébrés au cours de cette fête dansaient en longues files comme des *chorus girls*, parées de longues jupes et de hautes coiffes pointues de feuilles. J'engrangeais les événements sans chercher à leur trouver un sens. Matthieu, de son côté, ne ménageait pas ses forces : il passait d'un groupe à un autre, forçant le passage, dès qu'un attroupement se formait, pour savoir de quoi il s'agissait.

De loin, je vis arriver un autre groupe portant un curieux arc et jouant avec des couteaux. C'étaient des circoncis, chargés de l'arc du défunt, qui chantaient les hymnes de leur état d'hommes purs. Brusquement, on vit surgir une bande de garnements qui se précipitèrent sur eux en vociférant. Une bagarre? Mais les spectateurs n'avaient pas l'air inquiets, ce n'était qu'une péripétie prévue. « Les non-circoncis, me dit un homme placé à côté de moi. Eux, toujours eux. – Pourquoi? » lui demandai-je innocemment. Il me regarda comme si j'étais un imbécile : « Les ancêtres nous l'ont dit. » Et il s'éloigna, découragé.

Quelque chose avait lieu avec les crânes, je revins précipitamment sur mes pas, tandis que Matthieu restait à observer les deux groupes d'assaillants. On recouvrit les crânes des hommes avec une robe pour futur circoncis. Les crânes des femmes, quant à eux, finirent dans un coin où on les oublia. Femmes et enfants furent brutalement invités à déguerpir. On bouscula les crânes des hommes, tout en jouant sur des flûtes que j'avais vues dans la hutte. « Ils menacent le mort de le circoncire », m'expliqua laconiquement Zuuldibo. Un homme posa les crânes sur sa tête et une mélodie étrange, sépulcrale, s'éleva aux accents graves des flûtes, accompagnée par un inquiétant roulement de gongs et de tambours. De longues traînes de linceuls s'avançaient, partant du tas de crânes, portées par des hommes qui se balançaient en rythme, comme s'ils formaient une grosse araignée. D'autres avaient endossé les peaux sanguinolentes du bétail sacrifié, les têtes des animaux posées sur les leurs, un lambeau de chair entre les dents. Ils tournaient autour des crânes en martelant le sol de leurs pieds, sans cesser de faire des embardées, courbés, penchés en avant. Puanteur, bruit, agitation. A l'entrée du village, les veuves dansaient et adressaient des signes au mort, lentement déplacé autour de l'arbre central puis posé près des têtes de bétail sacrifié, exposées sur une barrière. Le chef de cérémonie qui avait tout organisé hurla : « Ces hommes ont été circoncis grâce à moi. Si ce n'était par respect pour l'homme blanc, j'aurais tué un homme. »

Ma présence gâchait tout. Pas de *happenings* obscènes. Étais-je désappointé ? « Ne vous occupez pas de moi. Je suis venu pour ça », aurais-je pu crier. Par la suite, j'appris qu'autrefois il arrivait qu'un homme soit mis à mort au cours de cérémonies comme celle-ci, et son crâne fracassé sur un rocher. Mais le pouvoir central – français, allemand, camerounais – avait mis fin à cette pratique.

La fête dégénérait en prétexte à danser et à boire bière sur bière. Il ne nous restait plus qu'à regagner Kongle. En chemin, Zuuldibo nous fit faire un détour pour rendre visite au Vieil Homme de Kpan, qui vivait dans une hutte isolée à flanc de montagne. Il nous reçut avec de grandes démonstrations d'amitié, me serrant contre lui et poussant des soupirs et des gloussements de satisfaction, telle une tante célibataire qui s'extasie en retrouvant son neveu favori. On se remit à boire de la bière tiède, assis en rond, en échangeant de vagues propos sur un ton résigné, tandis que notre hôte ne perdait pas une occasion de me répéter à quel point ma présence le réjouissait. Il avait compris que je m'intéressais aux coutumes des Dowayo et il s'offrait à m'aider, à me faire bénéficier de sa longue expérience de vieillard. Je n'avais qu'à revenir le voir un jour prochain. Il m'enverrait quelqu'un pour me chercher.

C'était le moment de l'année où il était le plus occupé, me confia-t-il d'un air entendu. J'étais le deuxième homme blanc qui venait dans sa vallée. « Le premier, était-il français ou allemand ? » lui demandai-je, pour essayer de couper court. « Non, non, un Blanc comme vous. » Nous prîmes congé pour repartir sur le sentier détrempé, serpentant entre les roches granitiques, jusqu'au chemin de terre. Un épais brouillard envahissait le fond de la vallée et l'air de la nuit devenait de plus en plus froid. Nous commencions à grelotter et à ne plus penser qu'au moment où nous nous retrouverions à Kongle, dans nos huttes confortables. En Afrique de l'Ouest, les microclimats dominent : ici il pleut à verse et, quelques kilomètres plus loin, le soleil brille. Il y a toujours dix degrés de plus à Kongle qu'en cette partie reculée du pays dowayo.

En apercevant la voiture, nous comprîmes aussitôt qu'il s'était passé quelque chose de très mauvais pour nous. Elle avait bizarrement changé de position. Depuis que j'étais arrivé chez les Dowayo, je n'avais été victime d'un vol que lors de mon séjour à la mission. J'avais donc pris l'habitude de tout laisser ouvert derrière moi lorsque j'allais et venais, de jour comme de nuit. Quelqu'un avait peut-être essayé de faire démarrer le véhicule.

Une rapide inspection suffit à nous éclairer. J'avais garé la voiture au bord d'un ravin, un peu avant l'endroit où la route descendait jusqu'à un pont à demi emporté par les eaux d'un torrent. Le sol était comme une éponge gorgée d'eau. Sous l'effet du poids du véhicule, il avait cédé, laissant deux roues au-dessus du vide. La voiture était en si parfait équilibre qu'elle oscillait à la moindre pression d'un doigt. Seuls des hommes doués d'une grande force physique pouvaient remédier à la situation, mais ils étaient tous restés au village. Ayant récupéré mes carnets de notes, l'appareil photo et le magnétophone, nous revînmes sur nos pas, fatigués, découragés et transis. Une belle journée finissait mal. Zuuldibo nous sapait un peu plus le moral en s'obstinant à nous assener des sentences telles que : « L'homme est venu sur terre pour souffrir », « l'homme propose, Dieu dispose », « aucun homme ne lit l'avenir », qui trahissaient une nette influence musulmane. Toutes ces platitudes ne nous aidaient ni à patauger dans la rivière ni à escalader la pente conduisant au village.

Là, il nous restait encore à trouver le chef local. En pays dowayo, mettre la main sur une personne ou trouver un endroit précis est autant, sinon plus aléatoire que fixer un rendez-vous à quelqu'un. On nous signala, chaque fois avec une parfaite assurance, la présence du chef tantôt dans sa hutte, tantôt à Poli ; on le dit ivre et même malade, mais on ne savait où – tout sauf mort, ou en France. Les notions de « vérité », de « savoir », de « certitude » étaient-elles en cause, ou mes interlocuteurs ne trouvaient-ils rien de plus plaisant que de mentir ? Peut-être ne s'ingéniaient-ils qu'à me dire ce qu'ils me croyaient désireux d'entendre ? Peut-être croyaient-ils qu'une erreur affirmée avec conviction est toujours préférable au doute ? Ne s'agissait-il pas plutôt d'une sorte de règle culturelle voulant que l'on fasse toujours tout son possible pour induire en erreur les étrangers ? Je pencherais pour la dernière explication.

On finit par dénicher le chef qui arriva en poussant des cris de lamentation, sur nous et notre malchance.

Tant qu'il ferait nuit, il n'était pas question d'entreprendre une mission de sauvetage, nous expliqua-t-il, c'était trop dangereux. Mais dès le lendemain matin, il organiserait lui-même l'expédition. « L'homme a été mis sur terre pour souffrir », me permis-je de conclure. Zuuldibo hennit de joie.

Matthieu et moi avions été gratifiés d'une hutte, perdue au milieu d'une bananeraie où, par un froid pénétrant, nous pûmes prélever quelques fruits sur la récolte. Un chien dormait près d'un feu mourant, il nous ignora totalement. Je me dis alors que notre arrivée avait dû faire fuir précipitamment quelqu'un en train de cuisiner. Mais pourquoi dans cette cabane isolée? Et surtout, je ne connaissais pas de Dowayo qui auraient permis à un chien de dormir dans une hutte, près du feu. Matthieu, en bon Dowayo, se mit aussitôt à chercher un rondin pour en frapper le chien. Je lui confisquai celui qu'il dénicha pour en alimenter le feu. Il nous fallut ensuite passer la nuit à même la terre battue, couverte de détritus, dans nos vêtements humides. Le chien eut la bonne idée de prendre mes pieds pour oreiller. Il faisait très froid. Matthieu ronflait et le chien toussait. J'essayais de me représenter ce qu'il resterait de la voiture – que je n'avais pas encore payée – si elle tombait dans le ravin et de me consoler en me remémorant tout ce que j'avais glané au cours de la cérémonie du crâne, même si j'étais incapable de m'en faire une idée précise. Peu avant l'aube, je m'endormis, la tête sur mon appareil photo, mes carnets sous ma main, tel un apprenti du Moyen Âge dormant avec ses outils.

Dès qu'il fit jour, Matthieu me réveilla. Le chien flegmatique dormait encore. Après un bref conciliabule avec le chef, nous repartîmes, accompagnés de quatre hommes bien charpentés qui allaient devoir remettre la voiture sur ses quatre roues. Une 404 Peugeot pèse très lourd, et j'avais estimé qu'une douzaine d'hommes serait nécessaire pour la soulever. Autant qu'il me souvienne, du temps de mes virées d'étudiant, nous devions nous y mettre à quatre pour déplacer une Mini. Tout en marchant, Zuuldibo nous racontait, sans nous épargner les détails, qu'il avait passé la nuit dans la hutte d'un homme souffrant de diarrhée. Les Dowayo disposent d'un vocabulaire d'une extraordinaire diversité pour décrire les gestes ou les odeurs. Zuuldibo nous en administra amplement la preuve et c'est débordants d'entrain que nous arrivâmes à l'endroit où nous avions abandonné la voiture. Aussitôt, sans se concerter, les hommes se glissèrent sous les roues restées au-dessus du vide et, prenant prise avec leurs pieds nus sur une saillie rocheuse, ils soulevèrent sans effort la voiture pour la reposer sur la terre ferme. Apparemment, deux d'entre eux s'en seraient tout aussi bien tirés. Zuuldibo était en ébullition, il battait des mains et se tapait sur les cuisses. Puis il nous gratifia d'une suite de jappements, de sifflements et de nasillements pour fêter l'événement. Je me rendis compte que je n'avais pas la moindre pièce de monnaie sur moi pour récompenser mes sauveteurs. Je leur offris, maigre compensation, quelques cigarettes. Les hommes étaient visiblement déconfits, mais ils ne formulèrent aucune récrimination. Par la suite, j'ai toujours pris soin d'emporter avec moi de l'eau, une boîte de corned-beef, un peu d'argent liquide et des comprimés contre les crises de paludisme pour une semaine. Je n'en avais pas pris depuis deux jours et je craignais le pire : je me sentais fiévreux, et surtout, j'avais hâte de retrouver ma hutte et toutes mes affaires personnelles.

Un jour de repos suffit à nous remettre d'aplomb. Seuls mes pieds me donnaient quelques soucis. D'étranges taches rougeâtres étaient apparues autour des ongles des gros orteils, accompagnées d'intenses démangeaisons. J'avais attrapé des poux des sables. Ce sont de déplaisants parasites qui creusent la chair pour aller y pondre leurs œufs, au point que le pied peut finir par se gangrener. Les vieux broussards d'Afrique vous diront de soumettre votre cas aux gens du pays qui savent comment les déloger avec une épingle de sûreté, sans percer les sacs d'œufs. Mais les Dowayo n'avaient ni l'outil nécessaire ni l'expérience de ces petites bêtes. Contraint de me débrouiller avec les moyens du bord, j'utilisai la lame d'un canif en prélevant suffisamment de chair pour être sûr de ne pas laisser d'œufs. Après quoi je nettoyai les plaies avec de l'alcool et je les recouvris d'un antibiotique.

Ce procédé drastique, mais nécessaire, m'immobilisa quelque temps; c'était sans importance. Je ne manquais pas de matériel sur lequel travailler. Chaque page de note me demandait plusieurs jours de vérifications. Je devais retrouver ce que j'avais vu au cours de la cérémonie du crâne, chercher en quoi cela pouvait me rappeler des scènes auxquelles j'avais assisté dans mon village natal, et à quelle autre connaissance culturelle je pouvais faire référence. Par exemple, l'homme qui portait les crânes au cours de la danse rituelle n'avait pas été choisi au hasard, il était en *duuse* (relation) avec le défunt. Pour découvrir ce que ce terme signifiait, je devais faire l'inventaire de tous les mots désignant un lien de parenté. Et là, les fautes de français des Dowayo m'étaient très utiles. Par exemple, ils ne parvenaient pas à faire de distinction entre neveu et oncle, ou entre grand-père et petit-fils. En fait, c'était parce qu'en dowayo ils utilisaient les mêmes mots pour ces personnes différentes. Et si j'attribuais un des termes à un homme, il l'utilisait à son tour pour m'appeler. Mais il me fallut beaucoup de temps pour commencer à y voir clair. Finalement, muni de mes dernières bouteilles de bière, j'empruntai le tableau noir de l'école. Les hommes qui lézardaient au croisement des routes étaient trop contents de suivre ce brave cinglé qui leur offrait à boire et de parler avec lui. On a beaucoup disserté sur l'incapacité, ou la capacité, des peuples dits primitifs à manier les propositions hypothétiques. Je ne parvenais jamais à savoir si mes difficultés avec les Dowayo étaient d'origine purement linguistique ou si elles relevaient de problèmes plus complexes. Il m'arrivait de poser la question :

« Si tu as une sœur et qu'elle épouse un homme, comment tu appelleras cet homme ?

– Je n'ai pas de sœur.

– Non, mais si tu en avais une.

– Mais je n'en ai pas. J'ai quatre frères. »

Après bon nombre d'essais infructueux de ce genre, Matthieu intervenait : « Non, *patron*. Pas comme ça. Comme ça : “ Un homme a une sœur. Un autre homme la prend pour femme. Comment l'homme appelle-t-il son mari ? ” » Et il obtenait une réponse. Je l'imitai et tout marcha sans anicroche, jusqu'au jour où j'en arrivai au mot *duuse*. J'essayai :

« Qui est ton *duuse* ?

– On joue avec.

– Comment sais-tu que c'est ton *duuse*?

– On nous le dit lorsqu'on est enfant. On joue avec lui.

– Où vit-il?

– Il peut vivre n'importe où.

– Si c'est ton *duuse*, comment ton père l'appelle-t-il?

– Il l'appellera grand-père, me dit-il après une pause.

– Et ton fils, comment l'appelle-t-il?

– Mon fils l'appelle grand-père. »

J'entrevoyais une réponse.

« Et toi, tu l'appelles grand-père? – Oui. »

Les jeunes Dowayo appellent tous les hommes âgés grand-père. Ce n'est qu'une façon de marquer la différence d'âge. Le jour précédent j'avais passé plus d'un après-midi à débrouiller la question. Je m'y pris autrement :

« Ton *duuse* est-il un membre de ta famille ou un parent par les liens d'un mariage?

– Par ma famille, me répondit l'un d'eux.

– Par un mariage, me dit un autre.

– Il est comme un grand-père, m'annonça un troisième.

– Tu as combien de *duuse*? hasardai-je.

– Je ne peux pas le savoir. »

Le mot se rapportait peut-être à d'autres aspects du monde que la stricte parenté biologique et pouvait appartenir à un univers totalement différent. J'essayai tout ce qui me venait à l'esprit, le lieu de résidence, la maison du crâne, la filiation, les rapports familiaux : sans résultat. Je leur demandai de me présenter à leur *duuse* et, à court d'inventions, je restai assis avec mes aides bénévoles pour essayer laborieusement de mettre à jour quelle relation ils entretenaient avec ce mystérieux personnage. Je finis par m'en faire une idée plus ou moins satisfaisante. Un *duuse* était quelqu'un avec lequel j'avais un lien de parenté remontant à la génération de mon arrière-grand-père ou, plus lointainement, un lien de parenté par une femme. Autrement dit, c'était quelqu'un comme la mère de mon grand-père, que l'on ne pouvait désigner d'un mot plus précis, appartenant à une autre maison du crâne que la mienne et situé à l'extrême limite où il n'était plus possible de distinguer de liens de parenté nettement définis. Un homme pouvait avoir à sa disposition un grand nombre de *duuse* potentiels parmi lesquels il en choisissait un petit nombre pour jouer avec eux et les enrôler dans des activités rituelles.

A tout moment, je me trouvais confronté à des problèmes similaires à propos des choses les plus banales : les plumes qu'un homme porte en diverses occasions, les feuilles utilisées pour des rituels particuliers, les animaux qu'il était soit permis, soit interdit de tuer. Pour tenter de comprendre dans quel monde culturel vivaient les Dowayo, aucun détail n'était négligeable. Par exemple, le léopard occupe une place prépondérante dans leur univers, même si on n'en a pas signalé un seul dans la région depuis plus de trente ans. Ces félins qui s'attaquent à l'homme et au bétail sont assimilés à l'homme pour cette raison. Dès l'instant où ils répandent eux aussi le sang humain, les circonciseurs se doivent de gronder comme des léopards en chasse, tandis que les jeunes garçons mettent leurs vêtements en lambeaux comme de jeunes léopards. Un homme qui tue un léopard doit subir le même rituel que celui qui a tué un homme. On parlera de ce dernier comme d'un « léopard » et il pourra accrocher des griffes de cet animal à son chapeau. Parlant de leurs rites funéraires, les Dowayo font grand cas du fait que les léopards mettent comme eux les crânes des morts dans les arbres, allusion à leur habitude de hisser leurs proies pour les dévorer. Les hommes détenteurs de grands pouvoirs et donc dangereux, comme les faiseurs de pluie, ont la réputation de pouvoir se changer en léopard. Tous ces comportements, toutes ces attitudes sont indissociables et « trouvent leur sens » si on les rapporte à la part violente et sauvage de la nature humaine.

Mais même un sujet de recherche aussi simple et évident que ce dernier suppose des semaines d'efforts soutenus pour qu'on en vienne à bout. Si je les interrogeais sur les faiseurs de pluie et les léopards, les Dowayo ne me répondaient qu'avec réticence. Je n'obtins de renseignements substantiels qu'en bavardant avec un jeune garçon que j'avais rencontré en me rendant à Poli un vendredi, jour du courrier. La pluie nous avait obligés à nous réfugier sous un arbre et la conversation tomba tout naturellement sur les faiseurs de pluie. Il me désigna une montagne coiffée en permanence d'un nuage. « Il y en a un qui habite là-haut, me confia-t-il. Domboulko. Il y pleut toujours, même à la saison sèche. Mais le meilleur c'est mon père, à Kpan. Lorsqu'il mourra, après qu'il sera devenu un léopard j'achèterai le secret de la pluie. » Je ne perdis pas une de ses paroles et j'exploitai avec précaution cette mine d'or pur tandis que le garçon bavardait sans retenue à propos de ce qui m'intéressait le plus. Une fois à Poli, j'avais appris qu'on accordait de l'importance à certaines montagnes et à certaines grottes, qu'il existait des pierres capables de faire pleuvoir, que le faiseur de pluie avait le pouvoir de tuer avec les éclairs et qu'il avait aussi de fausses dents. Il ne me restait plus qu'à vérifier ces informations auprès des Dowayo de mon village. J'avais eu beaucoup de chance en rencontrant ce gamin. Sans lui je n'aurais peut-être jamais pu savoir certaines choses, ou beaucoup plus tard seulement.

Mais en la circonstance, même à propos d'animaux aussi impressionnants que les léopards, mes informateurs me posaient des problèmes. Les Africains ont la réputation de vivre en symbiose avec une sagesse naturelle et avec tout le folklore des plantes et des animaux. Ils sont experts dans l'art de les reconnaître à partir des spores, des odeurs et des marques sur les arbres. Ils savent comment examiner une feuille, un fruit ou une écorce pour en retrouver l'origine. Malheureusement, les Occidentaux ne se lassent pas de les dénigrer, ne serait-ce que pour raffermir leur sentiment de supériorité culturelle. Longtemps, les Africains furent considérés comme des gens ne sachant rien, pour la bonne raison qu'ils manquaient singulièrement d'intelligence. Leur esprit, disait-on, flottait au niveau de leur ventre. On attendit des anthropologues qu'ils prouvent le contraire et réhabilitent ces hommes « primitifs » en leur restituant tout ce dont on les avait dépouillés.

Avec l'apparition du « nouveau romantisme », l'anthropologue se retrouve propulsé à l'autre extrême. Les Occidentaux utilisent désormais l'homme primitif comme l'avaient fait Rousseau ou Montaigne, qui lui demandaient de valoriser un aspect de leur société et de les aider à condamner ceux qui leur paraissaient déplaisants. Les « intellectuels » d'aujourd'hui font aussi peu de cas des faits et des jugements nuancés que leurs prédécesseurs. Avant mon séjour en Afrique, une exposition d'artefacts de Peaux-Rouges m'avait particulièrement déconcerté. On y pouvait voir un canoë en bois. « Les canoës en bois, nous informait-on, ne polluent pas et respectent l'harmonie de l'environnement. » Une photo nous montrait le procédé de fabrication d'une de ces embarcations, avec des Indiens incendiant de grandes étendues de sous-bois avant de trouver le matériau de construction adéquat, laissant pourrir sur place tous les troncs inutilisables.

La vérité, c'est que les Dowayo en savent moins que moi sur les animaux de la savane africaine. Tout au plus sont-ils capables de faire la distinction entre la trace des roues d'une moto et les empreintes de pieds d'un homme. Comme la plupart des Africains, ils croient que les caméléons sont venimeux. Ils m'ont assuré que les cobras étaient inoffensifs. Ils n'établissent aucun rapport entre les chenilles et les papillons. Ils sont incapables de reconnaître un oiseau ou un arbre avec certitude. Beaucoup de plantes n'ont pas de nom, même lorsqu'ils les utilisent souvent, et ils les désignent alors par de longues explications : « cet arbre dont on prend l'écorce pour fabriquer la teinture ». Ils ont exterminé presque tout le gibier en le piégeant sans discernement. Pour ce qui est de « vivre en harmonie avec la nature », les Dowayo ne sont pas candidats. Ils me reprochaient de ne pas avoir apporté dans mes bagages une mitrailleuse, ce qui leur aurait permis de supprimer les derniers troupeaux d'antilopes qui survivent dans leur région. Lorsqu'ils ont commencé à cultiver du coton, dont le gouvernement a le monopole, on leur a fourni des quantités de pesticides. Ils s'en servirent aussitôt pour pêcher en en jetant dans les rivières, où ils n'eurent plus qu'à ramasser les poissons empoisonnés qui flottaient à la surface. Cette méthode expéditive remplaça l'écorce d'arbre qui leur servait à étouffer les poissons. « C'est formidable, me disaient-ils. Tu en jettes dans l'eau et ça tue tout, les petits comme les gros poissons, sur des kilomètres en aval. »

Chaque année ils mettent le feu à la savane pour accélérer la pousse de la nouvelle herbe. Les jeunes animaux sont les premières victimes de ces incendies, mais il arrive que des arbres et parfois des hommes soient menacés par les flammes.

Les Dowayo ont un mot pour désigner le léopard : *naamyo*. Le lion est « une vieille femelle léopard ». Des chats sauvages de plus petite taille, comme la civette ou le serval, sont des « fils de léopard ». Le nom de l'éléphant ne se différencie de celui du lion que par le ton. J'avais pu me procurer des cartes postales représentant des spécimens de la faune africaine. Mais les Dowayo étaient incapables d'identifier une photographie. On oublie trop souvent que les gens qui n'ont jamais vu de photos doivent commencer par apprendre à les déchiffrer. En Occident, les enfants vivent entourés d'images, de photos. Quel que soit l'angle sous lequel ils les regardent, ils reconnaissent ce qu'elles représentent, visages, objets, animaux, etc. L'art visuel des Dowayo se limite à des bandes de dessins géométriques. De nos jours, les enfants qui vont à l'école découvrent des photos dans leurs livres de classe ou sur leurs cartes d'identité. Les Dowayo sont tenus d'avoir une carte d'identité avec leur photo. Mais la plupart ne sont jamais allés en ville, et il n'y a pas de photographe à Poli. En me faisant montrer leurs cartes, je m'aperçus que la même photo se retrouvait souvent sur plusieurs cartes d'identité. Je suppose que certains fonctionnaires de l'état civil ne sont pas plus habitués à reconnaître une photo que les Dowayo.

Lorsque j'eus rassemblé le plus de vocabulaire possible sur plusieurs sujets comme, par exemple, le corps et ses différentes parties, je dessinai la silhouette d'un homme et d'une femme en laissant leurs parties sexuelles dans un flou artistique. Pendant des mois des hommes vinrent les voir dans ma hutte, non sans se demander avec inquiétude si j'avais dessiné dans toute sa gloire le pénis circoncis, auquel cas ils m'auraient certainement demandé de ne pas le montrer aux femmes. Les hommes ne savaient pas dire en quoi le corps d'un homme est différent de celui d'une femme. Puis je me mis à montrer des photos de lions et de léopards à de vieux Dowayo. Ils les tournaient dans tous les sens et finissaient par marmonner : « Je ne connais pas cet homme. » Les enfants identifiaient les animaux mais ignoraient leur importance rituelle. A l'occasion d'un voyage à Garoua, je me rendis au marché qui comporte une boutique portant l'enseigne : « Syndicat des guérisseurs traditionnels ». On y trouve de merveilleuses raretés, comme des plantes, des griffes de léopard, des yeux de chauve-souris, des anus de hyène. J'y achetai des griffes de léopard, le pied d'une civette et une queue de lion.

Mais cela n'empêcha pas les Dowayo de m'expliquer : « Un léopard prend un lion pour femme. Ils vivent dans une grotte de la montagne avec leurs trois enfants. Un jour le léopard grogne. Deux des enfants se sauvent, effrayés. L'un devient le serval, l'autre la civette. Celui qui est resté devient un léopard. C'est fini. » Il me semblait naturel de leur demander si cela s'était produit une seule fois, si telle était l'origine de tous les servals et de toutes les civettes. Personne ne me répondait la même chose. C'était l'origine de toutes les civettes, mais les servals ne descendaient que de servals ; les servals étaient nés en fuyant la grotte, mais les civettes étaient la progéniture des seules civettes...

Qui aurait pu dire avec certitude : « Les Dowayo croient... » ? En les interrogeant, c'était on ne peut plus délicat à établir. Toutes leurs réponses se prêtaient à diverses interprétations. Ainsi, les jours, les semaines passaient. Les observations que j'avais accumulées m'obligeaient à faire de nombreuses recherches. Mais le travail sur le terrain est toujours interrompu par mille petits ou grands événements. Au cours de mon séjour en Afrique, j'ai peut-être consacré un pour cent de mon temps à l'activité qui motivait ma présence à Kongle. Le reste était pris par la logistique, la maladie, les obligations sociales, les arrangements, les déplacements et, surtout, l'attente. J'avais défié les dieux locaux avec mon besoin immodéré de *faire* quelque chose. J'allais bientôt être remis à ma place...

CHAPITRE VIII

Toucher le fond

La période qui suivit demeure la plus noire que j'aie jamais connue. J'ai cédé au désespoir. Les choses ont commencé à se gâter lorsque j'ai décidé d'aller à Garoua faire des provisions. La situation me l'imposait : je n'avais plus rien à manger, juste assez d'essence pour atteindre les abords de la ville et pas plus de quinze cents francs en poche. En de telles circonstances, on devient intrépide. J'avais promis à Augustin de l'emmener avec moi et nous avions rendez-vous derrière la grand-rue, au petit jour, pour éviter de nous retrouver sous un chargement de mil ou flanqué des gendarmes. Pour sortir de la ville, nous empruntâmes un chemin à peine carrossable qui devait nous permettre de rejoindre la route goudronnée. C'était une première. La voiture bringuebalait, tressautait, faisait des embardées. A environ cinq ou six kilomètres de la route bitumée, je dus négocier un virage qui me fit découvrir que le chemin avait été emporté par les eaux de pluie. En abordant un tournant, on se méfie rarement de ce qu'il peut nous cacher. Avec un bruit terrifiant de métal écrasé, je piquai du nez dans une tranchée d'un mètre de profondeur qui coupait le chemin.

Aussitôt, il fut évident que quelque chose dans la conduite ne fonctionnait pas. Elle refusait obstinément de transmettre les ordres aux roues en faisant entendre des bruits stridents, coupés de grondements. Ayant vécu avec le maigre salaire d'un jeune maître-assistant, je n'avais jamais eu à beaucoup m'occuper de voitures. Il ne me restait plus qu'à chercher de l'aide. En principe, Herbert Brown devait me sortir d'embarras. On ne tarissait pas sur ses talents d'improvisateur dès lors qu'il devait remettre une voiture en état de rouler. Avec deux portemanteaux et une vieille charrue il bricolait une boîte de vitesses. Ses réalisations mécaniques n'avaient rien d'élégant, mais elles fonctionnaient souvent. « Ça ne fait jamais qu'un tas de ferraille, annonçait-il à ses clients, mais ici rien ne marche jamais longtemps. » Malheureusement, il était absent. Il fallait pourtant que j'aille à Garoua. Nous rangeâmes la voiture sur le bord du chemin avant de partir à pied, puis nous hélâmes un taxi en arrivant sur la grand-route. Sur le moment je ne prêtai pas attention à l'inscription sur la portière : « Seul Dieu décide », et je la pris encore moins comme une mise en garde.

On arriva à Garoua sans encombre, en ayant scrupuleusement tenu compte des injonctions peintes à l'intérieur de la voiture pour nous dissuader de cracher, de nous battre, de vomir ou de briser les vitres des fenêtres. Il était près de midi. Augustin m'emmena dans son restaurant africain favori, où le choix consistait à appliquer une formule : c'est à prendre ou à laisser. Je commençai par prendre et je finis par laisser. On m'avait apporté un pied de vache dans un grand bol en métal émaillé rempli d'eau chaude. Quand je parle d'un « pied de vache », je ne fais pas allusion à quelque chose qui en dériverait, mais bien à un pied intégral, avec sabot, peau et poils. L'idée d'essayer d'y goûter ne m'effleura même pas. Je n'avais plus faim. Augustin s'empara de mon bol et cura l'os avec le dévouement d'une armée de fourmis dorylus affamées.

Ce voyage nous réservait pourtant deux surprises agréables. Tout d'abord, mon charme opérant, je réussis à retirer un peu d'argent à la banque où j'avais si malencontreusement ouvert un compte. Ensuite, le chauffeur du *sous-préfet* accepta de nous ramener en voiture jusqu'à Poli. Sottement, je considérai cette occasion comme une chance inespérée. Après avoir erré pendant des heures dans les rues de Garoua pour aller d'un quartier foulani à un autre, nous reprîmes la route. Elle est très étroite et constamment sillonnée par les imposants camions-remorques qui transportent du coton et de l'essence du Tchad à la gare ferroviaire de Ngaoundéré. A la longue, je remarquai avec une certaine stupéfaction qu'à chaque embardée à l'approche d'un de ces mastodontes, qui nous faisait monter sur l'accotement et frôler la rambarde de la chaussée, notre chauffeur fermait convulsivement les yeux.

Néanmoins, à la nuit tombante, nous nous retrouvions près de ma voiture. Notre chauffeur la soumit à une rapide inspection et nous assura qu'il n'y avait aucun problème : en lui tapant dessus judicieusement, elle reprendrait du service. Il se glissa sous le véhicule et on entendit effectivement un fracas métallique suivi de ce que je pris pour des jurons foulani. L'homme réapparut avec un sourire épanoui. C'était loin d'être parfait mais ça marcherait jusqu'à Poli où je pourrais me faire envoyer une pièce de rechange.

J'étais ravi. Augustin et moi repartîmes sans faire d'excès de vitesse. La direction était effectivement sujette à d'étranges initiatives mais restait approximativement coopérante. La route était envahie de hiboux qui nous attendaient, assis, et, à notre approche, se lançaient à l'attaque des phares. Chaque nuit, c'est une hécatombe. Ils terrifient les Dowayo qui croient que les hiboux, la nuit, cachent des maléfices sous leurs ailes. Si un homme en entend crier un dans sa cour ou près de son parc à bétail, il va aussitôt chercher des remèdes pour se protéger.

Nous étions arrivés sur la haute colline qui domine Poli et commencions à descendre. Ce n'est qu'une fois en vue d'un pont étroit enjambant un ravin que je me rendis compte que la direction de la voiture ne répondait plus. Je n'eus que le temps de me rappeler que le pont était hérissé de chaque côté de tiges métalliques aux pointes acérées – tout ce qui restait du parapet à la suite d'un accident ayant coûté la vie à un *sous-préfet*, quelques années plus tôt. Nous fonçâmes sur un arbre avant de rebondir sur un rocher et de filer droit vers le ravin sans que les freins ralentissent notre slalom. Un instant, la voiture sembla hésiter au bord du vide, puis elle plongea.

Elle atterrit sur un jeune arbre qui plia lentement sous son poids. Avec le plus grand calme, j'arrêtai le moteur, demandai à Augustin s'il allait bien, puis nous évacuâmes la voiture. Au-dessus du ravin, soudain, nos nerfs lâchèrent et nous nous retrouvâmes assis, contemplant les rochers menaçants et secoués de vagues de rire hystériques où se mêlaient frayeur, soulagement et incrédulité. Nous restâmes assis un long moment. Nous l'avions échappé belle. Augustin s'en tirait avec des contusions à la poitrine. Pour ma part, je m'étais cogné la tête contre une roue et j'avais plusieurs orteils, des doigts et des côtes qui commençaient à me faire souffrir. Nous regagnâmes la ville à pied et, de toute urgence, nous nous installâmes devant deux bières que nous avions pour le moins méritées.

Le lendemain, la réalité reprit ses droits. Il n'était que trop évident que l'épave était irrécupérable et, en l'apercevant, je mesurai à quel point nous avions eu de la chance en nous en tirant à si bon compte. Le médecin de la ville nous trouva en parfait état. J'avais pourtant toujours les doigts et les orteils dans une curieuse position, ainsi qu'une bosse remarquable, à cheval sur deux côtes. Des fractures bénignes n'étaient peut-être pas à exclure. Mais c'était ma mâchoire qui me causait le plus d'inquiétude. Deux dents de devant avaient perdu beaucoup de leur assise et, de plus en plus, toute ma mâchoire avait tendance à enfler et à me faire très mal.

Vaille que vaille, je regagnai Kongle et repris mes recherches sur les léopards et les petits félins sauvages en me bourrant de Valium chaque soir pour trouver le sommeil. Par ailleurs, j'avais commencé à m'intéresser aux maladies, ce qui m'amena à passer beaucoup de temps avec un guérisseur qui avait l'inconvénient d'habiter au sommet d'un escarpement dominant Kongle. Nous cherchions des racines ensemble et discutions de l'identification des maladies ainsi que des divers traitements et remèdes.

Les Dowayo, rappelons-le, classent les maladies en quatre groupes : les maladies infectieuses, celles qui relèvent d'un sortilège, celles provoquées par les parents défunts et celles causées par le contact avec une personne ou un objet « impurs ». Seules les maladies infectieuses ou les maux dus à des pratiques de sorcellerie réagissent à un traitement par les herbes. L'attribution d'une maladie à une cause spécifique relève d'une démarche très complexe. Les noms des maladies renvoient parfois tant à l'agent causal qu'aux symptômes (comme notre rhume). D'autres ne renvoient qu'aux symptômes (comme la « jaunisse » qui peut désigner plusieurs maladies). Nombreuses sont les méthodes divinatoires utilisées pour déchiffrer les symptômes et identifier la maladie qui les a provoqués. Un guérisseur peut être amené à plonger les entrailles d'un poulet dans de l'eau ou à scruter un homme à travers une boule de verre. Le plus souvent, on frotte la plante *zepto* entre les doigts en prononçant à haute voix les noms des maladies dont le consultant est susceptible de souffrir. Lorsque la tige de *zepto* se casse, cela veut dire que le nom de la maladie vient d'être trouvé. Il n'y a plus qu'à remonter jusqu'à la cause – sorcellerie, morts, etc. Enfin, le guérisseur prescrit le remède. Si le malade ne peut se déplacer, il envoie une poignée de paille du toit de son grenier, la partie la plus personnelle et privée de son habitation. Si un parent défunt est identifié comme étant à l'origine d'une maladie, on expédie un homme à la maison du crâne, muni de sang, d'excréments ou de bière pour qu'il les jette sur le crâne de ce parent malveillant.

Les maladies par « pollution » nécessitent l'intervention d'un expert – circonciseur, faiseur de pluie, sorcier. Les causes et les effets n'ont pas toujours de rapports directs. Une entorse n'est douloureuse qu'en raison des vers de terre qui se sont introduits dans le bras ou la jambe, à la saison des pluies. Seul le faiseur de pluie est habilité à soigner ce genre de lésion. Le contact avec les affaires d'un mort requiert les services d'un sorcier qui frotte la peau du malade avec un vêtement ou un objet ayant appartenu au défunt. La pollution la plus grave est toujours causée par le forgeron ou par une de ses femmes potières. Des contacts prolongés avec eux ou leurs outils provoquent une dilatation du vagin chez les femmes et un prolapsus de l'anus chez les hommes. Les maux qui affligent les hommes ont un caractère nettement phallique et leur prédilection pour l'anus plutôt que pour le pénis est à mettre en rapport avec la description « officielle » de la circoncision, destinée aux femmes, qui la présente comme l'obturation de l'anus.

Certains hommes se servent de charmes capables de provoquer des maladies par pollution pour protéger leurs biens. Une de mes plus fidèles relations était le pitre du village, propriétaire du seul oranger de la région. Il m'était inconditionnellement dévoué depuis que je lui avais acheté deux cents oranges (une imparfaite maîtrise des chiffres m'avait conduit à confondre les vingt oranges que je désirais avec les deux cents que je commandai). Pour dissuader les enfants de venir lui voler ses oranges, il attachait à son arbre des plantes et des cornes de bouc, de telle sorte que quiconque lui dérobait un fruit se mettait à tousser comme un bouc et devait venir le trouver pour lui demander de le guérir.

D'autres Dowayo tirent profit de pierres magiques capables de déclencher aussi bien des rages de dents que des crises de dysenterie. Les victimes n'ont d'autre recours que de s'adresser au propriétaire d'une de ces pierres pour être soulagées. Personne ne trouve cette façon de gagner de l'argent répréhensible.

Un sortilège est transmis par de proches parents au moyen de cacahuètes ou de viande, mais il craint les objets pointus. Un jeune garçon exposé à ses effets perdrait tout son sang au moment de la circoncision. La nuit venue, il rôde autour des villages sous l'apparence d'un jeune poulet et il lui arrive de s'abriter sous les ailes des hiboux. Le sortilège suce le sang des hommes et du bétail, parfois jusqu'à la mort. Pour parer à de tels dangers, on peut placer des chardons ou des épines de porc-épic sur le toit des huttes. En général, après la mort, on examine les crânes pour y déceler les traces de sorcellerie. Les premiers temps, je n'avais pas compris que les gens qui meurent « de sortilège » sont rarement les victimes de sorciers mais des sorciers ou des sorcières mêmes dont le sortilège a été entamé, blessé. Un sortilège mis à mal provoque la mort de celui qui l'abritait. Les Dowayo mettent en cause ce phénomène pour expliquer la forte mortalité dont sont victimes les jeunes hommes qui vont travailler en ville à la saison sèche. Ce sont des garçons très jeunes qui n'ont pas encore appris à contrôler leur sortilège personnel, particulièrement excité par la vue de la viande à l'étal des bouchers et des lames de couteaux avec lesquelles il se coupe par maladresse.

Après une mort suspecte, le sortilège signe son œuvre par deux pointes visibles sous la mâchoire supérieure de la victime. Si elles sont rouges ou noires, la preuve est faite que le sortilège est bien la cause de la mort. Si la mort frappe à plusieurs reprises dans une même famille, on finit par suspecter un parent. Avant la colonisation, si le parent soupçonné de sorcellerie était un homme, on lui faisait subir l'épreuve de vérité : il devait boire de la bière où avait trempé le couteau de la circoncision. S'il était coupable, son estomac se dilatait et il mourait après avoir perdu tout son sang. On pouvait aussi lui faire boire de la bière contenant du latex de *dangoh (Euphorbica Cameroonica)*, un cactus dont la sève est un poison. S'il ne vomissait pas, il mourait empoisonné et sa culpabilité était ainsi établie. S'il vomissait blanc, il était reconnu innocent; rouge, il était coupable aussi et c'était le forgeron qui se chargeait de le pendre.

Une femme avait la réputation bien établie d'être une sorcière et d'avoir provoqué la mort de ses deux filles. J'ai assisté à l'examen du crâne de la seconde. C'est un vieil homme qui se chargea de détacher la tête à l'aide d'un bâton recourbé. Il fit grande impression par l'adresse avec laquelle il enfonça le bout du bâton dans l'orbite de l'œil et, d'une chiquenaude, décolla la tête sans perdre une seule des dents. La mort remontait à plus de trois semaines, la puanteur était épouvantable. Les parents offrirent une peau de chèvre au vieil homme pour le payer de ses services. Comme toujours, l'opération dégénéra en beuverie et paillardises. Pour commencer, on renvoya toutes les femmes : « Si on se baisse pour prendre la tête et qu'on pète, vous le raconterez à tout le monde. » Elles obtempérèrent en rechignant et les hommes examinèrent la tête. Pour ma part, j'ai eu plusieurs fois l'occasion d'assister à ces examens de crânes et je n'ai jamais remarqué quoi que ce soit de particulier ou d'anormal. Mais les vieux Dowayo étaient chaque fois unanimes et formels; et chaque fois l'annonce de la découverte d'une sorcellerie était accueillie avec satisfaction par les gens du village, nullement avec colère ou inquiétude. La prétendue sorcière était une de mes voisines et, aussitôt, les

Dowayo avaient plaisanté en remarquant que, comme tous les hommes blancs, j'étais à l'abri de la sorcellerie. Elle semblait très malheureuse d'être ainsi désignée à la vindicte publique et avait proposé de marcher sur les crânes des morts : si elle était réellement à l'origine des décès, elle mourrait. Mais son mari ne voulait pas en entendre parler, il avait une femme en vie, il voulait la garder plutôt que de devoir en acheter une autre s'il venait à la perdre.

Contrairement à ce que j'aurais supposé, la sorcellerie ne provoquait aucune frayeur chez les Dowayo ; à peine les laissait-elle un peu surpris. Ils avaient à cœur de bien attirer mon attention sur le fait qu'il y avait plusieurs sortes de sorcelleries mais qu'une seule était néfaste. Ainsi, certaines ne donnaient que les dents blanches, d'autres favorisaient les succès agricoles, etc. Si je leur expliquais que tout cela m'intéressait dans la mesure où ces phénomènes n'existaient pas chez moi, ils ne me croyaient pas. A l'époque, dois-je avouer, j'ignorais qu'à leurs yeux je n'étais que la réincarnation d'un magicien dowayo. Sans me traiter ouvertement de fieffé menteur, la façon dont ils me regardaient en penchant la tête était on ne peut plus éloquente lorsque je leur parlais de trains roulant sous terre ou de femmes qu'on pouvait épouser sans bourse délier.

La plupart des guérisseurs n'étaient que trop heureux de travailler avec moi pour la modeste somme que je leur remettais. Ils ne craignaient qu'une chose : que je leur dérobe leurs secrets et que je m'installe à mon propre compte. Dans les sociétés primitives, le savoir est rarement à la portée de tous, surtout s'il est la propriété de quelques-uns. L'homme qui le détient le garde jalousement. Il a payé pour l'acquérir, il serait fou de sa part de s'en laisser dépouiller sans contrepartie, de même qu'il ne donnerait pas ses filles en mariage sans en avoir fixé le prix. Je n'étais pas surpris de voir les guérisseurs se méfier de moi : les Dowayo accordent d'autant plus de valeur à un remède qu'il est ancien. Toute innovation dans ce domaine leur paraît suspecte, qui n'a pas reçu l'*imprimatur* des ancêtres. Aussi, personne ne s'avise de chercher de nouveaux remèdes.

Au début, les guérisseurs voyaient d'un mauvais œil ma « pharmacie », jusqu'au moment où ils se rendirent compte que je n'utilisais mes remèdes que pour soigner les maladies infectieuses des hommes blancs. Un cas me posa cependant des problèmes de morale et de stratégie. Le frère du chef du village qui occupait une hutte non loin de la mienne me rendait souvent visite. C'était un homme affable, qui avait la réputation de ne pas être très futé, du fait peut-être qu'il était maladroit et dégingandé. Un jour, après m'être rendu compte que je ne l'avais pas vu depuis un certain temps, je me renseignai pour savoir s'il était en voyage et l'on m'apprit qu'il était mourant. A la suite d'une crise de dysenterie amibienne, le guérisseur habitant en haut du tertre escarpé était venu l'examiner. Les entrailles d'un poulet avaient révélé qu'il était persécuté par l'esprit de sa défunte mère qui réclamait de la bière. On en jeta sur le crâne de la morte, sans amélioration pour le malade. Un autre guérisseur appelé en consultation révéla que sous les apparences de l'esprit de cette mère se cachait l'esprit d'un autre mort. On fit les offrandes habituelles mais le jeune homme continuait à s'affaiblir. La troisième femme du chef, qui s'était occupée du malade lorsqu'il était enfant, vint me trouver en désespoir de cause pour me supplier d'utiliser un de mes remèdes si je le jugeais bon. J'avais un puissant amibicide et des antibiotiques, je n'hésitai pas. Les guérisseurs ne pensèrent pas à prendre ombrage de mon intervention : un mauvais diagnostic était seul en cause, il était normal de tout essayer pour réparer l'erreur. Le malade reprit le dessus très rapidement ; en quelques jours, il passa d'un état squelettique à celui d'un homme en bonne santé. Tout le monde s'en réjouit sans arrière-pensées. Les guérisseurs expliquèrent qu'ils avaient eu affaire à plusieurs esprits malfaisants et retors. Ils s'étaient attaqués à ces esprits ; je m'étais attaqué à la maladie.

C'est seulement lorsque je les voyais aux prises avec la maladie que les Dowayo me faisaient de la peine et que je trouvais leurs conditions de vie plus dures que les nôtres. Sinon, ils jouissaient pleinement de leur liberté, de leur bonne santé, et ils s'adonnaient sans réserve ni mauvaise conscience aux plaisirs de la bière et de l'intimité des femmes, en gardant toujours une grande fierté. Malades, ils mouraient, inutilement livrés à la souffrance et à la terreur. L'hôpital public de Poli ne leur était d'aucun secours. Le règlement exigeait que tout patient se présentant à la consultation soit muni d'un cahier d'exercices où seraient consignées les informations concernant son cas. Une sorte de dossier médical que les membres des tribus, illettrés, étaient incapables de se procurer, en premier lieu parce qu'on n'en vendait pas à Poli. L'administration de l'hôpital, à cheval sur les règlements, refusait de recevoir toute personne qui se présentait sans ce cahier – autrement dit, tout le monde à l'exception de quelques manitous du coin qui se moquaient des règlements. J'essayai, comme le faisaient les missions, de les aider à trouver l'introuvable, mais la plupart des Dowayo avaient renoncé à se rendre à l'hôpital une fois pour toutes et quel que soit le mal dont ils étaient atteints. De ce fait, beaucoup mouraient « stupidement », faute d'un minimum de soins appropriés.

Comment aurais-je pu ne pas être scandalisé par l'arrogante stupidité de certains fonctionnaires, sinon de tous? Évidemment, je n'ignorais pas que si je tombais malade, en ma qualité de Blanc, on m'accueillerait sans qu'il me soit besoin ni de faire la queue ni de montrer mon cahier.

La visite impromptue d'un botaniste français en tournée au Cameroun pour glaner le matériel d'un herbier des différentes plantes de la région fut un autre moment « délicat ». En rentrant au village, je l'avais trouvé se prélassant dans une classe de l'école; il avait l'intention de faire l'inventaire de la flore locale en six heures, montre en main. Les Dowayo se demandaient pourquoi ce Blanc tenait tant à connaître leurs plantes, pour leur plus grand bien à eux. Évidemment, le visiteur n'était venu que pour leur voler leurs herbes médicinales et les revendre au plus offrant.

Il travaillait pour une entreprise indubitablement plus prospère que mon employeur, qui lui avait procuré deux serviteurs et l'avait approvisionné en poulets pour qu'il ne soit pas obligé de se rabattre sur ceux de la région. Nous nous retrouvâmes assis dans la savane pour un dîner grotesque, avec nappe et serviettes de table, entourés des enfants dowayo qui nous dévisageaient de leurs yeux ronds. Le Français m'expliqua avec bienveillance comment s'y prendre pour recueillir des échantillons en se réservant de les identifier tranquillement par la suite. Au regard de la terre africaine, un botaniste français et un anthropologue anglais, c'est du pareil au même. Nous bavardâmes jusque tard dans la nuit de la savane.

Le lendemain, mon guérisseur local se montra plus que cassant en me parlant de l'outrageante incursion de mon « frère » blanc dans son domaine réservé. Je n'eus pas grand-peine à le convaincre qu'entre ce frère et moi il y avait autant de différences qu'entre un terrible Foulani et un bon Dowayo : d'ailleurs nous ne venions pas du même pays et il avait ostensiblement refusé la bière que lui avait offerte Zuuldibo. Un étranger, ni plus ni moins, comme Herbert Brown de la mission protestante.

Pour nous, les remèdes utilisés par les guérisseurs sont inefficaces et parfois nuisibles. La plupart du temps, nous ne prenons même pas la peine de vérifier leurs effets : que dire de la pratique qui consiste à frotter la poitrine d'un tuberculeux avec des cornes de chèvre ? Cette vision du monde est si éloignée de la nôtre. Mais rien ne nous empêche de les ranger dans le domaine des effets de la croyance. Cet aspect de leurs croyances ne m'a pas gêné jusqu'au jour où j'ai travaillé avec le faiseur de pluie, comme j'en parlerai en temps voulu.

La plupart des remèdes dowayo sont à base des trois plantes magiques censées agir sur toutes formes de maux, qui vont de l'adultère à la rage de dents. Un profane est incapable de distinguer entre les différentes espèces qui composent les trois groupes de plantes. Les Dowayo se font une règle de toujours parler comme s'ils étaient d'intraitables positivistes ne croyant que ce qu'ils voient et rejetant tout ce qui ne tombe pas sous le sens. « Comment distingues-tu une variété de *zepto* d'une autre? Celle qui convient pour arrêter un adultère de celle qui soulage un mal de dents? » Ils me regardaient d'un air incrédule, en se demandant comment je pouvais être aussi naïf, aussi benêt. « En les essayant, pardi! » finissaient-ils par me répondre. « Et autrement? » insistais-je. Ils se lançaient alors dans de longues diatribes contre les pierres qui provoquent la pluie, contre les gens qui se changent en léopard, contre les chauves-souris qui rejettent leurs excréments par les narines puisqu'elles n'ont pas d'anus. Toute question concernant ce domaine attirait les réponses les plus imprévisibles, et jusqu'à une bruyante démonstration des différentes façons de lancer un « Je ne sais pas » avec exaspération. S'il m'est arrivé d'obtenir une réponse claire et franche en quelques rares occasions, le reste du temps je devais me contenter des : « Je ne sais pas. Je ne l'ai pas vu. Comment le saurais-je, puisque je n'ai rien vu? » Je commençai à acquérir la réputation d'un homme qui gobe tout et n'importe quoi.

Au cours de cette période, j'eus enfin l'impression d'approcher une vérité. Je m'étais progressivement adapté aux exigences de la vie d'un village africain et à celles des recherches sur place. J'avais lu que les chercheurs d'or remuaient des tonnes de sable ou de détritus avant d'en trouver une once. Mon travail avait beaucoup de points communs avec l'activité des prospecteurs.

Cependant, ma mâchoire me faisait de plus en plus souffrir au lieu d'évoluer vers la guérison et un mélange de sang et de pus s'était mis à suinter de mes gencives. Je ne pouvais plus attendre. Je me rendis à la mission où je fus accueilli par un Herbert Brown enchanté de constater que l'Afrique m'avait comblé au-delà de mes espérances et qu'elle avait justifié la vision catastrophique qu'il se faisait du continent noir. Il avait entrepris de réparer ma voiture sans pouvoir dire quand il aurait terminé. Si j'avais su qu'il lui faudrait neuf mois pour la remettre en état, je lui aurais peut-être témoigné moins de reconnaissance. Mais, compte tenu des circonstances, il m'enlevait une épine du pied et il ne me restait plus qu'à me faire transporter jusqu'à Garoua dans la camionnette du courrier.

Je n'ai jamais compris pourquoi le chauffeur chargé du courrier refusait si obstinément de prendre des passagers blancs dans son véhicule, alors qu'il acceptait de convoyer n'importe qui d'autre moyennant une modeste rétribution. Si un Blanc venait le solliciter, il alléguait le règlement des transports postaux comme s'il s'agissait de règles sacro-saintes et refusait catégoriquement. De temps en temps, un gendarme intercédait en ma faveur, mais le manque de moyens de locomotion ne me facilitait pas la vie. Arrivé à Garoua, j'appris qu'un dentiste s'y cachait ou y était jalousement couvé puisqu'il n'y en avait qu'un seul autre au Cameroun, qui exerçait dans la capitale. Après avoir suivi maintes fausses pistes, dont une qui me mena jusqu'à un groupe de dentistes chinois et communistes qui se révélèrent n'être que des conducteurs de tracteurs, je finis par localiser l'homme introuvable et me précipitai à l'hôpital de la ville.

Toujours dans ma peau d'Occidental mal dégrossi, je fis la queue comme tout un chacun et j'attendis mon tour. Un homme d'affaires français fit son apparition et, en s'aidant de quelques coups d'épaules, se fraya un chemin jusqu'à l'infirmière à qui il glissa un billet de cinq cents francs. « Je cherche un dentiste, un Blanc. » L'infirmière hésita une seconde : « Il n'est pas blanc, mais il vient de France! » L'expatrié hésita à son tour et tourna les talons. Je me remis à attendre.

Dès que la porte du cabinet dentaire s'ouvrit, je me trouvai propulsé par les Africains en tête de la queue, puis à l'intérieur d'une pièce occupée par tout un équipement de chirurgie dentaire délabré. Au mur était exposé un grand diplôme de l'université de Lyon, ce qui me rassura. J'expliquai mon cas à un grand homme placide. Sans plus de formalités, il s'empara d'une paire de pinces et, sans la moindre hésitation, m'arracha deux dents de devant. Cette attaque éclair, émoussa, sembla-t-il, ma sensibilité à la douleur de l'extraction. Les dents étaient cariées, m'annonça-t-il. Et même, m'assena-t-il sombrement, elles étaient sûrement pourries depuis toujours. J'étais guéri. Il ne me restait qu'à régler l'infirmière en sortant. Je me laissai mollement tomber dans le fauteuil, tandis que le sang inondait ma chemise et que j'essayais de lui faire comprendre qu'il pouvait, maintenant, passer au stade suivant du traitement. Il n'est guère commode d'argumenter dans une langue étrangère avec deux dents de devant en moins. Je parvins à un certain résultat : il saisit que j'étais un patient difficile. « Dans ce cas, me dit-il d'un ton froissé, je vais aller chercher le dentiste lui-même. » Mais alors, qui m'avait soigné? J'avais innocemment cru qu'un homme en blanc, dans un cabinet dentaire, ne pouvait qu'être un dentiste.

Un autre homme fit son apparition, lui aussi en blouse blanche. Aussitôt, je lui demandai s'il était « le » dentiste. Il me confirma qu'il l'était. L'autre homme était son mécanicien, il réparait aussi les montres. Dans mon cas, un bridge pour remplacer les dents absentes reviendrait très cher. C'était un travail délicat qui requérait une grande habileté. Il était justement très habile. J'essayai de lui faire comprendre que si je ne pouvais plus parler, je ne pourrais plus travailler et que je ne serais plus en mesure de le payer. Il comprit et son visage s'anima. Je n'avais qu'à revenir dans l'après-midi, d'ici là il m'aurait confectionné un appareil en plastique. En ma qualité de patient exceptionnel, je demandai un anesthésique. Il me fit une injection de novocaïne dans les gencives. Après une extraction, c'était pour le moins curieux, mais je me sentais trop abattu pour m'en préoccuper.

Je tuai le temps comme je pus, errant misérablement dans Garoua, tel un loup-garou doublé d'un vampire, la bouche entrouverte. En m'apercevant, les gens changeaient de trottoir. J'avais l'air d'un homme blessé à mort, perdant abondamment son sang. Aux gendarmes qui m'interrogeaient, me soupçonnant visiblement d'avoir sauvagement découpé un corps humain, je ne pouvais que bégayer, en zozotant, d'incompréhensibles explications.

L'après-midi, j'étais de retour à l'hôpital où le dentiste me posa deux dents en plastique qui branlaient dangereusement et me remit un flacon plein d'un liquide rose pour me faire des bains de bouche. On me fit payer dix fois le prix normal pour de tels soins, mais je ne pouvais que m'exécuter. En partant, je remarquai sur le sol la seringue qui avait servi à me faire une injection.

J'allais devoir m'habituer à cette affreuse prothèse dentaire, une complication dont je me serais amplement passé. Les Dowayo, bien sûr, s'extasièrent devant ce nouvel ornement, d'autant que beaucoup d'entre eux avaient des dents de devant manquantes. Cette caractéristique que nous avions en commun les mettait en joie. Je leur demandai pourquoi il leur manquait des dents. Était-ce par souci esthétique? ou pour s'offrir (ici l'anthropologue s'accordait une fantaisie) une entrée comme celle de la barrière qui donnait accès au village? Non, non, *patron*. Voilà, ils s'arrachaient ces dents de devant pour le cas où ils se retrouveraient les mâchoires coincées; par ce trou ils pourraient continuer à se nourrir. Mais c'était souvent arrivé? Non, pas encore, mais qui sait? L'aisance avec laquelle j'enlevais mes dents et surtout l'aisance avec laquelle elles se libéraient de leur propre initiative lorsque j'étais en pleine conversation suscitaient un grand intérêt chez les Dowayo.

Le temps de la moisson approchait. Les Dowayo organisaient le plus de cérémonies possible au cours de ce dernier mois des pluies. Après la mort d'un homme, on attache rituellement son arc derrière la maison du crâne et, s'il s'agit d'une femme, c'est sa jarre à eau que son mari rend à ses frères. J'étais particulièrement désireux d'assister à toutes ces manifestations culturelles dont je ne pourrais saisir le sens et la portée qu'après les avoir observées, photographiées, enregistrées.

Matthieu, qui avait vu son prestige bénéficier de l'effet produit par mes deux dents amovibles, m'apprit que le bruit circulait que mon guérisseur local était sur le point d'organiser une cérémonie de la jarre pour sa défunte femme. Il n'y avait pas d'alternative, mais je n'aimais pas du tout devoir ramper, accroché aux parois rocheuses abruptes, dominant le vide, pour aller rendre visite au guérisseur dans sa hutte en nid d'aigle. Il avait choisi de vivre sur ces hauteurs inhospitalières pour se conformer à la tradition dowayo de cultures en terrasses sur des pentes si raides qu'on ne pouvait travailler qu'accroupi ou à genoux. Mais surtout, à plusieurs centaines de mètres au-dessus de la plaine, le climat était plus adapté à la culture des petites variétés de mil, plus appréciées par les Dowayo que celles plus grossières qui ne poussent qu'en bas. En principe les offrandes aux ancêtres doivent être prélevées sur ce mil de qualité supérieure avec lequel on doit également fabriquer la bière, d'ailleurs plus corsée, qui leur est destinée. Enfin, les cultures en terrasses sont moins exposées aux dommages provoqués par le bétail en liberté.

Ce lieu perché m'offrirait un cadre agréable pour travailler : les villages de montagne sont calmes et le guérisseur n'aurait aucune peine à me faire accepter par les habitants. Muni de mes appareils photo et de mon magnétophone, je lui rendis une visite préliminaire pour lui graisser un peu la patte, essayer de savoir pourquoi il organisait cette cérémonie et où il en était des préparatifs. Un premier contact avant l'événement était toujours bénéfique. Lorsqu'une cérémonie est en cours, il y a tellement de parents en maraude que personne n'est disposé à répondre aux questions ineptes d'un anthropologue ahuri. En attendant, je pouvais toujours essayer de prévoir quel genre de questions je serais amené à poser, quelles réponses on risquerait de me donner et ce que je pourrais en faire. Quelques jours après la cérémonie, j'avais l'intention de revenir sur les lieux pour clarifier tous les points qui auraient attiré mon attention dans la fièvre de la fête, vérifier l'identité des participants, distinguer les inconséquences et, éventuellement, les singularités propres aux célébrations de ce village. Par la même occasion, j'aurais la possibilité de prendre en photo tout l'attirail du rituel, provisoirement abandonné sur place, qui risquait de ne pas être très discernable sur les clichés pris au cours de la cérémonie. Par principe, j'avais décidé d'envoyer toutes mes pellicules à des amis en Angleterre qui devaient se charger de les faire développer. Ce faisant, je courais le risque de voir s'en égarer bon nombre en cours de route. Il était hors de question de les faire convenablement développer au Cameroun, et encore moins de garder les rouleaux ici, dix-huit mois, sous un tel climat. Cette solution m'obligeait à multiplier mes contacts avec les employés de la poste, tous plus incapables et désobligeants les uns que les autres.

Ces quelques jours précédant le début de la cérémonie rituelle apportèrent un changement imprévu et décisif dans mes conditions de vie. Je me trouvais en ville au jour d'arrivée du courrier, lorsque je vis apparaître un camion inconnu en pleine charge où s'entassaient pêle-mêle des caisses, des tonneaux, des malles. Un quatre-roues étranger devenait, sitôt aperçu, l'objet de toutes les spéculations. Celui-ci était occupé par deux Blancs, un homme et une femme. Blanc moi-même, il m'incombait d'aller les accueillir et de fourrer mon nez dans leurs affaires. La conversation s'engagea en un français douteux, puis en anglais, étant donné qu'ils étaient Américains. Ils me serrèrent aussitôt vigoureusement la main, celle qui avait deux doigts cassés.

Jon et Jeannie Berg étaient de nouveaux missionnaires protestants destinés à Poli pour épauler Herbert Brown. Je devinai aussitôt, moi, un vétéran, qu'ils découvraient l'Afrique et qu'elle les déconcertait juste comme il faut. Jon allait faire découvrir la Bible à ses élèves et Jeannie serait la compagne de l'homme de Dieu. Un parfum de hautes études et de bonne éducation nous enveloppait.

Dès qu'ils se furent installés à Poli, ils prirent mon courrier en main. En leur compagnie, agréable, nous devisions dans une langue proche de l'anglais tout en savourant un bon pain cuit au four par Jeannie. Nous écoutions de la musique sans qu'il soit question de mil ou de bétail, ou de toute autre chose de ce genre. C'est à Jon qu'il revenait de transmettre aux Dowayo « la signification du christianisme », comme je m'étais assigné la tâche de découvrir « la signification de la culture dowayo ». Nous fîmes de notre mieux pour nous expliquer mutuellement les données et les limites de nos entreprises respectives. Par ailleurs, Jon était propriétaire – et fier de l'être – d'une douzaine de petits tonneaux pleins de livres de poche d'une littérature de bas étage. Il m'en prêta sans lésiner. J'affirme que c'est grâce à ces ouvrages que je suis resté sain d'esprit en pays dowayo. Comme j'avais de quoi lire sans restriction, tous ces temps morts entre les cérémonies, toutes ces interminables et mornes soirées, après que les Dowayo s'étaient mis au lit dès sept heures tapantes, devinrent soudain supportables. De ma vie, je n'ai autant lu. Je lisais assis sur un rocher, à mi-parcours de l'escalade d'une montagne; assis dans l'eau d'une rivière; accroupi dans des huttes à la clarté de la lune; en attendant, à un croisement de chemins, à la lumière d'une lampe à pétrole. Où que j'aille, j'avais toujours un exemplaire de la bibliothèque de Jon sur moi. Lorsque j'avais attendu en vain un visiteur et qu'on avait oublié de tenir sa parole, je sortais un de mes livres et j'oubliais tous les Dowayo du continent.

Je me forgeai une solide réputation d'homme d'une obstination à toute épreuve. J'attendais en lisant et ceux qui avaient oublié que j'attendais me trouvaient au rendez-vous. J'avais tourné à mon avantage la singulière notion du temps des Dowayo.

Jon et Jeannie avaient résolu tous mes problèmes de transport et d'approvisionnement. De surcroît, Jon m'avait donné une clef de son bureau pour que je puisse l'occuper lorsqu'il était en voyage. C'était disposer de papier, d'un éclairage électrique et d'un vrai bureau, la première surface plane pour écrire depuis mon arrivée en pays dowayo. Un luxe pour quiconque a vécu dans un village africain isolé. Il suffisait que je franchisse la porte de ce bureau et j'oubliais alors où j'étais pendant plusieurs heures d'affilée. Je pouvais disposer mes carnets de notes devant moi et commencer à analyser mes renseignements, repérer les sujets où mes connaissances avaient besoin d'être étoffées, subodorer ceux sur lesquels faire preuve de plus d'audace; enfin, il m'était loisible de me laisser entraîner dans des spéculations, sans crainte d'être à tout instant interrompu ou distrait. Le tout aux antipodes des habitudes africaines.

Pour le présent, j'avais décidé d'assister à la cérémonie de la jarre, célébrée par mon guérisseur local. J'entrepris donc l'escalade de la butte et, arrivé sur les lieux, je constatai à ma grande surprise que le rituel se déroulait comme prévu, le jour même. Je dois avouer que l'ascension m'avait mis à rude épreuve. Parvenu au sommet de cette montagne, je tenais à peine sur mes jambes et je voyais tout le paysage danser autour de moi. Dans ces conditions, je suivis tant bien que mal le déroulement de la cérémonie avec la jarre habillée comme un candidat à la circoncision, les chants et les danses accompagnant l'homme qui la portait sur sa tête. Mais je n'étais décidément pas dans mon assiette. J'avais toutes les peines du monde à garder mes yeux grand ouverts, mon appareil photo semblait peser une tonne et les explications des Dowayo m'assommaient.

J'étais allé m'asseoir, adossé au mur du parc à bétail, en essayant d'établir quels liens de parenté reliaient entre eux les divers participants, lorsqu'un homme se précipita sur moi pour me prévenir que si je restais à l'endroit où j'étais assis, je courais le risque d'attraper une horrible maladie. Je demandai des explications à mon assistant qui m'expliqua que tout le danger venait des pots cassés entassés dans un coin. Ils concentraient certains gaz capables de me vider de mes vitamines par mon estomac. Tout ce charabia me mit dans une rage folle, à mon propre étonnement, étant donné que ce genre d'explication était monnaie courante, même de la part de Dowayo sachant lire et écrire. En d'autres circonstances je n'y aurais vu qu'un simple essai de traduction, à mon usage, d'une perception traditionnelle d'un phénomène par les Dowayo. En réalité, comme je finis par le découvrir au terme de patientes investigations, le danger résidait dans les pierres qui, enterrées sous les pots cassés, avaient la faculté d'assurer la fertilité du bétail. Ce pouvoir peut interférer avec la sexualité humaine, aussi seuls les hommes âgés qui n'ont plus de paternité à assurer peuvent-ils s'approcher de ces pierres sans danger. En m'asseyant à cet endroit, je mettais ma fertilité en danger.

A peine la cérémonie était-elle terminée que je dévalai la pente de la montagne, au risque de me rompre le cou, pour finir par m'évanouir sur mon lit de terre battue. Le lendemain, avant que le ciel rosisse, je me rendis en titubant à Poli pour consulter le médecin. Après avoir examiné mes yeux, mes urines orange au microscope, il m'annonça que j'avais contracté une hépatite virale. « Vous n'auriez pas subi une injection avec une aiguille souillée, ces derniers temps ? » me demanda-t-il. Je revis, bien sûr, la seringue au sol dans le cabinet de mon dentiste. Il ne me restait plus qu'à prendre des vitamines B, du repos et à me suralimenter. Deux jours de répit sur mon lit de terre et je me sentis beaucoup mieux, au point de repartir pour une escalade de la montagne pour terminer mon travail sur la cérémonie de la jarre.

Sans avoir toutefois retrouvé une parfaite clarté d'esprit, je parvins à travailler pendant huit ou dix jours, jusqu'à ce que Jon, accompagné d'un autre missionnaire de Ngaoundéré, me rende une visite impromptue dans mon petit village. Je ne sais plus de quoi nous avons parlé. A un moment, il fut question des connotations sexuelles de l'igname phallique dont je m'étais procuré un exemplaire ce même jour. Puis je surpris un regard de connivence entre Jon et son ami, qui se sont ensuite éloignés pour se concerter. Mon état semblait les préoccuper et ils finirent par me proposer de m'emmener en consultation à l'hôpital de Ngaoundéré.

Envisager des mesures aussi extrêmes me paraissait hors de propos, mais heureusement pour moi, ils insistèrent pour revenir me prendre le lendemain. La nuit porte conseil. Muni de savon, je partis en direction du plan d'eau pour me baigner mais, au bout d'une centaine de mètres, la fatigue m'empêcha d'aller plus loin. Je n'eus que le temps de m'asseoir sur un rocher, mes jambes refusaient de me porter. Il se mit à pleuvoir, de plus en plus fort, mais j'étais incapable de faire un mouvement. Prostré, il me vint à l'esprit que c'était le jour de mon anniversaire et je ne pus m'empêcher de fondre en larmes. C'est dans cet état qu'un homme d'un village voisin, Gaston, me découvrit. Et c'est en sanglotant que je tins à lui expliquer qu'il m'était impossible de marcher. Il me porta simplement jusqu'à ma case, puis je dormis jusqu'à ce qu'on me transporte à l'hôpital.

CHAPITRE IX

Sans remède

Se retrouver dans un hôpital africain provoque un certain choc. Rien à voir avec nos établissements, où les tons pastel et les bruits étouffés ménagent nos sensibilités. Tout s'y passe en public. On n'y trouve ni chambres ni paravents pour dérober à la vue tout ce que le spectacle du corps humain peut avoir de déplaisant et d'offusquant. Lorsqu'un homme est hospitalisé, toute sa famille vient camper à ses côtés, fait la cuisine, la lessive, s'occupe des enfants et conduit les affaires domestiques à grands cris stridents. Les radios marchent à plein régime, des colporteurs vont et viennent en proposant leur camelote, des femmes emmitouflées des pieds à la tête attendent en file indienne, de pauvres hères serrent tous dans leurs mains des feuilles de papier comme s'il s'agissait de charmes. Des infirmiers affairés fendent la foule, indifférents au vacarme, aux mains tendues. Les abords de l'hôpital offrent un spectacle de désolation écologique. Toutes les feuilles à portée de la main ont été arrachées, et toutes les branches cassées pour faire du feu. L'herbe est morte, écrasée, piétinée, parsemée de tas d'excréments que des chiens viennent furtivement fouiller. Un médecin, la plupart du temps un Blanc, court d'une urgence à l'autre, harassé, débordé, remplissant sans éclat la fonction d'une dizaine de chefs de service.

Mon traitement consista en injections de gammaglobuline, qui me rendirent incapable de bouger les jambes pendant deux jours. Une fois de plus, je fus tenu la tête hors de l'eau par les Nelson qui décidèrent que, par-dessus tout, je devais être suralimenté.

Une hépatite pouvait facilement devenir chronique et me harceler pour le restant de mon séjour. En attendant, il convenait d'identifier précisément le virus que j'avais contracté. Les analyses ne pouvaient avoir lieu qu'à Yaoundé où je pourrais également m'adresser à un dentiste pour qu'il me pose une prothèse dentaire plus adaptée et plus stable. Cette démarche était d'autant plus nécessaire que j'étais désolé du malaise qu'éprouvaient les Occidentaux que je rencontrais lorsqu'ils me voyaient perdre mes dents au beau milieu d'une conversation, au cours d'un repas ou de n'importe quelle autre occupation.

Mes finances étaient au plus mal. Je ne recevais toujours pas les virements que j'attendais et la banque était incapable de suivre la moindre instruction de ma part. Tout l'argent que j'étais obligé d'emprunter à la mission me mettait dans une position des plus délicates. Et j'allais devoir régler les frais de réparation de ma voiture et de ma dentition. En désespoir de cause, je me décidai à télégraphier à mon collègue en Angleterre pour le prier de m'avancer cinq cents livres pour me dépanner et de me les faire parvenir à l'ambassade britannique à Yaoundé.

Ma défaillance physique survenait à un moment

relativement peu gênant. Les cérémonies rituelles saisonnières étaient terminées, la récolte du mil n'avait pas encore commencé. J'avais devant moi trois semaines pour me rétablir et retourner à Kongle. Serrant les dents, je pris le train pour Yaoundé.

Au diable l'avarice, je pris une couchette. Le compartiment me surprit par son état de propreté et de confort digne de la Tierra del Fuego Railroad Co des années 1910. Mes chances de me reposer au cours du voyage se trouvèrent ruinées par l'obstination de l'employé à m'installer dans le même compartiment qu'une virago libanaise accompagnée de sa fille, une jeune personne diaphane. Je rangeai mes affaires personnelles et m'installai pour dormir. Mais la Libanaise s'en prit brusquement à l'employé. « Aucun homme ne dort dans la même pièce que ma fille tant qu'elle n'est pas mariée, vociféra-t-elle. Sachez qu'elle est vierge ! » Nous la regardâmes, l'employé et moi, d'un autre œil, intéressé. J'essayai de me déclarer vierge de toutes vues particulières sur les charmes physiques de sa jeune progéniture. L'intéressée se mit à glousser de plaisir.

L'employé nous lut en détail le règlement des wagons-lits, sans tenir compte des commentaires désobligeants de la voyageuse belliqueuse. L'affrontement ne semblait faiblir que pour repartir de plus belle, sans rime ni raison, comme il sied en Afrique.

« Je connais personnellement le directeur des chemins de fer. Je vous ferai foutre à la porte !

– Mon frère est inspecteur de l'Immigration. On vous expulsera sous quarante-huit heures.

– Sauvage !

– Putain ! »

Ils en vinrent aux mains à la porte du compartiment et finirent par se cracher dessus. La jeune fille et moi échangions des regards de sympathie. Je me levai, non sans mal. La femme crut que je m'apprêtais à assaillir sa fille par-derrière, elle se précipita sur moi, les poings menaçants. Mettant à profit cet intermède, l'employé la saisit à bras-le-corps et l'emporta dans le couloir. Elle se débattit et glapit des injures. Tout un public, essentiellement des gendarmes en mission, assistait sans émoi à la scène tandis que quelques voyageurs plus vils essayaient d'exciter les combattants.

J'en profitai pour m'éclipser et suivre le couloir en clopinant. La plupart des couchettes étaient libres, j'en choisis une au hasard, et j'allais m'endormir lorsque l'employé me rejoignit pour me dire tout ce qu'il pensait des femmes comme cette Libanaise. De guerre lasse, je le priai sans détour de me laisser tranquille. D'heure en heure au cours de la nuit, j'entendais s'ouvrir la porte du compartiment à l'extrémité du couloir, et la dame, en sentinelle, agonir l'employé d'insultes au moment où il passait à sa portée. Le lendemain matin, à l'arrivée à Yaoundé, ce dernier fit tout ce qu'il put pour empêcher la dame de trouver un porteur, tandis qu'elle l'aspergeait avec sa bouteille d'eau potable.

J'avais rendez-vous au bar habituel avec des amis français que j'avais rencontré lors de mon premier passage dans la capitale. La plupart des absents semblaient avoir subi les coups bas des maladies vénériennes, très virulentes en Afrique occidentale où la vie sociale est si morne qu'il ne reste, la plupart du temps, que la fornication effrénée pour se changer les idées. A ma grande horreur, les vendeurs ambulants que j'avais toujours réussi à éconduire m'avaient reconnu et semblaient décidés à ne plus me laisser leur filer entre les doigts sans m'avoir estampé.

Je me souvenais à quel point j'avais été impressionné, en arrivant au Cameroun, par le tableau de misère et de laideur agressive qu'offrait la capitale. Maintenant, je trouvais que la vie y était pleine de charme et de beauté, un modèle de bon goût, débordant des bienfaits de la civilisation. En quelques mois, mes critères avaient subi une révolution drastique. L'étalage de l'extrême pauvreté et d'une richesse arrogante, leur confrontation ne me choquaient plus. J'étais assis à la terrasse d'un café en compagnie d'autres Blancs. Un petit enfant accroupi sur le trottoir se mit à se répandre en injures contre nous, les étrangers. Les consommateurs, qui le trouvaient « impayable », lui jetèrent quelques menues pièces de monnaie qu'il s'empressa de ramasser dans la poussière.

Installé dans l'appartement de mes amis, je remarquai à quel point les Français font grand cas de leur *cuisine* *. Lorsqu'ils ne sont pas pris par leur travail d'enseignants, ils passent leur temps à organiser des virées en moto dans la savane ou la forêt. L'un d'eux, taxidermiste passionné, s'était spécialisé dans la collection des pangolins (des fourmiliers écailleux), apparemment très difficiles à tuer. Il essayait tous les moyens de les mettre à mort efficacement. On en trouvait dans la baignoire pleine d'eau, encore bien en vie, ou dans le bac à glace, « morts de froid » mais empêchant d'en rabattre le couvercle.

Le nouveau médecin de la polyclinique de Yaoundé était une connaissance : l'ami de la sœur d'un vieux

* En français dans le texte.

copain, rencontré pour la première fois à La Rochelle. J'y puisai un grand réconfort. Le monde est petit et l'Afrique est bien le pays des parentés extensibles à l'infini, comme des chances de rencontres imprévisibles. Il me proposa de me faire subir des analyses de sang, un acte médical qui m'inspirait des sentiments mitigés. J'étais tombé malade à la suite d'une injection... et pour me soigner on allait me réconforter avec des seringues.

Le lendemain, je me rendis à l'ambassade britannique pour savoir si l'on avait des nouvelles de mon argent. On m'apprit qu'on s'occupait beaucoup de moi depuis quelque temps. Des rapports exagérément alarmants concernant ma personne, mutilée, défigurée, leur étaient parvenus via le Foreign Office de Londres, et un membre de l'ambassade caressait l'idée d'aller voir de quoi il retournait exactement du côté de Poli. De façon caractéristique – laborieuse et interminable –, ils tinrent à me convaincre que, à part cela, ils ne pouvaient aucunement me venir en aide. Ils n'avaient pas de nouvelles de mon argent, mais ils allaient me faciliter l'obtention d'un rendez-vous, le plus tôt possible, avec le dentiste de la capitale.

Mes soins dentaires m'obligeaient à passer deux semaines à Yaoundé. J'en profitai pour manger le plus possible de viande, du pain et même, un jour, un délicieux gâteau à la crème. (Dès mon retour en Angleterre je devais décider d'en manger deux par jour jusqu'à ce que je retrouve mon poids habituel.) Je ne connais rien de plus euphorisant que de se retrouver en train de marcher après avoir été immobilisé par la maladie. La vie ne semblait m'offrir que des plaisirs faciles à satisfaire. Un soir où je dînais avec le directeur de la compagnie locale de tabacs, je n'arrivais pas à savoir d'où me venait une soudaine sensation de bien-être enveloppant, jusqu'au moment où je me rendis compte que j'occupais avec volupté un confortable fauteuil capitonné, ce qui ne m'était plus arrivé depuis neuf mois. A Kongle, je m'asseyais sur des rochers ou dans le transat bancal du chef du village et, à la mission, sur des chaises aux dossiers raides. Ici, il y avait également des salles de cinéma luxueusement aménagées, équipées avec un système Dolby stéréo qui vous donnait l'impression d'être immergé dans un bain sonore. Mais surtout, la tôle ondulée ayant été bannie de la construction, il pouvait tomber des trombes d'eau, ça ne venait plus submerger les dialogues.

Mais l'euphorie fut de courte durée. Les Blancs passaient leurs soirées dans les bars de la ville où ils se retrouvaient pour partager leur ennui et énumérer leurs griefs contre Yaoundé. Toute boisson alcoolisée m'étant interdite sous peine de rechute, je trouvais ces endroits d'un ennui mortel. A la fin, je n'avais plus qu'une hâte, retourner dans le Nord où les Dowayo avaient peut-être déjà commencé la récolte du mil.

Sans plus attendre, je me rendis à l'hôpital pour avoir les résultats de mes analyses de sang. Le premier compte rendu me gratifiait d'un « prélèvement perdu », le second du diagnostic : « Ne réagit pas à ce test. » Visiblement, j'avais perdu mon temps. Mais j'avais pu récupérer et, pourvu de mes nouvelles dents, je parvenais à prononcer à peu près correctement la plupart des sons de base de la langue anglaise. Seules mes finances en sortaient amoindries. Ce n'est que plusieurs mois plus tard que l'ambassade découvrit qu'elle avait bien reçu l'argent qui m'était destiné mais qu'il se trouvait oublié dans un tiroir. Je dois dire que je fus très sensible au tact avec lequel ils me firent parvenir une invitation à la réception donnée pour l'anniversaire de la reine, que je reçus une semaine *après* la célébration. Au dos du carton, quelqu'un avait griffonné : « L'ambassadeur comprendra qu'il vous soit difficile de vous déplacer. »

A Ngaoundéré, Jon et Jeannie étaient à la gare pour m'accueillir et me ramener à Poli. Des renforts venaient d'arriver des États-Unis sous la forme d'une famille Blue dont le patriarche, Walter, allait enseigner à l'école de la mission. Le cercle des âmes sœurs s'agrandissait. Walter, qui devint très vite Vautour puis Vault dans la bouche des Dowayo, était un mordu des mots croisés du *Times*. Il passait des heures sous la véranda à batailler pour en venir à bout, poussant des cris perçants ou des gémissements pour ponctuer ses phases d'exaltation ou de désespoir. C'était aussi un musicien averti qui remit en état un vieux piano croulant et poussif qui faisait le bonheur de termites et que minait sournoisement l'humidité. Beaucoup plus tard, lorsqu'il eut accordé l'instrument, je constatai qu'il s'était mis à en jouer, et fort bien. Jacqui, sa femme, était un vrai repoussoir qui se cantonnait aux travaux manuels : elle faisait des vêtements, élevait des poules, travaillait le bois à coups de marteau, donnait à Walter des enfants qu'il berçait distraitement en cherchant les solutions de ses mots croisés. La maison ne désemplissait pas de visiteurs de passage. Venant de la savane, on enjambait des bagages dispersés parmi les enfants en effervescence, les chats et les chiens, les caméléons qui prenaient pension.

Je me sentais beaucoup moins seul qu'à mon arrivée

au Cameroun. J'avais l'impression que le pire était derrière moi et qu'il n'avait fait que m'égratigner. Je comptais des amis qui habitaient quasiment à portée de voix. Un terrier m'attendait en cas de maladie, de déprime ou de solitude trop pesante. Une fois de plus, je me disais que j'allais enfin pouvoir me consacrer entièrement à mon travail de chercheur au pays des Dowayo.

CHAPITRE X

Rites en vrac

Mon absence n'avait duré que trois semaines et je constatai avec satisfaction que le mil, au bord de la route, n'était pas encore prêt à être récolté.

Depuis que je connaissais les tirades fanatiques de Malinowski contre les anthropologues qui travaillent sous les vérandas des missions, ces postes d'observation m'avaient toujours beaucoup attiré et, en ce qui concerne l'Afrique, je les trouvais agréables et rentables. La grand-route en direction de la ville passait devant une maison avec véranda. Derrière elle s'étendait le paysage montagneux qu'éclairait la pleine lune. Un endroit rêvé pour satisfaire à la fois sa curiosité et son penchant à l'oisiveté.

Tandis que je jouissais du spectacle et de la tiédeur de l'air, après le froid nocturne de Ngaoundéré, des roulements assourdis de tambour, venant de la montagne, se firent entendre. Une fois de plus, je me sentis tel l'homme blanc typique sorti d'un de ces films au ton âpre que produisaient les studios britanniques dans les années quarante. Il écoutait le tam-tam des indigènes cachés dans la montagne en se demandant si c'était le signal du massacre, que nous avons tous redouté. Il s'agissait en fait du roulement grave des tambours de la mort. On enterrait quelqu'un, vraisemblablement un homme riche. Avec le jeu des échos de la montagne, il était difficile de dire d'où il venait. Ruben, le cuisinier, pensait à Mango. En réalité, la cérémonie se déroulait dans mon village, comme je l'avais vaguement supposé. Je brûlais d'impatience. Jusqu'ici, je n'avais jamais assisté à l'enterrement d'un homme de haut rang. Je dis au revoir à mes amis et, muni de la lampe électrique qu'ils m'avaient prêtée, je pris la route de Kongle.

En chemin, je rencontrai mon assistant qui se montra très chaleureux et me demanda une avance sur ses gages. Le mort était effectivement un homme riche habitant à la sortie de Kongle, où je connaissais un certain Mayo. Mayo était un vieil ami du père de Zuuldibo et il était considéré par l'administration comme le véritable chef du village, dans la mesure où elle estimait qu'il serait plus capable qu'un autre de faire barrage aux revendications des habitants et aux pratiques rituelles accompagnées de sacrifices d'animaux d'élevage. Le père de Zuuldibo s'était distingué en décidant que, puisque l'État levait des impôts, il pouvait en faire autant. Il avait donc perçu un impôt pour son propre compte, et il s'était senti ulcéré lorsqu'on lui avait signifié qu'il avait outrepassé ses droits. La tension entre le *sous-préfet* et la population du village avait été à son comble lorsque celle-ci avait accusé Mayo d'être un agent du gouvernement. Mayo et Zuuldibo n'en demeurèrent pas moins de bons amis. Mayo était un des Dowayo les plus attachants que je connaissais. C'était un homme généreux, très intelligent et très fin, qui n'avait jamais ménagé ses efforts pour me venir en aide.

Le lendemain, dès l'aube, nous nous rendîmes sur les « lieux de la mort ». Mayo insista pour me faire apporter une chaise longue, recouverte de linceuls. On la plaça à côté du cadavre, ce qui gênait passablement les participants dans leurs évolutions.

Le corps reposait, enveloppé dans la peau d'un bouvillon sacrifié par les frères du mort. Des femmes parées de feuilles de deuil entrechoquaient des calebasses vides et poussaient des cris de lamentation en courant tout autour du village. D'un côté de l'enclos réservé, qui servait de cimetière aux hommes, les veuves se tenaient groupées, assises, fixant le vide droit devant elles, d'un regard absent. Stupidement, je me mis dans l'idée d'aller les saluer. Elles n'avaient ni le droit de parler ni celui de bouger. Les hommes virent dans mon geste une bonne farce, ils pouffaient encore de rire en enveloppant le cadavre. D'autres membres de la famille apportaient des peaux, des bandes de coton et des linceuls destinés à « habiller » le mort. Son gendre apparut, accompagné de son épouse. Il devait la conduire dans le parc à bestiaux et lui jeter ses offrandes sur le ventre pour faire état des liens établis entre lui et la famille du défunt. De leur côté, les femmes de la famille en deuil jetaient leurs offrandes aux parents mâles. Habituellement, c'étaient autant de gestes d'insulte qui, en l'occurrence, traduisaient les sentiments de respect et d'infériorité qu'un homme nourrit à l'égard de ses beaux-parents.

Les hommes se livraient entre eux à toutes sortes de jeux et de plaisanteries. Plus tard, j'appris qu'il s'agissait de tous ceux qui avaient été circoncis en même temps que le mort. Depuis toujours, ils se devaient de faire semblant de s'insulter et de s'approprier librement les biens des uns et des autres.

Brusquement une violente averse dispersa tout le monde. « Où sont-ils partis? – Ils sont allés déféquer dans la savane. »

A l'époque, je crus naïvement qu'il s'agissait d'une simple pause destinée à permettre, à tous ceux qui étaient présents depuis le petit matin, d'aller se soulager dans la nature avant de reprendre leur place dans le déroulement de la cérémonie. Plus tard, je découvris que cela faisait partie intégrante du rituel funéraire – une manière détournée de se référer à la réalité de la circoncision, entre frères, et d'admettre implicitement que l'anus n'a jamais été obturé. Matthieu, Mayo et moi nous étions réfugiés dans une hutte en attendant la fin de l'averse, et Mayo me raconta à quoi se livraient les hommes, au croisement des routes, à l'aube qui suit une mort. Il me livra une information de sa propre initiative, comme son caractère l'y inclinait, alors que d'autres n'auraient répondu à mes questions qu'en traînant les pieds :

« Les hommes se rendent au croisement des routes. Les pitres et les sorciers sont là eux aussi. Les frères de circoncision sont tous venus. Deux s'asseyent face à face. Ils se mettent de l'herbe sur la tête. L'un dit : " Donne-moi ton con. " L'autre répond : " Je te le donne. Prends-le. " L'un copule avec l'autre. Avec un bâton. Un homme met le feu à l'herbe. Ils crient. Ils rejoignent les autres hommes. C'est fini. »

Mayo trouvait tout cet épisode d'un haut comique et s'étouffait de rire. J'en faisais autant, par amitié, mais mon esprit était occupé à essayer de « trouver la signification » de cette scène. Lorsque j'assistais à une cérémonie organisée par les Dowayo, je me sentais toujours plus ou moins sonné, dépassé par le caractère éloquent de leur symbolisme qui me restait cependant impénétrable. Un élément de taille, une clef me manquait. Personne n'avait consenti à me parler de ce fait important et évident qui pourtant me faisait défaut et dont l'absence faussait ma vision d'ensemble des rites dowayo. Je soupçonnais la circoncision d'être en cause, mais personne n'était disposé à m'éclairer. Au cours des mois qui suivirent, je rassemblai patiemment les éléments qui m'aidèrent à cerner la vérité. En réalité, cet épisode est simplement une version abrégée et un décalque du rituel de la circoncision, comme toutes les cérémonies des Dowayo. Les faits marquants de la vie et les fêtes du calendrier sont transcrits en termes de circoncision. C'est la raison pour laquelle les costumes de la circoncision réapparaissent dans les cérémonies les plus diverses, comme celle de la femme à la jarre ou lorsque les Dowayo enveloppent de bandelettes et habillent le cadavre d'un homme riche.

Un cri retentit à l'extérieur. Tandis que nous étions dans la hutte, les hommes, revenus de la savane, fixaient un chapeau rouge sur la tête du mort : la coiffure que portent les candidats à la circoncision. Ils bousculaient le cadavre, le menaçaient de le circoncire. Il arrive qu'on fasse alors appel à un jeune garçon : il s'allonge de dos sur le mort, nu, et l'on simule une circoncision en coupant un fil rouge noué à son pénis.

Tard dans la nuit, Matthieu et moi étions encore en train d'enregistrer des chants et de recueillir toutes sortes de confidences. Plus tard, les bandes magnétiques me serviraient à faire le point.

De retour dans ma hutte, nous prîmes notre premier repas de la journée. Matthieu avait son air sournois des mauvais jours. Il avait l'art de tourner autour du pot pendant des heures. Cette fois, il s'expliqua sans trop me faire lanterner. Tandis que j'étais en voyage, il en avait profité pour rendre visite à des parents et mettre de l'ordre dans la case. A cette occasion, il avait découvert un costume abandonné dans une de mes valises, un vieux costume qu'un collègue avait absolument voulu que j'emporte. Ce ne serait qu'un article de plus sur la liste des conseils et suggestions inutiles et loufoques pour le « travail sur le terrain ». Matthieu me suggéra très sérieusement de porter le costume à la prochaine cérémonie du crâne : il impressionnerait les gens et me conférerait un surcroît de prestige. Je refusai tout net. Il se mit à bouder, ce qui ne l'empêcha pas de poursuivre : il avait eu tout le temps d'y réfléchir, il me fallait absolument engager un cuisinier. On ne pouvait plus passer nos journées dehors et rentrer sans avoir un dîner prêt qui nous attende. Enfin, il n'était pas convenable qu'une personne comme moi fasse sa cuisine. Lui se trouvait avoir un frère et, si je n'y voyais pas d'inconvénient, il me le présenterait. Pour avoir la paix, je lui promis de le recevoir, non sans me jurer à moi-même de ne jamais m'encombrer d'un domestique qui me gâcherait la vie.

Le lendemain, Matthieu me réveilla bien avant l'aube. Il était radieux : il m'avait préparé une bonne surprise. Son frère, le cuisinier, eh bien, il était allé le chercher et, par chance, il l'avait trouvé. C'est lui qui avait préparé le petit déjeuner. Il s'agissait d'intestins longuement mis à frire dans de l'huile. J'avais horreur de la façon dont les Dowayo faisaient cuire dans des bains d'huile tout ce qu'ils mangeaient. Le cuisinier se présenta pour que je puisse le féliciter. C'était un garçon d'une quinzaine d'années. Il avait des mains à six doigts – un détail que je trouvai intéressant : en effet, j'aurais aimé être plus ferré sur tout ce qui touchait aussi bien les infirmités que les difformités. L'adolescent attribuait ses capacités culinaires à la fréquentation des Blancs de Garoua. Mais avait-il eu l'occasion de faire la cuisine à Garoua ? Non, il était éboueur. Je me sentis brusquement très fatigué. Je reviendrais sur la question dès que je serais un peu plus d'attaque. S'il voulait bien, on reparlerait de tout cela le soir...

Conformément à la notion très particulière du temps qu'avaient les Dowayo, la cérémonie du crâne dont m'avait parlé Matthieu avait pris du retard, ce qui me permettrait d'assister à des épisodes dont il ne m'avait soufflé mot. Pour être honnête, je dois dire que les Dowayo n'étaient pas en cause. C'est moi qui avais cru que toute la cérémonie consistait à jeter du sang et des excréments sur les crânes. En fait, il ne s'agissait là que d'un événement parmi d'autres dans le rituel de la fête. Pendant que nous assistions à cette séquence, toutes sortes d'autres manifestations « provocantes » avaient lieu en d'autres endroits. Ici, les hommes exécutaient une danse narcissique avec des miroirs ; là, les frères de circoncision grimpaient sur les toits des huttes du mort et se frottaient l'anus aux arêtes des cases ; ailleurs encore, les femmes se livraient à des gestes étranges avec des ignames phalliques – une réplique de ce que les jeunes garçons devaient accomplir après avoir été circoncis. Autrement dit, les veuves sont assimilées à des adolescents qui viennent de subir la circoncision dès l'instant où elles se sont définitivement libérées de leurs époux défunts. Elles sont autorisées à retrouver une vie normale après une période d'exclusion. Par ailleurs, les hommes qui organisent la cérémonie du crâne se conduisent eux aussi comme s'ils venaient d'être circoncis. Dès lors, ils seront admis dans la maison du crâne où il est prévu que le rituel de la circoncision atteigne toujours son point culminant.

A l'époque, je n'interprétais pas aussi clairement tout ce que je découvrais au fil des jours. La plupart du temps, j'étais trop occupé à prendre des notes pour essayer de trouver un sens à tout ce que je griffonnais à la hâte. A la rigueur, je lançais des questions au hasard en espérant qu'elles rencontreraient un interlocuteur disposé à me fournir un élément de réponse. La difficulté, lorsqu'on travaille dans le domaine du symbolisme, réside dans la nécessité de définir ce que doit être un bon élément d'information pour une juste interprétation du symbole. On peut chercher à décrire dans quel monde vivent les Dowayo, comment ils le structurent et quel sens ils lui donnent. Mais il ne suffit pas pour cela de le leur demander. En général, nous sommes plus en mesure qu'eux de répondre à ce genre de questions trop vagues, trop générales, trop abstraites. Mieux vaut faire provision de faits concrets. A la rigueur, un usage linguistique, une croyance ou la forme d'un rite peuvent nous mettre sur la piste d'une signification. Reste à leur trouver une place dans un plan d'ensemble.

Par exemple, j'ai déjà parlé du sort des forgerons mis à l'écart par les autres Dowayo, en précisant que cette discrimination trouvait son explication dans des lois imposant le cloisonnement de l'agriculture, de la nourriture, de la sexualité et de la répartition de l'eau. Un anthropologue se demandera si d'autres formes de communication ne sont pas utilisées pour accentuer le rejet des forgerons, comme par exemple le langage. En fait, les Dowayo considèrent que les forgerons parlent avec un accent particulier. Peut-être les soupçonnent-ils d'inceste ou d'homosexualité – un domaine où il m'était malaisé de m'aventurer. J'y fis pourtant une incursion à l'occasion de la castration d'un taureau.

A différentes reprises, j'avais remarqué que les Dowayo castraient leur bétail dans le bosquet servant à la cérémonie de circoncision des jeunes garçons, ce qui confirmait une forme d'identification entre hommes et bétail dans le rituel dowayo. Un jour où les villageois ramenaient les animaux dans leur parc pour isoler une bête malade, un bouvillon se comporta comme s'il cherchait à en couvrir un autre. Je le fis remarquer aux hommes qui m'accompagnaient, en espérant que de telles pratiques seraient imputées à un groupe et, avec un peu de chance, aux forgerons. Plus j'insistais, plus mes interlocuteurs étaient mal à l'aise. En vérité, il semblerait que l'homosexualité soit inconnue en Afrique occidentale, sauf lorsque les Blancs se sont chargés de la répandre autour d'eux. Un tel comportement laisse les Dowayo incrédules. De la part des animaux, ils y voient une façon de se « battre pour la femelle ». Aussi les contacts physiques entre les hommes ne tirent-ils pas à conséquence puisqu'ils n'ont aucune connotation sexuelle : les amis marchent la main dans la main ; les jeunes gens dorment souvent ensemble, enlacés. Les Dowayo qui ne m'avaient pas vu depuis un certain temps venaient spontanément s'asseoir sur mes genoux et me tirer les cheveux, amusés de me voir si embarrassé par ces démonstrations affectueuses en public. En ce qui concerne les forgerons, j'appris qu'ils mangeaient des chiens et des singes, contrairement aux autres Dowayo – des animaux peut-être trop proches des hommes : les manger eût été un équivalent de l'inceste ou de l'homosexualité.

Je me frayais donc un chemin à travers la jungle des observations et des informations, par le jeu des erreurs et des rectifications. Mais pour le moment, j'étais surtout préoccupé par le problème de mon candidat cuisinier et je cherchais le meilleur moyen de refuser ses offres de service sans le blesser. Je finis par trouver un compromis acceptable : je l'engagerais pour faire partie de l'équipe qui devait construire ma nouvelle hutte. Ainsi, les amours-propres de tout un chacun seraient ménagés. Le garçon serait plus à son aise en travaillant les mains dans la boue au lieu de cuisiner.

La cérémonie en cours m'offrit l'occasion de revoir le Vieil Homme de Kpan. Il se tenait dans son jardin, derrière sa hutte, entouré comme à l'accoutumée d'une petite assemblée d'hommes à sa dévotion. Sous le parasol rouge tenu par un de ses fidèles, il avait l'air d'avoir bu autant de bière qu'il en pouvait contenir. Il n'avait qu'une idée en tête : comparer son dentier et mes nouvelles dents. Ayant conclu que son appareil était beaucoup plus sophistiqué que le mien, il se sentit disposé à m'inviter dans un mois. Il m'enverrait un mot.

La saison des pluies était officiellement terminée. Pendant les cinq ou six mois à venir, il n'allait plus tomber une goutte d'eau – une bénédiction pour quelqu'un qui comme moi déteste la pluie. En revenant de la cérémonie du crâne, nous essuyâmes un orage d'une violence inouïe. Il s'annonça par un gémissement sourd venu des montagnes, qui enfla progressivement pour se changer en un lugubre hurlement sans fin. Des masses de nuages menaçants s'entassaient en tournoyant autour des sommets montagneux. La tourmente ne nous laisserait pas le temps d'arriver au village. Déjà, un vent furieux balayait la plaine, écrasait et déracinait les hautes herbes, arrachait les feuilles des arbres. Matthieu n'en douta pas une seconde : le faiseur de pluie avait décidé de nous administrer une preuve de sa toute-puissance. Si je n'avais pas été un Occidental incrédule, j'aurais facilement partagé sa conviction, tant le déchaînement de la tempête avait été brusque et spectaculaire. La pluie nous flagellait en nous trempant jusqu'aux os. Grelottant de froid, nous devions lutter contre les assauts du vent qui arrachait nos boutons de chemise. Un tronc d'arbre fendu en deux et recouvert de mousse enjambait une gorge profonde d'une vingtaine de mètres : il nous servit d'abri. Matthieu était terrorisé à l'idée que le Vieil Homme décide de nous foudroyer à coups d'éclairs. Je le rassurai : le faiseur de pluie n'avait pas prise sur un homme blanc. Matthieu n'avait qu'à se serrer contre moi et il ne lui arriverait rien de fâcheux. Il ne demandait qu'à me croire. L'Afrique occidentale semble être la région du monde où l'on compte le plus grand nombre de gens frappés par la foudre. Blotti sous ce pont de fortune, je me souviens d'avoir pensé à l'époque où, en Angleterre, on entendait fréquemment dans la bouche des voyageurs : « Mon postillon a été frappé par la foudre ! » Comme cette expression semblait convenir à cette région d'Afrique !

Nous repartîmes en direction du village dès que la pluie cessa. Cette tempête spectaculaire était devenue le sujet de conversation des villageois et j'en profitai pour passer la soirée à parler plus librement que d'habitude avec eux des faiseurs de pluie.

Quelques Dowayo avaient déjà commencé à moissonner leur mil. J'allais devoir être omniprésent dans les champs. Dès le début des récoltes, les Dowayo aménagent une aire de battage : ils creusent la terre sur une faible profondeur et ils tapissent cette surface avec un mélange de boue, de bouse et de plantes poisseuses qui forme un ciment. Afin de la protéger de la sorcellerie, ils entourent l'aire de défenses hérissées de pointes – chardons, barbe de mil ou de bambou et même épines de porc-épic. Les épis de mil sont abandonnés quelques jours sur l'aire de battage où ils finissent de sécher. Le battage se fait à coups de bâton souple. C'est un travail pénible que les Dowayo détestent. Les balles irritent la peau et le cuir des Dowayo, pourtant tanné, réagit à cette agression par des zébrures impressionnantes. A tour de rôle, ils s'asseyent pour se reposer et boire un coup tout en recrachant la poussière et en se grattant la peau avec délectation.

Cette aire de battage m'intriguait. Partout, ce genre d'endroit est un support symbolique. Les Dowayo l'entourent de tout un ensemble de prohibitions. Je savais déjà qu'il existait chez eux une catégorie de « vrais cultivateurs » devant s'entourer de précautions particulières. Je m'étais arrangé pour rendre visite à l'un d'entre eux au moment où il moissonnerait et en apprendre ainsi davantage sur son statut. Par ailleurs, j'avais réussi à me mettre en bons termes avec les femmes de mon voisinage. J'espérais qu'elles me fourniraient des renseignements utiles, soit sur leur sexualité, qui pouvait se trouver plus ou moins atteinte si elles enfreignaient des tabous, soit sur les femmes enceintes auxquelles on interdisait l'accès à l'aire de battage. Tout cela allait un peu à l'encontre de ce que j'avais supposé. En pays dowayo, la sexualité humaine et la fertilité des plantes sont réputées avoir des effets bénéfiques réciproques. Ainsi, lorsqu'une jeune fille a ses règles pour la première fois, on l'enferme pendant trois jours dans une hutte à moudre le grain. Par ailleurs, seuls les couples mariés peuvent accepter du mil germé. Les forgerons, avec lesquels les rapports sexuels sont interdits, ne doivent pas s'aventurer dans le champ cultivé par une femme si elle y a déjà semé du mil. Tout un ensemble de parallèles a été établi entre les stades du cycle de croissance du mil et les étapes de l'évolution de la sexualité ainsi que de la maternité des femmes. J'étais enclin à penser que la naissance d'un enfant et l'aire de battage étaient jumelées et je n'aurais pas été surpris d'apprendre qu'en prévision d'un accouchement difficile on aurait permis à une femme de venir s'asseoir au centre de l'aire de battage.

Je décidai d'avoir un entretien avec mon informatrice privilégiée, Mariyo, la troisième épouse du chef du village, qui était devenue une amie depuis que j'avais soigné avec succès le jeune frère cadet de son mari. Elle occupait une hutte juste derrière la mienne et chaque soir, bien malgré moi, j'entendais tout un concert ininterrompu de pets, de quintes de toux, d'éructations assourdissantes, venant de la direction de sa cabane. Un jour, je me risquai à en parler à Matthieu qui partit d'un grand éclat de rire et se précipita dehors pour aller raconter ma dernière folie à Mariyo. Une minute plus tard, les éclats de rire reprirent dans la hutte de la jeune femme et d'instant en instant, ils se propagèrent comme une traînée de poudre dans tout le village qui semblait pris d'une crise d'hystérie collective. Après son retour, Matthieu m'emmena dans la cour de Mariyo pour me désigner une petite cabane placée derrière la mienne. Elle servait d'abri à un bouc et à des chèvres. Peu au courant de leurs mœurs, j'avais confondu les bruyantes manifestations des animaux et celles des hommes. Après cela, un petit coup de pied dans les jambes suffirait, à Mariyo et à moi, pour nous rappeler notre complicité. Les Dowayo sont friands de gestes qui n'ont de signification que pour les intéressés. Ils savent être de merveilleux complices de jeux, de plaisanteries, jusqu'au moment où ils se laissent brusquement glisser dans une morne passivité qui les rend ennuyeux à mourir, et tout cela sans prêter la moindre attention à leurs imprévisibles sautes d'humeur.

Mariyo se montra donc des plus coopératives et elle accepta de bonne grâce de me voir séparer avec rigueur les moments de récréation et ceux consacrés à « parler des choses du pays ». De tous les Dowayo que je connaissais, elle était la seule à entrevoir ce que je cherchais en venant vivre un certain temps parmi ses frères de race. Je l'interrogeai sur la coupe de cheveux en forme d'étoile réservée à certaines parentes de la femme à la jarre pour son rituel funèbre. Non, elles ne les portaient pas en d'autres circonstances mais, ajouta-t-elle, il arrivait que les hommes se coupent les cheveux sur le même modèle pour certaines cérémonies qu'elle m'énuméra. Ainsi, la plupart des rites réservés aux femmes dérivaient directement des rites masculins. C'était là un indice pour une nouvelle interprétation, qui attirait mon attention sur la similitude entre les dessins réservés au corps humain, les motifs décoratifs des poteries et la représentation de la fécondation suggérée par une comparaison entre la femme et un vase plus ou moins parfait.

J'avais recueilli des informations sur les femmes enceintes et les aires de battage auprès d'autres Dowayo, aussi étais-je curieux d'entendre ce que Mariyo allait m'en dire. Toutefois, je m'efforçai de graduer la portée de mes questions. De quoi était fait le sol d'une aire de battage? Que s'y passait-il? Y avait-il des choses qu'il était interdit d'y faire? Y avait-il des gens qui n'avaient pas le droit d'y pénétrer? Une fois de plus, elle me répondit que les femmes enceintes ne devaient pas s'en approcher. « En tout cas, pas avant que l'enfant soit entièrement formé et sur le point de naître », me précisa-t-elle, ce qui éclairait le sujet d'un jour nouveau. Si une femme enceinte pénétrait sur l'aire, elle risquait d'accoucher trop tôt. Le parallèle entre les différents stades de croissance du mil et la fécondité féminine semblait approprié. Il est impossible d'expliquer à un profane la satisfaction qu'on éprouve à recueillir une information aussi simple. Elle rachète des années passées à enseigner des platitudes, des mois de maladie, de solitude et d'ennui, des heures perdues à poser des questions stupides. En anthropologie, les moments où une information se confirme sont rares; celui-ci avait le pouvoir d'un reconstituant moral.

Mais comme toujours en Afrique, il ne faut pas compter se livrer à un travail méthodique sans être à tous moments interrompu par d'innombrables sollicitations, et j'allais devoir consacrer une journée à mener une expédition punitive contre les diverses espèces animales qui avaient envahi ma hutte. Je pouvais cohabiter avec les lézards. En général, ils couraient au plafond, fonçant d'un soliveau à un autre en me déféquant invariablement sur la tête. Les boucs sont un fléau dont il faut avoir appris à se protéger. J'étais à couteaux tirés avec un vieux bouc qui ne trouvait rien de plus drôle que de sauter dans ma cour à deux heures du matin pour faire les quatre cents coups avec ma batterie de cuisine. Si je le chassais, il m'accordait un répit d'une heure ou deux, après quoi il me signalait sa présence en bousculant tout ce qui ferait le plus de bruit ou en ruant dans ma bouteille de gaz. Mais le pire était l'odeur qu'il dégageait. Les boucs des Dowayo sentent si mauvais qu'en pleine savane on peut dire rien qu'à l'odeur si l'un d'eux vous a précédé un quart d'heure plus tôt. J'en vins à bout en soudoyant Burse, le chien du chef, qui ne résistait pas au chocolat. Une barre chaque soir lui suffisait pour monter la garde toute la nuit autour de ma hutte et refouler tous les boucs tentés par ce que contenait ma cour. Pour faire bonne mesure, il me présenta son épouse et ses enfants, ce qui mit considérablement à mal mes réserves de nourriture et offrit une raison supplémentaire aux Dowayo de rire à mes dépens en me voyant aller et venir dans la brousse en tête d'un cortège de chiens. De ce fait, ils m'affublèrent d'un nouveau surnom : le « Grand Chasseur ».

Parmi les autres animaux, le papier avait un ennemi mortel : le termite. Leurs hordes envahissent subrepticement les livres sans qu'aucun indice extérieur trahisse leur présence dévastatrice. Au bout d'un certain temps, le livre, sous des apparences trompeuses, est entièrement miné. Il suffit d'une pichenette pour qu'il s'effondre et se réduise en poussière. Une petite guerre chimique extermine implacablement cet insecte vorace.

Les souris provoquaient elles aussi mes fureurs. Elles dédaignaient superbement mes réserves de nourriture et, faute de mil, elles s'en prenaient aux objets en plastique. En une nuit, elles firent disparaître le tuyau du filtre à eau. Puis elles s'attaquèrent à mon appareil photo. Le plus odieux, c'était leur façon maladroite de fureter maniaquement en tous sens en se bousculant bruyamment pour courir faire leurs dents, inlassablement et sans succès, d'un objet à l'autre. Le destin décida de leur sort. Par une nuit de profondes ténèbres, je me réveillai pour sentir avec horreur la présence frémissante d'une forme enroulée sur ma poitrine, à l'emplacement du cœur. En pensant au mortel mamba vert, je cessai de respirer, tâchant de deviner ses dimensions. Je pouvais rester immobile et attendre, attendre qu'il s'en aille, et peut-être m'endormir, rouler sur le côté, l'écraser sous mon poids et subir la fatale conséquence de mon geste. Je comptai jusqu'à trois, m'encourageai en poussant un grand cri et basculai sur le côté, un pied en appui sur le bord du lit en terre battue. Sans perdre une seconde, j'avais réussi à mettre la main sur ma lampe de poche et à braquer le faisceau lumineux sur une poutrelle où s'agrippait, tremblante de peur, la souris la plus minuscule qui fût. J'étais un peu honteux. Le lendemain matin, je découvris qu'elle avait fait ses dents sur mon propre dentier en plastique. Ce détail m'incita à prendre des mesures exceptionnelles. Je fis le tour du village pour me munir de tous les pièges à souris disponibles. En une nuit, j'en éliminai dix, dont la petite dévoreuse intrépide.

Contre toute apparence, les cigales représentaient un fléau plus éprouvant encore. Par millions, elles hantent les collines et les montagnes proches du village, enchantant nos soirées tropicales. Il suffit que l'une d'elles élise domicile dans votre hutte et, toujours en chantant, elle fera vaciller votre raison. Le moindre petit trou, la moindre crevasse leur sert de repaire imprenable. Curieusement, lorsqu'elles se mettent à chanter, il est impossible de localiser d'où viennent leurs sempiternelles stridulations. Le jour, elles restent muettes. Mais dès le crépuscule, la stridente mécanique se met en marche et vous perce les tympans. Pour déloger les intruses, il suffit de sacrifier une boîte d'insecticide dont le contenu met en déroute, par la même occasion, les cancrelats, les mouches et les moustiques à demeure, qui succombent en haletant, en voletant, en vrillant l'air vainement. Les cigales sont les dernières à sortir de leurs cachettes pour venir tituber sur le sol où il n'y a plus qu'à les écraser à grands coups de pierre. Après avoir passé plusieurs nuits blanches à guerroyer, la violence et la rage qui permettent de mener à bien de telles entreprises remontent tout naturellement en vous.

A vrai dire, ce qui m'avait décidé à me lancer à l'attaque contre mes hôtes indésirables, c'était la découverte d'un nid de scorpions dans un coin de ma hutte, derrière ma seule paire de chaussures de rechange que j'avais déplacée par hasard. Lorsque je vis un gros scorpion prêt à mordre foncer droit sur moi, je me précipitai en hurlant comme un possédé vers la porte où je faillis faire tomber un enfant de cinq ou six ans qui me regardait d'un air narquois. Le choc avait provoqué un certain désordre dans ma réserve de vocabulaire dowayo et je ne trouvais plus le mot désignant un scorpion. « Là-dedans, il y a des bêtes très méchantes ! » lui criai-je affolé. L'enfant écarquilla les yeux d'étonnement, jeta un coup d'œil dans la hutte, y pénétra d'un air dégagé et dédaigneux pour aller écraser le scorpion sous son pied nu. Les piqûres de scorpion sont rarement mortelles, elles sont cependant très douloureuses. L'eau froide et des comprimés antihistaminiques, prescrits d'ordinaire contre le rhume des foins, constituent de bons remèdes.

Les Dowayo s'étonnaient de ma répulsion pour les serpents et les scorpions, mais eux fuyaient les hiboux comme la peste. Un jour, ils me virent libérer un caméléon que tourmentait un enfant pour le mettre à l'abri dans un arbre. A leurs yeux, j'avais commis un acte insensé, puisqu'ils considèrent la morsure de cet animal comme mortelle. Par ailleurs, tout aussi involontairement, je leur avais prouvé que je ne craignais pas les pinces des fourmiliers (les tamanoirs) alors qu'ils croient qu'en les touchant, ils risquent de voir leur pénis rester définitivement flasque. Pour eux, les griffes de ces mammifères peuvent provoquer la mort : il suffit de les enfoncer dans le fruit du baobab en prononçant le nom de la personne visée ; lorsque le fruit tombera de l'arbre, elle mourra. Chaque fois que des Dowayo tuaient un fourmilier, ils m'appelaient pour que j'aille l'enterrer dans la montagne, à l'écart des sentiers. Ce rôle de contrôleur de la pollution cosmologique me para d'un grand prestige.

En interrogeant des gens de passage, j'appris que le mil de mon « vrai cultivateur » n'était pas encore assez mûr pour qu'on puisse le moissonner. J'allais pouvoir assister à la prochaine distraction publique : une élection à Kongle. Le *sous-préfet* avait déjà fait convoquer les villageois pour les préparer à cette échéance capitale et leur parler du problème, toujours en suspens, de la nomination d'un chef de village. Pendant deux jours, les futurs électeurs l'attendirent en vain, assis à l'ombre du grand arbre de la place du village. Quelques jours plus tard, un *goumier* * arriva à Kongle. Les gens de son espèce sont d'odieux personnages, d'anciens soldats à la solde du gouvernement. Ils sont chargés de mettre au pas les villages récalcitrants au pouvoir central et ne font aucun cas des gendarmes. Ils y prennent leurs quartiers pour de longues périodes pendant lesquelles ils vivent sur l'habitant qu'ils traitent comme des esclaves. Le *goumier* du moment avait été envoyé à Kongle pour veiller à ce qu'on installe correctement les isoloirs en prévision des élections. Le moins qu'on puisse dire, c'est que jusqu'ici les Dowayo ne s'étaient jamais beaucoup intéressés à la politique de leur pays. On avait décidé, semblait-il, de remédier à ce manque de civisme.

Au jour dit, tous les Dowayo devaient confluer vers les bureaux de vote. C'était au chef du village de veiller au bon déroulement des opérations. Mayo accepta humblement de remplir cette fonction ingrate, tandis que Zuuldibo se prélassait à l'ombre d'un arbre, non sans donner ses instructions à ceux qui s'affairaient. Je pris place à ses côtés et nous eûmes une longue conversation sur les aspects particuliers de l'adultère. « Tiens, prends Mariyo, par exemple, me dit-il. Les gens prétendaient tous qu'elle couchait avec mon frère cadet. Pourtant, tu as pu voir à quel point elle était malheureuse lorsqu'il est tombé malade. Preuve qu'il n'y avait rien entre eux. » Pour les Dowayo, il y a un fossé infranchissable entre le sexe et les sentiments. La présence de l'un garantit l'absence de l'autre. J'acquiesçai

* En français dans le texte.

d'un air entendu. Il eût été vain d'essayer de lui faire comprendre qu'on pouvait envisager la chose sous un autre angle...

Aux isoloirs, la démocratie battait son plein. On tança vertement un homme qui n'avait pas amené toutes ses femmes pour voter : « Elles ne voulaient pas venir. – Tu n'avais qu'à leur filer une trempe! » Je demandai à plusieurs Dowayo pour qui ou pour quel parti ils avaient voté. Ils me regardèrent d'un air ébahi. « Tu prends ta carte d'identité, concédèrent-ils à m'expliquer, et tu la donnes au fonctionnaire qui y met un tampon et ton vote est inscrit. » Oui, mais pour qui avaient-ils voté? insistai-je. Ils me regardaient d'un air toujours aussi interdit. Je n'avais donc pas compris! « Tu prends ta carte... » Aucun d'entre eux ne savait à quoi servait ce vote. En l'occurrence, les résultats révélèrent que le nombre des votants était trop faible et l'on décida de tout recommencer. J'étais au cinéma le jour où furent proclamés les résultats du second tour. Quatre-vingt-dix-neuf pour cent des voix s'étaient portées sur le seul candidat du parti unique. Tout espoir n'était pas perdu : à cette annonce, le public, disséminé dans l'obscurité de la nuit, conspua le fonctionnaire de service.

Au village, tout le monde prit ce devoir civique très au sérieux. Les cartes d'identité furent soigneusement vérifiées; on prit soin de placer le cachet officiel au bon endroit; le pourcentage des votants du village fut calculé avec précision; les registres passèrent des mains d'un fonctionnaire aux mains d'un autre avec autant de reçus dûment signés. Personne ne semblait choqué par ce qu'il y avait de contradictoire entre le soin apporté à l'application minutieuse du règlement et le flagrant mépris des principes les plus élémentaires de la démocratie.

Il en allait de même dans les écoles. Pour décider quels élèves devaient être renvoyés, lesquels passeraient dans une classe supérieure ou redoubleraient, les responsables se croyaient tenus de passer par un incroyable labyrinthe bureaucratique avant de trancher. Ils passaient plus de temps à calculer d'invraisemblables « moyennes » en termes quasi ésotériques qu'à faire travailler leurs élèves. Pour finir, l'instituteur décidait arbitrairement que l'ensemble des notes étaient trop basses et il les augmentait selon son humeur ; ou bien, il acceptait les pots-de-vin des parents et modifiait les notes à sa discrétion ; à moins que le gouvernement n'intervînt pour décider que le pays n'avait que faire de tant d'élèves et qu'en conséquence tous les examens étaient invalidés. Parfois, la farce prenait des allures crapuleuses. On voyait alors des gendarmes armés jusqu'aux dents affectés à la garde des sujets d'examen, mais les enveloppes avaient été « visitées » quelques jours plus tôt par un fonctionnaire qui en avait vendu le contenu aux plus offrants.

Après ce semblant de diversion, je jugeai qu'il était temps d'aller trouver mon « vrai cultivateur » pour ne pas manquer le début de la moisson. Cela représentait une distance d'une trentaine de kilomètres que je ne pouvais parcourir à pied que de nuit, lorsqu'un peu de fraîcheur prenait la relève de la chaleur insoutenable du jour – à moins de m'en remettre à ma bonne fortune en espérant rencontrer en route quelqu'un qui me prendrait en stop. Or, je trouvai justement mon salut en la personne d'un prêtre catholique qui faisait la tournée des postes de sa mission. Il nous prit, Matthieu et moi, à bord de sa voiture et nous fîmes le plus agréable des voyages tandis qu'il m'exposait les grandes lignes de sa théorie de la culture des Dowayo. À son avis, elle était tout entière orientée dans le sens d'une répression de la sexualité. Tout y « tournait autour » du sexe. Lorsqu'un homme avait été tué, la fourche en bois que l'on dressait figurait d'un côté un pénis et de l'autre un vagin. Le choc de la circoncision révélait une obscure parenté avec la castration. Toutes les fables mensongères concernant la circoncision et l'obturation de l'anus trahissaient une obsession anale de la part de la race dowayo... Notre chauffeur ne s'était pas contenté de lire ses manuels de psychologie, il avait aussi quelques notions d'anthropologie. Et cette dernière remarque vaut, surtout, dans la mesure où il avait dû se documenter sur les Dogon, la tribu du Mali la plus évoluée et la plus analysable sur un plan logique. Pour le moment, il secouait tristement la tête en pensant à ces Dowayo qui, après tant d'années passées parmi eux, ne lui avaient toujours pas parlé de leurs mythes ou de l'œuf primal. Ayant appris que les Dogon n'étaient pas précisément à l'image des Français, il ne pouvait pas se faire à l'idée que les Dowayo n'étaient pas précisément à l'image des Dogon.

Il était difficile de ne pas reconnaître que, pour une part au moins, le pouvoir d'une sexualité diffuse et omniprésente n'eût rien à voir avec les exigences d'une continence sexuelle, dans le cadre du climat culturel africain. La foi biblique incite peut-être à croire que la vérité ne doit être cherchée et trouvée que dans un seul livre. Ce que chaque culture recèle de relatif ne fait pas l'affaire de ceux qui sont habités par une foi, une conviction inébranlables, qu'il s'agisse de missionnaires ou de colons, tel cet Allemand qui avait passé trois années au Cameroun et concluait : « Si les indigènes ne veulent pas l'avaler, fous-le en l'air ou vends-le à un Blanc, c'est qu'ils s'en foutent. »

Nous arrivâmes dans un village désolé, accroché au flanc d'une montagne granitique et d'aspect peu engageant. Que pouvait-on cultiver sur cette mince couche de terre brûlée par le soleil ? Il faisait beaucoup plus chaud qu'à Kongle. A peine sortis de la voiture, nous nous réfugiâmes à l'ombre d'un arbre en attendant notre hôte. Il n'était que dix heures du matin, mais il arriva passablement ivre déjà. C'était un petit homme sec, couvert de haillons. Après les salutations d'usage, on nous apporta des nattes pour notre confort. Comme je le redoutais, on allait nous offrir à manger. Je me serais accommodé sans peine d'un repas composé d'ignames, d'arachides et de mil, mais en notre qualité d'étrangers, nous allions avoir droit à un plat de viande, à cette horrible viande fumée garnie d'une sauce dont la puanteur avait des vertus émétiques dévastatrices. Grâce au ciel, il n'était pas convenable de regarder manger des invités ; nous eûmes donc la possibilité de nous retirer dans une hutte pour nous restaurer. Matthieu mangea pour deux sans se faire prier et personne ne se sentit offensé dans le village.

Tandis qu'on nous préparait ce festin, j'en avais profité pour interroger le vieux paysan sur des sujets qui m'étaient devenus plus ou moins familiers. Comme je m'y attendais, il me répondit en dosant subtilement dans ses réponses évasives les demi-mensonges et les vérités tronquées. Enfin, j'appris surtout qu'il n'avait pas encore décidé du moment où il commencerait sa moisson. Visiblement, le vieux renard connaissait la musique. Avec l'homme blanc, il n'est rien qui ne puisse être monnayé. Évidemment, l'idéal serait de pouvoir se passer d'intermédiaires de ce genre et de ne s'adresser qu'à des interlocuteurs désintéressés et bons enfants qui répondraient sans réticence aux questions indiscrètes de l'anthropologue de service. Malheureusement, de tels personnages sont très rares. La plupart de nos informateurs ne sont pas disponibles, nous les ennuyons ou ils ne songent qu'à passer un bon moment en se mettant en valeur, peu soucieux d'honnêteté et facilement corruptibles. Il suffit de sacrifier une petite somme d'argent pour transformer la recherche anthropologique en une affaire rentable, dès l'instant où on voit la plupart des portes s'ouvrir devant soi sans résister. En l'occurrence, un modeste cadeau me permit d'obtenir l'assurance que la moisson du mil commencerait sans tarder et qu'il me serait possible d'y assister du début jusqu'à la fin.

A peine Matthieu avait-il fait disparaître la dernière bouchée de viande au fumet pestilentiel qu'un bruit de machettes en action nous fit dresser l'oreille. Selon mon assistant, l'empressement du vieil homme à satisfaire mes exigences n'était pas sans rapport avec le fait qu'il n'avait pas encore payé sa capitation, l'équivalent de notre impôt par tête. L'argent que je lui avais offert allait lui permettre de la régler et de se dispenser d'en faire profiter les membres de sa famille qui étaient dans le besoin.

Toute la journée, assis un peu à l'écart, j'assistai au dur travail des moissonneurs, en essayant sans succès d'engager la conversation avec ceux qui passaient à ma portée. Le dowayo qu'ils parlaient n'était pas celui que j'avais appris à Kongle. Entre eux et moi, les silences pesants s'éternisaient. Contrairement aux Dowayo de mon village, ceux-ci ne me criaient pas : « Dis quelque chose ! », ce qui me laissait, la plupart du temps, encore plus incapable de trouver mes mots.

Les visages et les torses des hommes brillaient, inondés de sueur. Ils avançaient courbés, cisaillant les tiges de mil qui versaient dans un bruissement sec. A plus d'un mètre de haut, on voyait les bouquets d'épis colorés frémir et vaciller avant de chavirer lourdement et de s'entasser aux pieds des hommes. De temps en temps, ils s'accordaient une pause pour se désaltérer ou pour fumer une cigarette. Ma présence de spectateur désœuvré ne semblait pas les importuner. Les supputations sur l'importance de la récolte me paraissaient aller bon train, comme si ce qu'ils avaient sous les yeux était sans rapport avec ce qu'ils allaient engranger. Mais la façon dont les épis tombaient sur leurs chevilles laissait présager une bonne ou une mauvaise récolte. Ils tremblaient à l'idée que la récolte leur soit dérobée par le biais d'une sorcellerie avant qu'ils l'aient mise à l'abri, ou qu'on lui enlève ses vertus nutritives, laissant ainsi sur leur faim tous ceux qui s'en nourrissaient. Par mesure préventive, le champ et l'aire de battage avaient été entourés d'une multitude de plantes épineuses et de bâtons pointus destinés à blesser les sorcelleries en maraude. Deux hommes se blessèrent sur des pointes de bambou appartenant à cet arsenal défensif, mais personne n'interpréta l'incident comme un signe de mauvais augure. Les frères de mon « vrai cultivateur » s'affairaient près d'un feu et me semblaient échanger des formules magiques à mots couverts. J'envoyai aussitôt Matthieu en mission d'espionnage, sous prétexte de leur offrir du tabac.

Eux aussi m'observaient et se demandaient tout bonnement comment je m'y prenais pour rendre mes cheveux aussi lisses et aussi beaux. Cela plaisait-il aux femmes? Pourquoi n'étais-je pas resté tel que Dieu m'avait fait, avec des cheveux noirs et crépus?

En prenant le temps de se reposer et de manger, l'équipe vint à bout du travail en une journée. Elle ne comprenait que des fils ou des frères du propriétaire du champ, une quinzaine d'hommes tout au plus. Guidé par des chants, je m'aventurai en direction des montagnes et finis par me retrouver devant un cortège funèbre qui accompagnait le cadavre d'une femme enveloppé de linceuls. On reconduisait la morte au village de ses parents pour qu'elle y soit enterrée. Visiblement, le petit groupe de Dowayo qui était parti du village du mari de la défunte avait hâte de franchir la montagne pour éviter la tombée de la nuit. Laissant Matthieu libre de remplir ses obligations de parenté, je l'autorisai à se joindre à la famille en deuil. J'avais l'estomac dans les talons, mais je pouvais me distraire en contemplant la magnificence d'un soleil couchant qui enflammait le ciel. Je suivais du regard la petite troupe qui s'éloignait dans un nuage de poussière en chantant et en tressautant sous la civière improvisée, portée à bout de bras, où reposait la défunte en voyage. Lorsqu'il atteignit le sommet de la montagne, le cortège se trouva rattapé par les faisceaux du soleil couchant. La nuit avait déjà envahi le fond de la vallée. Et brusquement, des champs de mil s'éleva une mélopée.

A qui devais-je imputer le fait de ne pas avoir assisté au début de la cérémonie des moissons? Les hommes s'étaient retrouvés sur l'aire de battage, loin des regards des femmes et des enfants. Sur le tas d'épis de mil, on avait disposé des plantes aux vertus bénéfiques. Les participants avaient entonné un chant de circoncision. Personne ne sembla avoir remarqué mon arrivée. Et le battage du mil commença. Entièrement nus, n'ayant gardé que leur étui pénin, les hommes entamèrent une danse très lente en élevant dans leur main droite un bâton au-dessus de leur tête, pour le faire ensuite passer dans leur main gauche et l'abattre enfin sur le tas d'épis. Puis tous se déplacèrent d'un pas de côté et recommencèrent les mêmes gestes. Pendant des heures, je vis le cercle tourner inlassablement sur lui-même, au rythme du chant ponctué par le bruit sourd des bâtons s'abattant d'un seul geste. A un moment donné, la lune se leva, éclairant la ronde des ombres mouvantes qui luisaient de sueur et où venait se coller la balle du grain. De la terre surchauffée montait une chaleur suffocante.

Enfin, l'aube blanchit l'horizon. Les hommes n'avaient pas cessé de battre le grain. Ils chantaient, soutenus par la bière. Je m'étais retrouvé à demi affalé sur un rocher, les fesses meurtries, la nuque appuyée contre le tronc d'un épineux. Une vague sensation de débauche crapuleuse me rappelait cette sorte de gueule de bois que donne la traversée de la Manche, de nuit. Un grand bouc m'avait sorti du sommeil. Il mâchonnait tranquillement mes carnets de notes après avoir déjà fait disparaître le récit d'un capitaine de sous-marin que j'avais abandonné près de moi avant de céder au sommeil. Heureusement, depuis quelque temps, j'avais adopté l'habitude des Dowayo de tout accrocher aux branches des arbres. Après une rapide inspection, je constatai qu'un de mes lacets de chaussures avait également servi à distraire l'appétit de mon visiteur.

Maintenant, les hommes s'étaient mis à vanner le grain. A en juger par les plaisanteries qu'échangeaient certains d'entre eux, dans un dowayo qui m'était devenu plus accessible, il s'agissait d'hommes circoncis le même jour : « Il n'y a pas de vent! s'écriait l'un d'eux. Comment pourrions-nous vanner? On va devoir tous péter ensemble! » Par-dessus sa tête il versa le grain dans un panier, libérant ainsi la menue paille qui voleta au loin. Tous les travailleurs s'esclaffaient. Puis on décapita un poulet sur le tas de grains et on y jeta des ignames sauvages cuites, appelées « nourriture de scorpion ». Sur ces entrefaites, mon hôte était arrivé du village dans ses plus beaux atours. Il se mit à verser le grain dans un grand panier qu'il recouvrit d'un chapeau rouge de Foulani avant de s'enfuir à toutes jambes vers le village. Lorsque tout le grain se trouva à l'abri dans le grenier à mil, une construction tubulaire tout en hauteur, la récolte fut officiellement reconnue comme saine et sauve – définitivement hors d'atteinte des méfaits de la sorcellerie.

Plus que jamais, il m'apparut que tout ce que je venais de découvrir ne prenait de sens qu'en référence à la circoncision. En effet, le rituel du battage se déroulait conformément à l'histoire dite de « la vieille femme foulani battue à mort ».

« Une vieille femme foulani avait un fils. Il était malade. Il avait couru dans l'herbe *silkoh* et s'était coupé. Son pénis enfla, il était plein de pus. Elle prit un couteau et coupa. Il guérit. Le pénis devint très beau. Un jour, elle se rendit dans un village dowayo, et les Dowayo virent que c'était bien. Ils se firent circoncire et la battirent à mort. Voilà comment ça a commencé, car les Dowayo ignoraient la circoncision. Ils défendirent aux femmes de voir. Mais les femmes foulani peuvent le voir. C'est fini. »

Les Dowayo réactualisent en diverses occasions, au cours de leurs cérémonies, cet épisode de la femme battue à mort, par exemple lors de la circoncision des jeunes garçons. Un petit drame est mis en scène, au cours duquel une vieille femme marmonne et se plaint sur la route où des Dowayo se sont couchés et l'attendent. Trois fois de suite elle passe près d'eux. La troisième fois ils bondissent, frappent le sol à coups de bâton et arrachent les feuilles qu'elle porte. Ils accrochent son panier et son chapeau rouge sur un tas de pierres. Enfin, ils entonnent le chant de la circoncision. Les femmes et les enfants ne sont évidemment pas admis parmi les spectateurs.

La « nourriture de scorpion » met d'autres rapports en évidence. Je savais que les faiseurs de pluie étaient chargés, chaque année, d'organiser des cultes de la fécondité ainsi que des pratiques destinées à protéger le produit de la moisson contre la sorcellerie, mais aussi contre les scorpions qui risquent sinon d'envahir les cases du village et de s'attaquer à leurs occupants. Jusqu'ici apparemment, personne n'avait établi de rapprochement entre les scorpions qui s'étaient établis dans ma hutte et la désinvolture avec laquelle j'y avais entreposé des provisions extérieures au village. En jetant de la « nourriture de scorpion » sur le tas de mil fraîchement égrené, les Dowayo pensaient piéger les scorpions qui s'égaraient dans la savane; de même jetaient-ils des excréments de porc-épic sur les crânes de leurs ancêtres pour les dissuader de venir les tourmenter. Comme le grain de mil, la jeune fille qui a ses premières règles et le garçon circoncis sont l'objet de soins particuliers avant d'être accueillis dans la communauté des adultes. Fruits de la terre ou fruits des hommes ne sont admis dans l'enceinte du village qu'après avoir été reconnus parfaitement mûrs et sains.

Pour être sûr de ne manquer aucune autre célébration, je décidai de passer une seconde nuit au village. Longtemps après le coucher du soleil, mon imprévisible assistant réapparut l'air penaud. Mais il n'arrivait pas les mains vides : il m'apportait une pierre, une pierre qui avait le pouvoir de rendre enceinte les femmes qui venaient de faire une fausse couche. Il leur suffisait, comme à celles qui voulaient s'assurer un accouchement sans complications, d'aller trouver le propriétaire de la pierre et de lui offrir un peu d'argent. Il était toutefois moins sollicité que l'homme habitant en bas de la route et détenant une pierre capable de provoquer la dysenterie. On se gardait de parler de ces pierres mystérieuses aux missionnaires, toujours à l'affût de pratiques répréhensibles. C'était pourtant eux qui avaient été accusés d'avoir inspiré la décision d'un *sous-préfet* visant à confisquer ces pierres. En fait, les Dowayo étaient convaincus qu'il cherchait à les récupérer pour son usage personnel et à des fins lucratives.

Dès le lendemain matin, nous reprîmes la route de Kongle. En chemin, je trouvai le moyen de perdre l'équilibre en traversant une rivière et d'y plonger la tête la première, noyant les pellicules des photos de la moisson. Sur le moment, j'en fus très abattu. Mais notre expédition n'avait pas été un très grand succès et il me restait quelques idées et des impressions à creuser et à exploiter.

Pour nous distraire, Matthieu et moi décidâmes de

passer quelques jours à la mission, tout en attendant l'arrivée du courrier. Après être restés un certain temps sans nous laver, en dormant à même le sol et en mangeant du bout des lèvres – du moins en ce qui me concernait –, rien ne pouvait avoir plus de prix pour nous qu'un vrai lit, une douche et la possibilité de prendre de vrais repas. Sans compter la présence d'amis. Je pouvais même lire les journaux et écouter la radio, moi qui vivais depuis des mois parmi des gens qui n'avaient aucune notion du temps ni de la façon dont le « meubler ». C'est le moment où j'appris que le *sous-préfet* venait d'être relevé de ses fonctions.

Il était en poste à Poli depuis une quinzaine d'années. En regagnant Kongle, je pus juger à quel point la nouvelle mettait le pays en ébullition. Au village, il régnait une atmosphère de fête. Un peu partout, on croisait des groupes d'hommes discutant avec animation de l'événement. Depuis longtemps, les Dowayo considéraient le haut fonctionnaire comme un ennemi personnel. Les commentaires, les potins, les suppositions allaient bon train, et les uns rivalisaient avec les autres pour me rapporter les méfaits du personnage depuis son arrivée à Poli. A intervalles réguliers, des messagers partaient pour la ville afin d'en ramener des nouvelles fraîches. Zuuldibo se disait prêt à se porter volontaire pour aider le vieux *sous-préfet* à faire ses bagages, quitte à le transporter à dos d'homme jusqu'au croisement des routes. Certains prétendaient qu'en apprenant sa mutation il était venu trouver les Dowayo, leur demandant d'utiliser leurs pouvoirs magiques pour faire annuler la décision de l'administration. Hélas! lui avaient-ils répondu en savourant leur victoire, ils avaient déjà tout tenté sans succès. De retour d'une mission d'information, un homme racontait avoir réussi à s'entretenir avec un vieux serviteur de la sous-préfecture auquel son maître avait déjà annoncé qu'il ne lui ferait aucun cadeau d'adieu. A part la chemise qu'il portait, le fonctionnaire jetait tout au feu. A ces mots, les Dowayo présents poussèrent des cris de stupéfaction et de rage. Ils se sentaient tous floués. Je compris ce qu'il me resterait à faire, le jour où je repartirais, si je ne voulais pas être l'objet de la vindicte générale.

Les messagers se succédaient, chacun apportant son petit détail qui venait grossir la somme de renseignements plus ou moins inattendus accumulés depuis quelques jours. Gaston fit son apparition, lui aussi porteur de nouvelles, et surtout de bière. Zuuldibo l'avait fait mander par un courrier spécial, monté sur sa propre bicyclette. Gaston était habillé à la diable. Les Dowayo adorent qu'on leur raconte des histoires et Gaston était un orfèvre en la matière. Ils lui firent fête et tout le monde se retrouva assis autour d'un feu. Quant à moi, je préférai visionner la scène avec un peu de recul.

Selon Gaston, tous les habitants de Poli étaient ivres (Zuuldibo lui jeta un long regard d'envie). Personne ne savait rien de plus que ce que tout le monde se répétait depuis un certain temps. Au marché de Poli, on ne voyait plus que des détenus sortis de prison. Il faut dire que Poli est un tel trou perdu qu'ils ne risquaient pas de jouer les filles de l'air. Les gardiens les lâchaient tout bonnement pour prendre un peu de bon temps, tandis que leurs pensionnaires se soûlaient ou allaient à la pêche. Deux de ces énergumènes avaient assailli une jeune Dowayo, au moment précisément où Gaston passait par là sur sa bicyclette. Elle hurlait avec une surprenante vigueur : « Ah, mes salauds, vous allez voir ! Voilà mon mari ! » Sur ce, les deux hors-la-loi étaient tombés à bras raccourcis sur le pauvre garçon tandis que la jeune fille se sauvait en riant. Autour du feu, tout le monde était mort de rire. Seul, Zuuldibo faisait grise mine à la pensée que les deux prisonniers lui avaient volé sa bière.

CHAPITRE XI

L'humide et le sec

Les effets de la saison sèche étaient maintenant bien visibles. Le paysage n'était plus qu'une étendue déserte brûlée par le soleil, parsemée de touffes d'herbe rabougries. Les Dowayo avaient eux aussi troqué une façon de vivre contre une autre : tous les travaux des champs étaient suspendus jusqu'à la prochaine saison des pluies, à l'exception des régions montagneuses, lorsque l'irrigation était possible. Les hommes occupaient leur temps à boire, à tisser ou passaient des heures assis à ne rien faire jusqu'au moment où ils partaient, sur un coup de tête, chasser sans conviction. De leur côté, les femmes pêchaient, fabriquaient des paniers ou se consacraient à la poterie. La plupart des jeunes gens quittaient le village pour se rendre en ville, en quête d'un travail temporaire, et toujours prêts à faire un mauvais coup.

Afin de fuir l'ennui et les idées moroses, je m'étais arrangé avec Jon et Jeannie pour passer les fêtes de Noël en leur compagnie, à la mission de Ngaoundéré. Ce fut une trêve rafraîchissante, empreinte d'un esprit religieux assez nouveau pour moi mais qui ne gâcha en rien les moments de détente et de joie exubérante. Walter était un boute-en-train infatigable qui se donnait à fond dans tout ce qu'il faisait. La gueule de bois n'épargnait personne, et nous savions oublier à point nommé qu'autour de la maison une certaine neige crissante, à la surface uniforme, où l'on enfonce jusqu'aux cuisses en jubilant, n'était pas au rendez-vous. Les moments d'émotion étaient les bienvenus : une glace servie en fin de repas suffit à faire fondre en larmes un robuste mais nostalgique expatrié; un gâteau de Noël, où se mariaient des mangues sèches et des bananes, nous laissa délicieusement rêveurs. Curieusement, les illuminations ne semblèrent pas étrangères à la brusque attaque de paludisme dont je fus victime une fois de plus. A mon retour à Kongle, il n'en restait plus trace et je pus me lancer dans la construction de ma case avec des forces neuves.

Cette tâche n'était pas des plus simples. Tantôt la terre était trop sèche, tantôt elle était trop détrempée. Il manquait un tonneau pour la réserve d'eau. L'herbe destinée au toit n'était pas prête. Le « maître d'œuvre » tombait malade ou disparaissait inexplicablement, à moins qu'il ne réclamât une augmentation. A trois reprises, je dus renégocier le contrat de construction. Mais même si je déboursais plus que prévu, on me tenait pour seul responsable des crises de larmes des femmes, des souffrances des enfants qui brusquement ne mangeaient plus à leur faim, de l'abattement des hommes. Après plusieurs semaines perdues en vaines discussions, j'imitai la conduite des Dowayo en pareille circonstance : je demandai au chef du village de convoquer un tribunal pour que je puisse lui soumettre le différend qui m'opposait aux bâtisseurs de ma hutte.

Les tribunaux dowayo siégeaient en public. Toutefois on rappelait sans ménagements aux femmes et aux enfants qui assistaient aux délibérations que leur présence n'était que tolérée. Dès que les juges avaient pris place sous le grand arbre du village, les *palabres* * commençaient. Chaque partie exposait ses doléances dans un style hautement rhétorique. Dans l'assistance, n'importe qui pouvait intervenir au cours des débats, interroger les plaignants et les témoins. En principe, le chef du village n'avait pas le pouvoir d'imposer son verdict, mais les parties présentes, tenant compte des courants d'opinion, réclamaient souvent son arbitrage. Sinon, l'affaire était déférée au tribunal de Poli où d'autres magistrats risquaient de prononcer une sentence d'emprisonnement, uniquement pour punir le fauteur de troubles qui avait assombri leur sérénité.

Les subtilités du langage et de la procédure dépassant mes compétences, j'avais eu soin d'exposer mon cas dans un discours que Matthieu m'avait patiemment fait répéter. Je terminai ma péroraison en déclarant : « Je ne suis qu'un enfant parmi les Dowayo, mais Mayo saura mieux que moi vous exposer en détail pour quel motif j'ai fait appel à vos compétences. » Mayo sut très bien s'y prendre. Il peignit mes adversaires sous les traits de coquins qui profitaient sans scrupules de ma situation d'étranger dans une communauté où je n'avais aucune parenté et de ma nature innocente pour m'escroquer. Mayo et mes adversaires argumentèrent longuement leur différend. Quant à moi, je me balançais d'un pied sur l'autre en marmonnant : « C'est ça! C'est bien ça! Parfaitement! » Lorsque, enfin, j'acceptai de payer les travaux deux fois plus cher que prévu, tout le monde se déclara satisfait, sans que je puisse

* En français dans le texte.

pour autant me considérer comme victime d'une injustice. Un homme riche doit s'attendre à ce qu'on lui applique des tarifs préférentiels en rapport avec ses moyens exceptionnels ; il n'a pas lieu de se plaindre. Aussi est-ce en connaissance de cause que je m'en remettais à Matthieu pour régler mes achats. S'il prélevait au passage une petite commission, je restais gagnant. Ma nouvelle hutte, avec sa cour ombragée et son jardin attenant, ne me revenait pas à plus de quatorze livres.

Le même jour, les juges eurent à examiner la plainte d'un vieil homme qui accusait un adolescent de lui avoir dérobé un sac de mil dans son grenier à grain. Le jeune homme clamait son innocence. L'homme affirmait qu'il était allé fouiller dans la hutte du voleur et qu'il y avait retrouvé son sac vide. Très vite, on en vint aux insultes de part et d'autre. Les Dowayo n'en espéraient pas moins. Ils emboîtèrent allègrement le pas aux deux adversaires en leur lançant les pires invectives : « Tu n'as qu'un anus pointu ! » « Le con de ta femme pue le poisson pourri ! », etc. Mais le villageois qui prétendait avoir vu le garçon se glisser dans le grenier manquait à l'appel. On ajourna les débats. Lors de la séance suivante, le jeune homme et le témoin étaient au rendez-vous, mais le vieil homme n'avait pas daigné se déranger. Le témoin s'amusa à créer la surprise en déclarant n'avoir jamais rien vu. Au cours de la troisième séance, les juges proposèrent à l'accusé de subir l'épreuve de la vérité. Le jeune homme allait devoir plonger une main dans l'eau bouillante pour en retirer une pierre. Ensuite, on lui panserait la main. Une semaine plus tard, si elle présentait une belle cicatrice, il pourrait faire valoir ses droits d'homme de bonne foi et demander réparation à l'accusateur. Le vieil homme refusa d'en venir à une telle extrémité. Le garçon réclamait au moins une indemnité pour la réparation de la porte de sa hutte. Le vieil homme niait l'avoir détériorée ; selon lui, c'était le jeune homme qui l'avait démolie pour lui faire du tort. On manquait de témoins, le verdict fut reporté. Lors de la quatrième séance, les témoins attendirent inutilement l'arrivée des deux protagonistes. Finalement, le combat cessa faute de belligérants. Par la suite, ni le vieil homme ni l'adolescent ne se témoignèrent la moindre rancune.

Aux yeux des Dowayo, les séances du tribunal n'étaient que des occasions de se distraire à bon compte. Aussi saisissaient-ils les moindres prétextes pour demander aux juges de trancher leurs différends. En ce qui me concerne, je devais comparaître devant le tribunal de Kongle en une autre circonstance, sur la plainte d'un cultivateur de la région.

Les écrits des anthropologues offrent d'innombrables exemples d'hommes de terrain ne réussissant à se « faire accepter » par les indigènes qu'à compter du jour où ils se décident à prendre une houe et à retourner eux-mêmes la terre de leur jardin. A ce prix, toutes les portes s'ouvrent devant eux et ils deviennent eux-mêmes « objet d'étude ». Chez les Dowayo, la méthode ne faisait pas recette. Ils m'observaient bouche bée chaque fois qu'il me prenait la fantaisie de me livrer à une quelconque activité physique. Si j'avais besoin d'eau, je voyais aussitôt accourir de pauvres vieilles femmes vacillant sur leurs jambes qui insistaient pour porter la jarre à ma place. Lorsque je me risquai à jardiner, Zuuldibo crut que j'avais perdu la raison. Quelle lubie me prenait donc ? Lui n'avait jamais touché à une binette de sa vie. Il allait me trouver un homme sans tarder pour faire ça à ma place.

C'est ainsi que je me retrouvai avec un jardinier à mon service. Il cultivait un jardin près de la rivière où il pouvait faire pousser toute l'année ce qu'il voulait, y compris à la saison sèche. Il ne voulait pas entendre parler de salaire. Plus tard, si j'étais satisfait de son travail, alors je le récompenserais en conséquence. Les Dowayo ont plus d'un tour dans leur sac : grâce à cette méthode qui consiste à ne rien fixer d'avance, ils mettent leurs employeurs en demeure de les rétribuer à leur convenance, le moment venu. Je lui confiai les graines que des amis m'avaient envoyées d'Angleterre : tomates, concombres, oignons, laitues. Pour commencer, il n'avait qu'à faire un essai en semant un peu de chaque sachet, ce qui lui permettrait de choisir ce qui pousserait le mieux.

Après quoi, je me désintéressai de la question jusqu'au jour où, vers la fin janvier, j'appris que mon jardin était en plein rendement et qu'il était temps que je vienne en juger par moi-même. Il faisait une chaleur exceptionnelle. Des brumes brouillaient l'horizon. La terre était comme calcinée, couverte d'une épaisse écorce noirâtre, sillonnée de profondes crevasses. Après une marche de quelques kilomètres dans la savane, j'aperçus un îlot de verdure qui resplendissait au soleil. En approchant, je détaillai un ensemble de cultures en terrasses à partir du bord de la rivière. Cet étagement représentait des jours de travail obstiné et minutieux. Pour finir, à la saison des pluies, tout serait balayé par les eaux et devrait être réaménagé l'année suivante.

Le jardinier s'avança à ma rencontre et se lança

d'emblée dans un grand discours accompagné de mimiques appuyées et de gestes emphatiques destinés à me faire comprendre que le terrassement et l'arrosage quotidien des cultures lui avaient demandé un travail colossal, d'autant plus pénible par ces temps de canicule. Il avait transporté jusqu'ici un mélange de terreau et de crottes de chèvre. Ensuite, il avait dû arroser les jeunes pousses trois fois par jour, monter la garde jour et nuit pour protéger les cultures de la voracité des animaux errants. Malgré cela, les sauterelles n'avaient fait qu'une bouchée des carottes et les oignons avaient disparu après le passage d'un troupeau de bétail appartenant aux Foulani. Mais il avait réussi à sauver les laitues du naufrage. Je pouvais les contempler : elles étaient là, sous mes yeux, pas moins de trois mille belles laitues qui, repiquées le même jour, seraient donc prêtes à consommer dans une semaine. Qu'est-ce que j'en disais? Tout ça était à moi! Je n'en disais rien. J'étais muet de surprise. Sans m'en douter, j'étais devenu le roi de la laitue du continent africain. Comment allais-je pouvoir gérer une telle avalanche de verdure? Je n'avais même pas une goutte de vinaigre.

Au cours des semaines qui suivirent, je mangeai autant de laitues qu'il était humainement possible d'en faire admettre à mon estomac. Sans compter, je fis profiter de ma récolte la mission, les fonctionnaires de Poli et, bien sûr, tous les Dowayo qui passaient à ma portée. Un tel présent les effarouchait et ils abandonnaient à leurs chèvres ce légume qui leur paraissait si peu conçu pour l'homme. Enfin, le moment vint où je dus me résoudre à aborder avec mon jardinier la question de son salaire. Au départ, je m'étais imaginé qu'un jardin me permettrait de faire des économies sur la nourriture, tout en m'offrant la possibilité de varier mes menus. Quelle déconfiture! Pour la part de la récolte qui m'était revenue, j'offris cinq mille francs au jardinier, qui m'en demanda vingt mille et refusa tout compromis.

L'affaire passa en jugement, tandis que les laitues restées en terre montaient en graine et pourrissaient sur pied. Sur les conseils de Mayo, j'avais apporté six bouteilles de bière au chef. Mon jardinier avait dû en faire autant. Mon procès eut lieu sous l'arbre majestueux du village. Je fis valoir au juge que la récolte des laitues dépassait mes espérances et que j'avais seulement chargé mon jardinier de procéder à des essais de culture avec les graines que je lui avais confiées. Le jardinier en question refusait d'entrer dans ces considérations : il réclamait un juste salaire pour tout le travail qu'il avait fourni. Seuls la chaleur et l'épuisement mirent un terme à nos disputes. Le chef prit la parole et déclara que je me devais d'offrir dix mille francs à mon employé. Je savais qu'il n'était pas dans les usages d'accepter une offre de compromis sans regimber. Je fis donc la sourde oreille en chantonnant et en bougonnant, pour finalement déclarer forfait en prétendant que j'étais surtout soucieux de ne pas attrister mon brave jardinier. Lui accepta à contre-cœur en déclarant qu'il ne désirait pas non plus me voir repartir affligé et qu'en conséquence, il me rendrait la moitié de la somme que je lui aurais remise pour me montrer combien ma générosité lui était agréable. Nous étions revenus à la case départ, mais l'honneur était sauf. Au fond, je n'ai jamais vraiment compris ce qui s'était passé et personne ne sembla capable de me l'expliquer clairement.

Mes démêlés avec la justice dowayo m'amenèrent à penser que les comptes rendus d'audience pourraient être des mines de renseignements exceptionnelles sur les aspects d'une société à un moment donné de son histoire. J'en avais lu quelques-uns dans des périodiques datant de l'époque coloniale et je les avais toujours trouvés très instructifs. Peut-être devrais-je aller faire un tour à Poli et plus précisément à la *sous-préfecture*. D'ailleurs, j'étais curieux de voir le nouvel occupant de la maison et il serait de bonne politique d'aller le féliciter. Quelques jours plus tard, je me rendis en ville en compagnie de l'instituteur de Kongle.

Ce jeune homme était un Bamiléké, une tribu particulièrement dynamique du sud-ouest du Cameroun : On trouve ses membres aux postes de commande dans la plupart des industries et des entreprises commerciales en expansion du pays et ils constituent aussi le fer de lance du corps enseignant du nord du Cameroun où ils accomplissent une sorte de service national en pays sous-développé. Le jeune instituteur avait pris l'habitude de faire un tour jusqu'à ma case pendant la récréation du matin pour prendre une tasse de café. Sa conversation se limitait à des variations sur le thème de l'épouvantable arriération du Nord-Cameroun. « Ici, les gens sont comme des enfants, me déclarait-il. On leur apprend à se laver, à s'habiller, à faire la différence entre le vrai et le faux, et ils se plaignent. Ils passent leur temps à pleurnicher. Mais en fin de compte, ils se sentent mieux. Voilà en quoi consiste notre mission, à nous autres gens du Sud, quand nous acceptons de venir enseigner dans le Nord. »

En classe, il n'hésitait pas à disserter pendant des heures pour apprendre à ses élèves à penser logiquement, ce qui impliquait qu'ils aient commencé par apprendre le français. Parfois, il s'abandonnait et me racontait des anecdotes sur les combats menés dans le Sud contre les Français et, par exemple, comment il avait pris part avec des membres de sa famille au meurtre d'un instituteur blanc – sans cesser de boire tranquillement son café.

Notre nouveau *sous-préfet* était un petit homme sémillant, vêtu de robes foulani, les joues marquées de profondes cicatrices décoratives. Sans perdre de temps, les Dowayo l'avaient surnommé *Buuwiilo*, l'« Homme noir-blanc ». Depuis son arrivée, la ville avait déjà changé de physionomie. Les bâtiments administratifs avaient été remis en état et le nouveau palais n'était plus occupé. Au marché, les commerçants étaient désormais tenus de peser tout ce qu'ils vendaient et d'afficher les prix. Enfin, la route avait été refaite et un service régulier d'autocars commençait à desservir les villages les plus isolés. Le nouveau représentant du pouvoir central était décidé à faire place nette dans tous les domaines.

Il me reçut avec de grandes démonstrations d'amitié et m'entretint longuement de ses projets pour la région. Il s'exprimait dans un excellent français. Il avait beaucoup voyagé en Europe. Il était fermement décidé à civiliser les Dowayo, autrement dit à les transformer en répliques de bons Français, comme lui-même avait accepté de subir cette métamorphose. Chaque fois qu'un Foulani venait nous interrompre pour une affaire pressante, il prenait soin de lui parler en français. Je lui ferais un très grand plaisir si j'acceptais de prendre connaissance des recueils de jurisprudence : il pouvait me les confier ce jour même. J'en restai pantois. Le gouvernement et ses représentants officiels ne m'avaient guère habitué à un tel souci de coopération.

Au moment de prendre congé, il me promit de me rendre visite dans mon petit village dowayo à l'occasion des voyages qu'il comptait faire dans toute la région pour se rendre compte de l'état des lieux et des gens. Je ne pris pas sa déclaration au sérieux, incapable que j'étais d'imaginer ce haut fonctionnaire venant perdre son temps dans mon coin perdu. J'avais tort. Un beau jour, il surprit tout le monde en arrivant à l'improviste à Kongle. Il vint me trouver dans ma hutte, avant de faire le tour du village en posant de temps en temps des questions très pertinentes aux villageois. Les Dowayo étaient terrorisés. La visite d'un fonctionnaire foulani leur faisait le même effet que l'apparition d'un ancêtre. En quittant le village, il fit cette remarque : « Pensez-y : dans très peu de temps, le progrès aura balayé tout ça. Déjà, les signes avant-coureurs d'une amélioration sont perceptibles. Aujourd'hui même, j'ai acheté des laitues au marché. Elles n'ont pas poussé toutes seules. Quelqu'un a pris la peine d'en cultiver ! » Des laitues ne peuvent tout de même pas porter, à elles seules, le poids de la foi dans le progrès à venir...

Il est impossible pour un Occidental de ne pas remarquer combien bon nombre d'attitudes et de comportements des Africains font partie de tout ce que l'Europe a jeté au rebut. Les administrateurs coloniaux des années quarante partageaient les opinions de mon instituteur bamiléké et du *sous-préfet* foulani, certainement au grand dam de ces deux Africains. La foi dans le progrès, une notion difficile à cerner, et la conviction que les indigènes sont forcément butés et ignorants, donc juste bons à être transplantés de gré ou de force dans le temps présent pour leur plus grand bien, apparentaient mes deux fonctionnaires aux impérialistes les plus convaincus.

Les « bons » côtés de l'impérialisme occidental comme ses « mauvais » ont pris racine sur le sol africain. L'exploitation économique au nom d'un nébuleux développement, le racisme à l'état brut, la violence composent un paysage inquiétant et purement africain. Tout ce qui émane des traditions ancestrales n'est pas forcément bon, de même que l'héritage de l'impérialisme colonial n'est pas forcément néfaste. De nombreux Africains cultivés ne conçoivent pas qu'on puisse être noir et raciste, ce qui ne les empêche pas d'avoir à leur service ce qu'on appelle à juste titre des esclaves et de cracher par terre avec répulsion chaque fois qu'ils n'ont pu éviter de prononcer le nom des Dowayo. Un étudiant noir foulani applaudissait au massacre des Blancs au Zaïre sous prétexte qu'ils étaient racistes. Ils étaient blancs, donc ils étaient racistes. Mais lui, éventuellement, est-ce qu'il épouserait une Dowayo ? Il me regarda comme si j'étais devenu fou. Les Foulani considèrent que les Dowayo ne sont que des chiens, des sous-hommes. La question n'avait rien à voir avec le racisme. Les Foulani ont toujours mis un point d'honneur à se démarquer des tribus négroïdes qui les entourent. Par le passé, ils avaient entendu parler des Bororo d'Amérique du Sud et, partant du fait qu'on appelait les Foulani nomades les Mbororo, ils prétendaient avoir traversé l'Océan et colonisé les tribus africaines de races inférieures. A plusieurs reprises, de jeunes Foulani m'avaient raconté ce fait « historique » pour justifier leur situation prvilégiée en Afrique. Ces racines prestigieuses expliquaient la singularité de leur teint pâle, de leurs longs cheveux lisses, de leurs visages au nez droit et aux lèvres minces. Si je leur faisais remarquer qu'en bronzant ma peau était devenue aussi foncée que la leur, ils restaient cois.

Pour les Dowayo, l'événement de la saison sèche resta l'arrivée de mon réfrigérateur. Depuis longtemps je caressais le rêve de m'en acheter un et, chaque fois que j'allais en ville, je contemplais avec envie ceux que j'apercevais dans les magasins. Mais leurs prix dépassaient largement mes modestes moyens. Dans la maison abandonnée des linguistes hollandais venus étudier la langue dowayo, j'avais repéré un réfrigérateur à pétrole qui n'avait toujours pas trouvé preneur. Un jour, j'eus la bonne fortune de les rencontrer à Ngaoundéré et ils me proposèrent de me le céder. Je n'en crus pas mes oreilles : j'allais pouvoir m'offrir de l'eau glacée et manger de la viande fraîche en me libérant de mes boîtes de conserve. Je l'installai à l'extérieur de ma case neuve dont on venait de poser le toit de chaume. Lorsque je leur demandai pourquoi ils n'avaient pas cru bon de protéger ma nouvelle demeure de la sorcellerie par un dispositif de plantes et de tiges à pointes, les Dowayo me rirent au nez. Tout le monde savait que les Blancs ne risquaient rien et qu'ils pouvaient habiter une maison carrée et non forcément ronde comme c'était le cas pour les gens du pays. La mienne était donc à angle droit et coiffée d'une bouteille de bière vide au lieu des dispositifs antisorcellerie.

Pour fêter l'arrivée de mon « grenier à froid », Jon et Jeannie vinrent boire de ma bière fraîche en compagnie d'un Zuuldibo en extase. Tout le village était en émoi et chacun se demandait comment le feu, en passant dans ce « grenier », se transformait en froid. Je ne résistai pas à la tentation de leur montrer des cubes de glace, chose qu'ils n'avaient jamais vue, à l'exception des quelques hommes un peu évolués qui avaient voyagé. Les autres eurent surtout peur. Ils trouvaient la glace très « chaude », elle « brûlait ». La regardant fondre au soleil, ils s'écrièrent : « La matière froide est partie. Il ne reste plus que l'eau qui était dedans. » Même le Vieil Homme de Kpan fit le déplacement pour voir cette merveille, en sa qualité de gardien des mystères de la nature.

Je saisis l'occasion pour lui rappeler sa promesse de m'inviter chez lui. Il me fixa un rendez-vous pour la semaine suivante. Son fils viendrait me chercher et me servirait de guide. A ma grande surprise, le jeune garçon arriva au jour prévu et Zuuldibo insista pour nous accompagner, Matthieu et moi. Au cours de notre randonnée, à l'approche des imposantes montagnes, nous rencontrâmes des habitants de la région. Pour me saluer, les femmes m'appelaient leur « chéri ». Ayant traversé les grandes plaines surchauffées, parsemées de dépôts naturels de sel où les animaux sauvages et le bétail cherchaient leur nourriture côte à côte, nous commençâmes l'escalade de la montagne. A cette époque de l'année, les températures diurnes atteignent facilement 45 °C, et Matthieu et moi nous retrouvâmes très vite trempés de sueur. J'avais emporté avec moi de l'eau potable que Matthieu refusa « pieusement » mais, peu après, il ne put résister à la tentation de se rafraîchir lorsque nous traversâmes le seul cours d'eau placé sur notre chemin. Ce faisant, il avait opportunément oublié qu'un Dowayo des plaines ne doit pas boire l'eau des rivières à moins qu'elle ne lui soit offerte des mains d'un Dowayo des montagnes. Le sentier s'élançait sans détours à l'assaut des pentes, parmi des arbres de toutes tailles. A la saison des pluies, on pouvait s'accrocher à la végétation au sol pour s'aider à grimper sur la pente abrupte, au risque de poser le pied sur une touffe d'herbe et de se retrouver une jambe dans le vide lorsque le sentier se réduisait à un pointillé de pierres stables. Mais à la saison sèche, toute la végétation était calcinée et il n'y avait plus de prises pour les mains en cas de faux pas.

Soudain, tout un petit peuple de babouins glapissants nous prit pour cible et nous bombarda de mottes d'argile friable. A nos pieds, au fond d'une gorge à pic de quelque cent mètres de profondeur, une rivière se frayait un passage parmi d'énormes rochers. Après plusieurs heures passées à cheminer prudemment au bord du précipice, nous débouchâmes sur un plateau d'où se découvrit à nous une vue à couper le souffle sur tout le pays dowayo et, au-delà, jusqu'aux abords du Nigeria. Je pensais que nous n'aurions plus qu'à nous laisser pousser par le vent des hauts plateaux. En fait, il nous fallut repartir à l'assaut d'un massif entaillé de profondes crevasses que nous dûmes franchir d'un bond pour atterrir sur des rebords couverts de boue desséchée.

Enfin, une vallée verdoyante baignée de la fraîcheur d'un torrent nous offrit sa coulée de feuillage. Tout au fond se nichait l'enceinte abritant les huttes du faiseur de pluie. Ses nombreuses femmes, toutes très jeunes, nous accueillirent en poussant des petits cris effarouchés. Que désirions-nous? Nous asseoir dehors ou dedans? boire? manger? boire de l'eau ou de la bière?

fraîche ou chaude, à la manière des Dowayo? Le Vieil Homme était allé rendre visite à une femme malade. Quelqu'un partit le prévenir de notre arrivée. Nous patientâmes une bonne heure en bavardant jusqu'au moment où l'on vint nous annoncer que le messager n'avait pas réussi à rattraper le faiseur de pluie : il était déjà parti pour Poli par un autre chemin. Une histoire cousue de fil blanc que nous étions bien obligés de faire semblant de croire. Nous n'allions pas nous lancer à sa poursuite dans la montagne, d'autant que Zuuldibo avait fait un petit somme et nous annonça en se réveillant qu'il devait regagner Kongle au plus vite : il avait rêvé qu'une de ses génisses était tombée malade. C'était peut-être l'esprit d'un ancêtre qui cherchait à le tourmenter. Il tenait à en avoir le cœur net au plus tôt. De toute façon, nous n'avions plus qu'à redescendre à Kongle.

Ce contretemps me décida à tout mettre en œuvre pour venir à bout des réticences et des dérobades du faiseur de pluie et obtenir qu'il me livre le secret de son pouvoir. Et ce, en dépit de l'avis des missionnaires auxquels j'en avais parlé et qui n'avaient cherché qu'à me dissuader de m'obstiner dans cette voie. A les entendre, les Dowayo étaient trop rusés et têtus pour qu'on puisse leur faire confiance. J'avoue que je doutais moi-même de la réussite de mon entreprise.

Faute de mieux, je me lançai dans une campagne de harcèlement. Je rendis visite plusieurs fois de suite à tous les faiseurs de pluie que je connaissais pour les dresser les uns contre les autres, y compris en employant la médisance et la flatterie. Je confiai au faiseur de pluie de Mango que je n'étais venu le trouver que pour savoir ce qu'il pensait du « vrai » faiseur de pluie de Kpan. Au Vieil Homme de Kpan je confessai que, contrairement à ce que je croyais, tous les Dowayo faisaient très peu de cas de ses compétences, mais qu'à ma grande surprise l'homme effacé de Mango semblait jouir dans la population d'un grand prestige. Les deux « magiciens » se détestaient. Lorsque le Vieil Homme de Kpan passa à Kongle quelques jours plus tard et demanda à me voir, je chargeai Matthieu de lui dire que j'étais parti à Mango pour deux jours. Mon stratagème fut payant. Le Vieil Homme me fit savoir qu'il m'attendait chez lui et je devais plusieurs fois le rencontrer. Il me confia que son père avait été un grand faiseur de pluie et qu'il s'était renseigné pour savoir si je croyais à ses pouvoirs magiques. Sans plus attendre, je lui témoignai ma gratitude et joignis le geste à la parole malgré l'état désastreux de mes finances.

Dans les mois qui suivirent, je gravis sa montagne six ou sept fois. Il s'arrangeait pour me faire croire qu'il me faisait confiance en me livrant parcimonieusement des détails insignifiants sur ses activités. Une brouille entre Mayo et lui vint à point servir mes intérêts. Mayo reprochait au Vieil Homme de ne pas lui avoir réglé le prix d'une de ses dernières épouses. Mayo se déchaîna en injures et en imprécations. Il l'accusa des pires méfaits, jusques et y compris d'avoir tué des Dowayo par la foudre et détruit des récoltes en se servant d'épines de porc-épic. Si le « Vieux » provoquait une sécheresse, il verrait de quel bois Mayo se chauffait. Mayo me désigna les montagnes qui servaient aux faiseurs de pluie et il m'indiqua leurs attributions particulières. Il fit aussi allusion aux pierres qui servaient à provoquer différentes formes de pluie. Au moment où les deux hommes se réconcilièrent, je commençais à me faire une idée assez précise du processus magique, qui semblait être au point de jonction de plusieurs thèmes symboliques concernant la sexualité et la mort.

Des événements vinrent opportunément clarifier des rapports établis entre des éléments très différents. J'appris que le faiseur de pluie était détenteur d'une plante appelée *zepto,* réputée guérir les hommes impuissants. Pourtant, le Vieil Homme de Kpan n'était apparemment pas à l'abri des pannes sexuelles, ce dont ne faisaient mystère ni ses treize épouses ni certaines dames dowayo de Kongle. Un jour, il me demanda si les hommes blancs disposaient eux aussi de plantes ou de racines pour combattre l'impuissance. Bien sûr, mais je n'étais pas en mesure de dire si c'était efficace. Ma réponse lui plut. Il me fit remarquer que j'étais « un homme sans détour ». M'adressant à une boutique spécialisée de Londres, je me fis envoyer un petit flacon de ginseng généreusement pourvu d'illustrations explicites. Je le lui remis en regrettant de ne pouvoir lui être plus utile. Tout au plus, cela ne pourrait lui provoquer que des diarrhées. Il convint qu'aucune médecine n'était infaillible et que certaines avaient parfois des effets indésirables. « Aucun remède ne rend sa jeunesse à un vieil arbre », me fit-il remarquer en secouant la tête.

Plus tard, dans le courant de la même année, la visite inattendue du *sous-préfet* contribua à consolider ma bonne entente avec le Vieil Homme. Pour mettre en pratique son désir de modernisation des Dowayo, le *sous-préfet* vint leur annoncer que désormais tout sacrifice d'animal d'élevage était interdit et que, de surcroît, les circoncisions ne devaient plus avoir lieu qu'en période de vacances scolaires. Pour donner plus de poids à sa présence, il arriva escorté d'une petite armada d'autocars remplis de fonctionnaires de Poli qui se regroupèrent sous le grand arbre de la place du village. Après le *sous-préfet,* plusieurs d'entre eux prirent la parole pour enfoncer le clou. Tous les Dowayo présents opinaient du chef et ricanaient sous cape. Visiblement, notre instituteur bamiléké avait été prévenu de cette visite et s'y était préparé. Lorsque vint son tour de haranguer les « attardés » qui le regardaient d'un air ahuri, il leur infligea une volée de bois vert en les traitant d'indécrottables feignants et de sauvages incultes et veules. Pourquoi avaient-ils promis de construire une nouvelle école des années auparavant pour en voir disparaître le premier bâtiment du jour au lendemain? A ce rappel, je me surpris à ouvrir de grands yeux effarés : quelque chose dans la construction de ma nouvelle demeure m'avait parfois vaguement rappelé l'armature du toit de l'école évanouie. C'est alors que le Vieil Homme, accroupi à l'écart, me fixa d'un air entendu puis tourna son regard en direction des montagnes. On était à la fin de la saison sèche. Des nuages voguaient dans le ciel, mais il n'était pas encore tombé une goutte d'eau. Pourtant, au-dessus des cimes montagneuses, il pleuvait à n'en pas douter.

Le *sous-préfet* reprit la parole. Insidieusement, la pluie semblait se rapprocher. L'instituteur, que la présence d'un haut fonctionnaire galvanisait, donna la liste des parents qui n'envoyaient pas leurs enfants à l'école. Puis il brandit celle des parents qui continuaient à ne donner à leurs enfants, pour le repas de midi, que la traditionnelle bouteille de bière qui les rendait ivres pour tout l'après-midi. C'est à ce moment qu'une bourrasque s'abattit sur l'assemblée. En quelques minutes, la place devint déserte et les autocars disparurent. L'instituteur et le faiseur de pluie me suivirent jusque dans ma hutte où je leur offris du café pour les réchauffer. « Vous avez vu ça? me lança le Bamiléké, tous des sorciers! Ils ont provoqué cet orage pour me couper la parole! »

Au fur et à mesure, Matthieu traduisait les propos de l'instituteur à l'oreille du Vieil Homme. Je me lançai dans une longue argumentation pour convaincre le Bamiléké que la sorcellerie, la magie, le pouvoir de faire pleuvoir n'étaient que des balivernes et qu'aucun homme sensé ne pouvait tomber dans de tels panneaux. Le Bamiléké n'en démordait pas. Tout cela existait, il était bien placé pour le savoir. Le Vieil Homme hoquetait, le visage congestionné par l'effort qu'il devait fournir depuis trop longtemps pour ne pas éclater de rire.

Lorsque je me retrouvai seul avec le vieux faiseur de pluie, je lui demandai si c'était lui qui avait fait pleuvoir. Il me regarda d'un air innocent : « Mais Dieu seul peut commander à la pluie! » Et il se remit à rire, satisfait de sa journée. « Mais si tu viens me voir la semaine prochaine, je te montrerai comment on peut aider Dieu. »

J'avais déjà eu un solide aperçu des choses. Avant tout, il était nécessaire de posséder certaines pierres, comme celles qui protégeaient la fécondité du bétail et des plantes. Cependant, je dus patienter plusieurs mois avant de voir ces fameuses pierres cachées dans une grotte secrète sous la chute d'eau de la vallée où habitait le Vieil Homme. Chaque fois que je le rencontrais, il me promettait de me les montrer à la prochaine occasion, mais il me faisait lanterner : la saison sèche n'était pas terminée ; en s'approchant des pierres, on risquait de provoquer un déluge ; à la saison des pluies, on courait le risque d'être frappé par la foudre ; une de ses femmes avait ses règles, c'était trop dangereux pour les pierres... Avec ses treize femmes, de toute façon, il fallait être extra-lucide pour discerner le moment où aucune d'entre elles n'aurait ses règles.

Enfin, il consentit à me montrer son « outillage » de plombier céleste. Lorsqu'il avait fait démarrer la saison des pluies avec ses pierres magiques, il pouvait à tout moment provoquer des pluies torrentielles à l'endroit qu'il choisissait, en utilisant le contenu d'une corne de bouc creuse. Il m'emmena dans la savane. Là il me montra, dissimulé derrière un rocher, un tampon de laine de bélier en m'annonçant : « Pour les nuages. » Puis il exhiba un anneau de fer destiné à localiser les effets de la pluie. Par exemple, s'il assistait à la cérémonie du crâne, il pouvait faire pleuvoir au centre du village jusqu'à ce que les gens consentent à lui apporter de la bière. Enfin, il me fit voir ce qu'il avait de plus efficace : en se penchant, il inclina la corne d'où roula dans sa main une bille en verre, semblable à celles avec lesquelles jouent les enfants et qu'on peut se procurer un peu partout. Je fis mine de vouloir la prendre. Horrifié, il écarta sa main : « Ça te tuerait ! » Ne venait-elle pas du pays des hommes blancs ? Sûrement pas, les ancêtres se la transmettaient depuis des milliers d'années. Et comment faisait-elle pleuvoir ? Il suffisait de la frotter avec de la graisse de bélier. Les crânes des morts, eux aussi, étaient frottés avec de la graisse avant d'être placés dans la savane. Les pierres, les crânes, les jarres ou les urnes jouaient divers rôles dans la même organisation symbolique. Le faiseur de pluie servait de relais entre différents domaines qui n'étaient étrangers les uns aux autres qu'en apparence. Les crânes des faiseurs de pluie provoquent la pluie et sont souvent remplacés par des jarres au cours des cérémonies, tandis que la montagne où sont cachées les pierres qui commandent la pluie s'appelle la « Couronne pour la tête du garçon ». Les montagnes sont considérées comme les « crânes de la terre ». Un modèle de rapport entre les pierres et les crânes servait dans d'autres domaines, associant les chutes de pluie et la fécondité humaine.

De retour au village, je constatai que mon réfrigérateur était tombé en panne, rendant immangeable ma provision de viande pour plusieurs semaines. Par la suite, il n'en fit plus qu'à sa tête. Il s'arrêtait de fonctionner dès que j'avais le dos tourné, provoquant chaque fois la perte de mes réserves de nourriture. En pareil cas, les Dowayo restaient devant mon « grenier à froid » en pleurant et en se lamentant sur les denrées perdues. Ils ne savaient comment remettre l'appareil en marche et s'interdisaient de toucher à son contenu. Un beau jour, je le rétrogradai au rang de placard. Herbert Brown ne put que se jeter sur l'événement avec gourmandise : « Cette Afrique occidentale, elle a toujours le dernier mot. »

A l'occasion d'un voyage à Ngaoundéré en compagnie de Jon et Jeannie, je fis un saut jusqu'à la mission. Trois jours plus tard, j'étais de retour chez le faiseur de pluie. En jouant serré, j'avais obtenu que les enfants de Walter me confient une de leurs billes en verre.

« Tu te souviens de la pierre que tu m'as montrée?

– Oui.

– Je t'ai demandé si elle venait du pays des hommes blancs?

– Oui.

– C'est la même que celle-ci?

– C'est la même. Les nuages y sont plus sombres, convint-il après l'avoir regardée à la lumière.

– Elle pourrait faire pleuvoir? »

Ma question le fit sourire.

« Comment pourrais-je le savoir? Il faudrait que je l'essaie, que je vois si ça marche. Je ne peux rien te dire avant. »

Il secouait la tête, surpris que j'aie pu croire qu'il porterait un jugement sans tenter l'expérience.

Ce n'est qu'au cours de ma dernière semaine parmi les Dowayo qu'il me fut enfin accordé de visiter l'antre de la montagne magique. Le temps des tergiversations était révolu. J'annonçai au Vieil Homme que je lui rendrais visite pour lui dire adieu, soulagé à l'idée d'entreprendre l'escalade de sa montagne pour la dernière fois. En arrivant, je découvris un village plongé dans le silence. Toutes les femmes avaient disparu. Le Vieil Homme me demanda si mes femmes auraient semé le mil en mon absence, si mon père possédait beaucoup de bétail, si à mon retour la saison des pluies aurait commencé. C'était la question que j'attendais. Matthieu m'avait aidé à mettre au point un petit discours partagé entre les remerciements et les reproches. Je lui étais très reconnaissant de m'avoir appris tant de choses mais en même temps j'avais le cœur triste : j'allais repartir pour le pays des hommes blancs sans avoir vu les pierres magiques. Tout cela dans un style orné de manière à ne pas blesser un Dowayo de haut rang. « C'est comme un petit garçon qui se promène avec son père. Son père lui dit : “ Ne sois pas fatigué. Lorsque nous atteindrons les montagnes je te porterai, je te porterai. " Mais le père ne tient pas sa parole. " Ne sois pas triste, dit-il plus tard, quand nous serons à mi-hauteur, je te tirerai par la main. " Mais le moment venu, le père ne tient toujours pas parole. »

Le Vieil Homme applaudit ma défense et mon illustration du caractère sacré de la parole donnée. Que je me rassure : il avait deviné que je risquais d'être triste et il savait qu'il pouvait me faire confiance; je n'irais pas répéter aux femmes ce que j'aurais vu. Il allait me montrer les pierres magiques. En l'entendant, Matthieu ouvrit de grands yeux effarés et me supplia de ne pas céder à ma curiosité : je risquais d'y perdre la vue. Avait-il encore oublié que les Blancs ne sont pas menacés par ce genre de danger? Le Vieil Homme enleva tous ses vêtements et me demanda d'en faire autant. Après avoir mâché certaines plantes – je reconnus l'odeur du *geelyo* –, il les recracha sur tout mon corps et m'en frictionna la poitrine. Puis il me fit mettre un étui pénien mais m'autorisa à garder mes bottes en tenant compte de la « peau blanche supplémentaire » qui m'habillait. Enfin, il me recommanda de ne pas parler, de ne pas faire de mouvements brusques et surtout de ne toucher à rien. Nous quittâmes sa case.

La pente était très raide, les pierres roulaient sous nos pas. Le Vieil Homme riait tout seul; il était visiblement à son affaire. Pour ma part, je me sentais moins à l'aise que lui. Je craignais de faire tomber mon appareil photo et je trouvais les buissons épineux sans pitié pour ma peau nue. Nous nous arrêtâmes un peu avant d'atteindre le sommet de la montagne qui culminait à près de deux mille mètres. L'air était très froid. Un torrent jaillissait au-dessus d'une cuvette creusée dans la roche, où se trouvaient disposés de grands pots d'argile contenant des pierres de couleurs différentes. Les unes pour les pluies mâles, les autres pour les pluies femelles. Le Vieil Homme cracha méticuleusement sur chaque pierre avant de les prendre une à une pour me permettre de les examiner plus attentivement. Ensuite, nous crachâmes successivement sur une grande pierre blanche. Elle constituait l'ultime défense des Dowayo. Si le Vieil Homme la déplaçait, le monde entier disparaîtrait sous un déluge d'eau qui ferait périr tous les êtres vivants.

Nous repartîmes sans perdre de temps, pressés de retrouver la tiédeur de la vallée. Dans sa hutte, le Vieil Homme m'assura qu'il ne m'avait rien caché. Il m'avait expliqué en quoi les pluies diffèrent et comment il pouvait provoquer les éclairs en frottant de l'ocre rouge sur une faucille. Est-ce que j'étais content? Oui, et je le récompensai en conséquence sans attendre. Mais je ne l'avais pas vu à l'œuvre. Est-ce qu'il pourrait me donner un aperçu de ses pouvoirs?

Il sourit avec indulgence de l'insatiable curiosité de l'homme incrédule. N'avais-je pas remarqué qu'il avait craché sur les pierres? Bientôt, il allait pleuvoir entre la montagne et Poli. Nous devions partir pour ne pas être surpris en cours de route par la tombée de la nuit. En ce qui le concernait, l'obscurité ne le dérangeait pas, me fit-il remarquer – une allusion à son pouvoir de se changer à tout moment en léopard.

L'orage nous cueillit au pire endroit, tandis que nous bondissions comme des chèvres au-dessus des crevasses. Sous la pluie, la surface granitique se transforma en patinoire. J'en fus réduit à avancer à quatre pattes. Le Vieil Homme riait et me désignait le ciel. Est-ce que j'étais convaincu? « C'est bon, ça suffit », lui criai-je à tue-tête pour me faire entendre malgré le vent. Il me regarda d'un œil malicieux : « Un homme n'épouse pas une femme pour la répudier le jour même. » Matthieu et le faiseur de pluie accueillaient les trombes d'eau d'un air triomphant. J'étais servi. Il m'en fallait pourtant davantage pour croire à quoi que ce soit. En attendant, je mis l'événement entre parenthèses avec tous les autres.

Mariyo se réjouit de nous voir arriver en si piteux état après la bourrasque que nous avions essuyée. Elle ne m'appelait plus que « mon amoureux » et m'avait inventé une liaison avec une corpulente Foulani, parée d'un anneau dans les narines, que je gardais jalousement à Garoua. Cette Foulani était censée grossir à vue d'œil et il fallait un camion pour la déplacer. Elle ne pouvait se déplacer sans s'appuyer sur des serviteurs. A la saison sèche, moi et ma famille allions pouvoir nous asseoir à l'ombre de la majestueuse femme mystère.

Désireux de lui rendre la pareille, je me renseignai sur le vieux Koma à qui elle accordait ses faveurs. Chaque tribu trouve une tribu qui lui est inférieure. Les Dowayo considéraient les Koma comme des sauvages attardés qui se complaisaient à vivre dans une misère sordide. Ils vivaient à une cinquantaine de kilomètres au-delà de la rivière. Leur laideur offrait aux Dowayo un sujet de plaisanterie inépuisable.

Chaque fois que je faisais un cadeau à Mariyo, je prétendais qu'il venait de son vieux Koma. Il assurait avoir perdu toutes ses dents non en raison de son grand âge, mais en rançon de sa dévotion au sexe féminin. Je lui avais décrit en détail le costume funéraire que Mariyo lui avait confectionné. Un jour, ayant capturé un phasme, je l'apportai à Mariyo en lui disant qu'il s'agissait sûrement de son vieux Koma ratatiné qui venait lui rendre visite. Cette idylle me rendait la vie du village moins ennuyeuse.

Sexuellement très actifs, les Dowayo étaient surpris par ma continence. Ils ne cessaient de m'interroger sur cette bizarrerie. Comment arrivais-je à survivre, à ne pas tomber malade? S'ils pensent que les femmes affaiblissent les hommes et sont pernicieuses puisqu'elles leur soutirent la meilleure part de leur virilité, ils admettent que c'est leur sexualité qui garde les hommes en vie. Plus un homme copule, plus il prend de forces.

Les Dowayo comparaient mon aptitude à vivre sans femme aux habitudes des pères catholiques qui se font servir par des nonnes – qu'ils ont eu la sagesse d'appeler non pas « sœurs » (ce qui ne représente pour les Dowayo qu'une femme de leur âge) mais « mères », et donc avec lesquelles toute relation sexuelle est interdite. Les rumeurs concernant mes expéditions en ville accréditèrent les plaisanteries de Mariyo sur ma liaison avec une Foulani. En réalité, la plupart de mes voyages en ville n'avaient d'autre but que de me procurer des pièces de rechange pour mes équipements soumis à rude épreuve par l'environnement et le climat.

Ces quelques heures passées à Poli ne m'offraient pourtant rien d'excitant. En Afrique, les rapports sexuels occasionnels ont quelque chose de si peu romantique que, pour un anthropologue isolé, ils ne peuvent qu'accroître son aliénation. Mieux vaut les éviter. Ce n'est certainement pas toujours le cas. Les mœurs sexuelles n'ont pas évolué uniquement en Occident et les frontières qui séparaient strictement les races sont devenues plus mouvantes. Autrefois, les femmes seules n'avaient rien à craindre des « sauvages » qu'elles rencontraient : elles ne figuraient pas sur leur carte de la sexualité. De nos jours, les femmes solitaires sont presque tenues d'avoir des rapports sexuels avec ceux qui les entourent, ne serait-ce que pour prouver qu'elles désirent vraiment se faire « accepter ». Si elles rentrent dans leur pays sans avoir fait d'« expériences », leurs collègues les regardent d'un air réprobateur : elles ont raté une occasion de recherche intéressante.

Pour les hommes, le problème est moins embarrassant. Il est cependant étrangement absent – comme celui des assistants – dans les ouvrages des anthropologues, mais certainement pas dans leurs expériences de travail en pays étranger pour des durées plus ou moins longues. Pour ma part, dès l'instant où les Dowayo considéraient que je n'avais aucune vie sexuelle, j'en retirais une liberté de comportement exceptionnelle. Ce qui n'était pas le cas des hommes du village. Si l'un d'eux était surpris en compagnie d'une femme dans une hutte, on l'accusait aussitôt d'adultère, tandis que la seule idée que je puisse forniquer avec une de leurs femmes semblait pour les Dowayo du plus haut comique. Et j'étais pleinement satisfait de cette situation.

Quant à la police, elle continuait de se poser des questions sur mon identité et sur la nature de mes activités. A la fin de la saison sèche, des incidents attirèrent l'attention de ces messieurs sur mon cas. Les dirigeants d'une mission suisse très en fonds eurent l'idée de faire descendre les pasteurs directement du ciel pour impressionner les brebis égarées qu'ils venaient remettre dans le droit chemin. Les païens des montagnes avaient donc été choisis pour voir, un beau jour, un hélicoptère surgir des nues et se poser près de leur village. L'effet risquait d'être dramatique. J'étais à la mission lorsque l'appareil s'en vint planer au-dessus de nos têtes en mugissant. Le pilote cherchait à nous faire comprendre que quelqu'un devait aller le retrouver sur la piste d'atterrissage local. Étant le seul à savoir conduire, je m'y rendis. De l'hélicoptère sortirent deux ecclésiastiques assez tourneboulés. Ils venaient de Ngaoundéré pour rencontrer Herbert Brown. Herbert était parti le matin même pour cette ville. En provoquant une trombe de poussière, l'hélicoptère reprit de la hauteur et disparut au moment où un camion bourré de gendarmes armés jusqu'aux dents débouchait sur la piste. Ils accouraient pour arrêter les « contrebandiers du Nigeria ». Après m'avoir arraché de mon siège de voiture, ils se mirent à me cuisiner. Où était leur permis d'atterrir, leur plan de vol et le brevet du pilote? Mes protestations restaient vaines. Je refusais de jurer qu'ils ne s'étaient jamais approchés à plus de quinze kilomètres de la frontière. J'étais donc complice dans une grave affaire de contrebande. Il me fallut beaucoup de temps pour obtenir qu'on me renvoie à mon rôle d'idiot inoffensif.

Peu de temps après cette mésaventure, je me trouvais un soir à Poli pour rendre visite à un homme de mon village, hospitalisé à la suite d'une morsure de serpent. Ma lampe de poche ne marchait plus. J'errais dans le dédale des ruelles plongées dans l'obscurité lorsque j'aperçus devant moi une lumière. Je me retrouvai derrière la maison de l'adjoint au *sous-préfet*. Le temps de demander mon chemin à un jeune homme qui faisait le pied de grue près du portail, et je me retrouvai dans la grand-rue.

Deux jours plus tard, comme j'étais occupé avec les potières du village, Jon et Jeannie arrivèrent en voiture. Des gendarmes étaient passés chez eux, porteurs d'une lettre me convoquant à la gendarmerie pour une vérification d'identité. Après m'être assuré qu'on attendrait jusqu'au lendemain pour cuire les poteries, je partis pour Poli avec mes amis. Le commandant « mâcheur d'aiguille » me reçut dans son bureau et nous passâmes une demi-heure à essayer d'élucider l'épineux mystère : qui étais-je et, surtout, qu'étais-je venu faire à Poli ? Sous les regards perçants et lourds de menace de mon tourmenteur, je n'étais pas sans éprouver une certaine inquiétude.

J'appris que j'étais accusé d'avoir photographié, en catimini, l'arrière de la résidence d'un haut fonctionnaire. Sans m'en douter, j'avais commis un acte qui relevait de « l'information stratégique » : des témoins m'avaient aperçu en train de rôder autour de la maison muni d'un appareil photo. Combien de fois avais-je fait le voyager aller retour au Nigeria ? Le commandant balaya mes protestations : les témoins étaient formels. Mais est-ce que j'ignorais qu'en franchissant la frontière en fraude je commettais un grave délit ? Lorsqu'il me signifia que je pouvais disposer, il prit soin de m'avertir qu'on m'avait à l'œil. Les pays du tiers monde semblent voir des espions partout. Malheur aux anthropologues qui travaillent dans des zones « sensibles » ! Reste que personne au Cameroun ne parvenait à comprendre pourquoi un gouvernement jouissant d'un minimum de bon sens se mettait en frais pour permettre à l'un de ses ressortissants de venir regarder vivre des gens aussi stupides et incultes que les Dowayo? Mais la proximité de la frontière avec le Nigeria expliquait tout. J'étais un espion préparant une invasion nigériane. C'était clair comme le jour. Mais quel rôle jouait l'arrière de la maison du fonctionnaire dans ce petit roman? Apparemment, ça n'intéressait personne.

Plus tard, le *sous-préfet* me confia qu'il avait suivi toute cette affaire d'un œil amusé et qu'il serait bien évidemment intervenu si ses gendarmes avaient dépassé la mesure dans leur zèle intempestif. En bredouillant, je lui répondis n'importe quoi d'un ton las. Des policiers venaient d'effectuer une descente surprise à Kongle pour vérifier ma présence dans le village et, par ailleurs, je venais d'apprendre qu'un paquet contenant des pellicules à développer s'était égaré entre Poli et Londres. Comme toujours, c'est à Jon qu'il revint de me remonter le moral en m'abreuvant de bière.

CHAPITRE XII

Du premier au dernier fruit

J'avais quitté l'Angleterre depuis près d'un an. Je n'aurais su dire si je me sentais comme chez moi en pays dowayo, mais j'étais arrivé au stade où la plupart des choses m'inspiraient un sentiment trompeur de familiarité. Le moment était venu de commencer à mettre de l'ordre dans mes notes et d'aborder les domaines que j'avais évité d'explorer, en attendant le jour où une meilleure pratique de la langue dowayo faciliterait mes recherches et mes rapports avec les gens du village. Les rites agraires de fertilité, notamment, demandaient la participation du Vieil Homme de Kpan et l'utilisation des pierres magiques qui garantissaient la productivité des plantes. Entre les mains du Vieil Homme, les remèdes étaient indissociables de son pouvoir de provoquer la pluie. Les remèdes « réparent la terre » en la pénétrant grâce aux pluies. A l'autre bout du pays dowayo, les rites commandent de placer une rangée de pierres aux deux extrémités de la vallée pour faire « barrage à la famine ». J'allais devoir me rendre dans cette région à plusieurs reprises pour m'entretenir avec les « Maîtres de la Terre », détenteurs de secrets importants.

Une fois de plus, j'eus recours à la générosité de Jon pour me déplacer. Grâce à lui, je me rendais fréquemment dans cette région éloignée, sans avoir à faire plus de quinze kilomètres à pied. Les habitants ne demandaient qu'à me montrer tout le matériel qu'ils utilisaient au cours de leurs cérémonies rituelles, sous réserve que je m'abstienne d'en parler aux femmes. Sachant que je travaillais en accord avec le Vieil Homme, ils se montraient plus disposés qu'auparavant à me faire confiance. Je passai donc plusieurs semaines à escalader des pentes pour visiter des grottes et des maisons du crâne. Au même moment, le faiseur de pluie de Mango me fit savoir qu'il allait bientôt faire démarrer la saison des pluies et qu'il m'attendait sur sa montagne. Les montagnards ont l'habitude de promener les étrangers en tournant en rond toute une journée dans l'espoir de les voir se décourager et abandonner la partie. Mais je commençais à être aguerri. Je payai notre guide et l'empêchai de nous semer, Matthieu et moi, au lieu de nous conduire directement au faiseur de pluie. Curieusement, ce dernier semblait au courant de mes démêlés avec la police qu'il ne semblait pas porter dans son cœur.

C'était un jeune homme enjoué. Son visage rayonnait d'intelligence. Il était sur le point de sacrifier un bouc noir et de répandre son sang sur les jarres de pluie cachées dans la maison du crâne pour provoquer le début de la saison des pluies, malgré les réticences de son oncle qui lui servait de conseiller. Ce vieil homme craignait que nous ayons approché une femme ayant ses règles et que les Dowayo, qui n'attendaient les pluies que dans deux ou trois semaines, ne lui fassent des remontrances. En réalité, il cherchait à savoir s'il serait convenablement rétribué. Je lui octroyai huit livres et, en échange, il m'offrit la possibilité d'emporter une moitié du bouc sacrifié. Après avoir renversé l'animal sur le dos, on lui fit perdre conscience en appliquant un pied sur sa jugulaire pour lui trancher la veine et recueillir son sang dans une gourde.

Nous partîmes ensuite dans la savane vers une maison du crâne délabrée où étaient rangées les jarres à pluie. Les étrangers n'ayant pas le droit d'approcher ce lieu magique, nous dûmes ramper en nous glissant sous des buissons d'épineux jusqu'à la petite clairière herbeuse où se cachait la bâtisse. Après avoir effectué un plongeon jusqu'à l'entrée puis répandu le sang sur les jarres, nous repartîmes pour le village.

Mon interprétation du symbolisme culturel dowayo commençait à s'affiner. Les faiseurs de pluie avaient mis en évidence les rapports entre la fécondité humaine et les pluies qui abreuvent la terre. La moisson du « vrai cultivateur » m'avait signalé la parenté entre la fertilité des plantes et la circoncision par le biais de l'histoire de « la vieille femme foulani battue à mort ». Ici, c'était la pluie, la circoncision et la fertilité de la terre qui convergeaient. Le jour où les pierres étaient lavées et rendues parfaitement nettes pour inaugurer le début de la saison sèche était aussi le jour où la montagne – « la Couronne sur la tête du garçon » – était mise à feu pour la première fois, comme la savane, et le jour où les premiers fruits de l'année arrivaient au village avec les jeunes garçons récemment circoncis. Ils étaient eux aussi passés de l'« humide » au « sec ».

Les Dowayo n'éprouvent en effet que dégoût pour le prépuce, qui rend aussi humide et malodorant qu'une femme. En revanche, le pénis circoncis devient sec et propre. Les garçons qui quittent le village pour être circoncis sont « humides » et doivent rester agenouillés dans l'eau de la rivière pendant trois jours. Lorsqu'ils sont « coupés », la pluie se met à tomber sans discontinuer. Puis ils doivent s'écarter lentement du lit de la rivière et prendre le chemin des montagnes. Ils ne reviendront au village qu'à la saison sèche pour se placer au pied du « reposoir en bois » où sont exposés les crânes du bétail sacrifié. C'est là que, le même jour, on vient jeter les premiers fruits des champs. Tous les domaines où se manifestent des phénomènes de fertilité et de fécondité sont convergents et se retrouvent dans un même système clos. Le passage de la saison sèche à la saison humide fait corps avec le passage du garçon intact et humide à l'homme circoncis et sec.

Il me fallut des mois de recherche, après mon retour en Angleterre, pour parvenir à éclairer l'ensemble du tableau jusque dans ses moindres détails. Mais déjà la structure de base de tout ce que j'avais pu voir et noter devenait cohérente et prenait un sens. Les moments « eurêka ! » sont toujours exaltants. Le mien me tombait en quelque sorte du ciel, au sommet d'une montagne, par l'entremise d'un homme n'ayant aucune idée de l'importance des renseignements qu'il me livrait. Cela me procurait un plaisir accru, car j'entrevoyais un monde organisé derrière la simplicité rigoureuse de tous ces rites. En redescendant de la montagne, Matthieu devait me trouver étrangement primesautier. Dans le feu de l'exubérance, je bus sans hésiter l'eau froide d'un torrent, faisant foin des précautions que je m'imposais d'ordinaire. J'y gagnai une nouvelle hépatite, peut-être en punition de mon orgueil et de ma témérité, peut-être parce que j'avais réveillé un virus assoupi dans mon foie.

J'étais au plus bas lorsque Augustin, flanqué d'une de ses dernières conquêtes, fit irruption dans ma hutte : « Le mieux, c'est de le faire vomir », déclara-t-il d'un ton d'expert. « Pas du tout, s'interposa sa compagne, il lui faut une bonne purge pour tout faire partir. Dans mon village, beaucoup de gens meurent de cette maladie. » La discussion s'éternisait. Je notai le nom des diverses substances propres à expulser de mon corps les germes qui le minaient.

A la mission de Ngaoundéré, une âme charitable m'avait donné une recette contre les hépatites : une décoction de feuilles de goyavier dans de l'eau chaude. J'envoyai Matthieu à la recherche de cet arbre providentiel qui ne pousse que beaucoup plus au nord de Kongle. Il prétendait toutefois en avoir aperçu un au bord d'une rivière, à moins de cinq kilomètres du village. Peu de temps après, il revint avec un sac, effectivement plein de feuilles de goyavier.

Ma santé s'améliora. Les Dowayo étaient très impressionnés par l'efficacité de ce remède si simple, et ils l'utilisèrent aussitôt pour soigner cette maladie. Quel anthropologue ne change-t-il pas un peu le peuple qu'il observe? Ma seule autre influence s'exerça dans le domaine de la toponymie : le coin de mon jardin qui s'avérait propice à la culture des laitues prit quelques années plus tard le nom de « Salad Place ».

C'est à ce moment que les pluies commencèrent à tomber. Après les chaleurs torrides qui avaient marqué les mois de sécheresse, c'était un soulagement pour tout le monde. Cependant, chaque nuit, la pluie traversait le toit de ma hutte comme une passoire. J'en étais réduit à rester accroupi dans un coin, grelottant de froid, ma valise posée en équilibre sur une poutrelle au-dessus de ma tête et mes notes serrées contre moi. Le lendemain matin, le « couvreur » m'assura que tous les toits de chaume en passaient par là, au début, et qu'il me fallait patienter quelques jours avant de pouvoir dormir au sec. La situation me rappelait désagréablement l'époque où j'avais loué un bateau qui prenait l'eau, le propriétaire m'ayant assuré que le bois gonflerait assez vite pour le rendre étanche, ou encore ce Camerounais me jurant que mes gencives allaient rétrécir à vue d'œil pour fixer mon dentier branlant. Après une semaine de nuits de détresse, j'optai pour une prise en main personnelle de ma situation. A ma stupéfaction, il me suffit de taper allègrement sur le toit avec un gros morceau de bois pour le rendre parfaitement imperméable. Pendant ce temps, empoigné par la névrose de ceux qui voient approcher la fin de leurs travaux, je transférai toutes mes notes à la mission pour les soustraire aux atteintes de l'humidité, des termites, des chèvres, des enfants et des autres menaces que mon imagination inventait.

Un jour où je me trouvais seul à la mission, tandis que Jon et Jeannie sillonnaient la savane au service de Dieu, une voix tonitruante m'appela de l'entrée de la maison. Le soudeur m'y attendait, un géant qui se faisait appeler le « Beau Noir ». « Alors, Blanc, ta bagnole a essayé de me tuer, tu sais ça? » Il était en train de faire une soudure sur ma voiture – dont j'essayais d'oublier depuis longtemps l'existence – lorsqu'elle avait failli lui tomber dessus. Seule une malveillance de ma part pouvait expliquer cet incident.

« Vous n'avez rien? – Rien? Regarde-moi ça! » Il

exhiba un pénis gigantesque et le secoua d'un air accusateur. Je ne voyais pas le bien-fondé d'une telle mise au grand jour jusqu'à ce que, en y regardant de plus près, j'aperçus une petite éraflure sur la peau de son membre viril. Le Beau Noir exigeait des soins de toute urgence. J'étais perplexe, ne sachant où trouver dans la maison un remède adéquat. Je ne parvins à mettre la main que sur une bouteille d'eau oxygénée concentrée. Ce n'était peut-être pas la meilleure solution. Finalement, je lui conseillai de consulter Herbert Brown qui habitait au bas de la colline. Le Beau Noir partit en maugréant, outragé et indigné par mon manque d'empressement à réparer les dégâts causés par ma voiture. De retour dans le bureau de Jon, il me revint à l'esprit qu'Herbert Brown était parti faire réparer un camion. Le Beau Noir n'allait trouver que son épouse, une dame très nerveuse. J'hésitai un instant puis décidai de rester d'autant plus discret qu'aucun cri perçant ne se faisait entendre.

Ayant récupéré suffisamment de forces, je repartis avec Matthieu pour les confins du pays dowayo afin d'assister à la récolte des fruits des palmiers borasses, dans la vallée du même nom. Ces fruits sphériques, qui ressemblent à des noix de coco, doivent subir un traitement proche de celui qui est appliqué aux crânes des défunts, et ils doivent être placés sur le « reposoir en bois » où sont exposés les crânes des animaux à cornes, dans le but de les soustraire aux attaques des scorpions.

Le village des « Maîtres de la Terre » était entouré d'un chapelet de ces fruits dont les habitants mâchent la chair. Auparavant, certains les plongent dans de l'eau pour les faire germer puis pour pouvoir consommer les jeunes pousses qui ne sont pas sans rappeler les branches de céleri. Fibreux et de couleur orange, ce fruit a un goût de pêche. Après en avoir mâchonné une bouchée, je le dégustai avec plaisir. Une vieille femme me tendit une calebasse pleine de cette chair déjà malaxée. Elle me parut beaucoup plus tendre et plus onctueuse. « Bien sûr, *patron,* me fit remarquer Matthieu, elle l'a mâchée avant vous. »

Mon départ approchait. On commençait à me rendre visite et à faire discrètement l'inventaire de tout ce que je possédais. Mais certains villageois n'hésitaient pas à remarquer à voix haute combien ils avaient besoin soit d'une couverture, soit d'une casserole en bon état. Le chef me déclara que j'allais beaucoup lui manquer et, par la même occasion, me rappela tout ce que nous avions fait ensemble et les tracas que cela lui avait occasionnés. Même Matthieu me confia les problèmes qu'allait mine de rien lui poser l'achat d'une femme : « Il faut les prendre jeunes pour mieux les dresser. Et elles veulent de l'argent pour aller à l'école. » Il n'en aurait pas moins de douze. Que d'argent ça allait lui coûter! Seule, Mariyo ne cherchait pas à m'extorquer quelque chose. Chaque fois que nous parlions de mon départ, elle se mettait à pleurer. Je lui manquerais, elle aimait tant parler avec moi.

A l'approche de la célébration de la fête nationale, toute la ville était en effervescence. De nombreuses attractions étaient prévues, dont la danse de la circoncision exécutée par des Dowayo. Cela m'intéressait d'autant plus que je n'avais pas vu pratiquer la circoncision de jeunes garçons. Ici, les années sont tantôt mâles, tantôt femelles. J'étais arrivé au cours d'une année femelle et, bien sûr, les circoncisions n'ont lieu que durant les années mâles. Mais surtout, il arrive souvent qu'il n'y ait pas assez de mil pour nourrir les garçons pendant leur long séjour dans la savane. A Kongle, la dernière cérémonie remontait à cinq ans, ce qui était un objet de scandale pour la plupart des habitants. Mais j'avais pu recueillir suffisamment d'informations concordantes sur la circoncision, se recoupant ou se complétant, y compris des photos et des enregistrements que m'avaient confiés des missionnaires en poste depuis des années. Enfin, cet élément capital du symbolisme dowayo servait de modèle pour bon nombre d'autres cérémonies auxquelles j'avais assisté.

Pour exécuter leur danse avant d'être « coupés », les garçons portaient des vêtements de mort auxquels s'ajoutaient des peaux de léopard, des sabots de boucs et de lourdes robes de cérémonie ornées de divers éléments décoratifs. A l'occasion de cette fête, deux garçons déjà circoncis avaient été pressentis pour se produire à la place des non-coupés qui n'avaient pas eu le temps de s'initier à une démonstration aussi élaborée. Les deux garçons « propres » avaient commencé par refuser de se prêter à ce simulacre humiliant pour des hommes faits. Zuuldibo, plus rusé qu'une entremetteuse, leur fit miroiter bières et subsides pour les inciter à revenir sur leur refus méprisant. Le lendemain, il vint m'expliquer dans ma case que je devais le rembourser puisque, tout compte fait, il n'avait organisé cette représentation qu'à mon intention.

Dans sa sereine paresse, il se sentit agressé par un décret du *sous-préfet* faisant obligation à tout Dowayo d'entretenir un jardin. Zuuldibo ne soulevait pas d'objection mais il voulait commencer par planter une haie de bonnes cactées pour barrer le passage aux animaux maraudeurs. Dans un an, il verrait si les cactées avaient pris racine. En attendant, il partait chaque matin d'un air accablé et finissait par s'asseoir en route, à l'ombre dense d'un arbre, où je le retrouvais pour bavarder pendant des heures. Laissant son esprit vagabonder d'un sujet à l'autre, il me racontait ses rêves, les femmes qu'il avait connues, le fardeau de sa charge de chef du village. Je me sentais parfois l'âme d'un psychanalyste qui ne se ferait pas payer – une aberration.

Le jour de la fête nationale, toutes les huiles locales se retrouvèrent sur le terrain de football de Poli. Je sautai sur l'occasion pour harceler le Vieil Homme de Kpan qui était apparu armé d'une épée et vêtu de splendides robes foulani. Toutes les tribus de la région s'étaient fait représenter par leurs meilleurs danseurs qui hurlaient en frappant le sol en cadence. Les hauts fonctionnaires exhibaient leurs plus beaux uniformes. Le *sous-préfet*, tel un steward d'Air France avant le décollage, promenait sur l'assistance des regards soupçonneux. Ici, on hissait les couleurs ; là, on ramenait un drapeau. Les gendarmes allaient et venaient en tapant du pied d'un air féroce, armés jusqu'aux dents. Les fêtes officielles leur offrent l'occasion de cogner à l'aveuglette sur le bon peuple.

L'hymne national immobilisa la forêt humaine. Posé sur une chaise, un appareil radio permit d'écouter, ou de faire semblant d'écouter, le discours du président, rendu toutefois pratiquement inaudible par un essaim de parasites « antigouvernementaux ». Les enfants s'amusaient en improvisant des marches militaires ou des courses d'obstacles. Nul ne devait s'éclipser avant le départ du *sous-préfet*. En attendant, tout le monde suait sang et eau. Des enfants en bas âge se mirent à brailler de concert (on soupçonnait les mères de les pincer sournoisement pour avoir l'excuse de partir plus tôt que prévu). Il fallut effectivement les évacuer. Les Blancs ne parlaient que des deux missionnaires qui venaient de se faire égorger et mutiler dans le nord du pays. Les Américains écoutaient d'un air tendu et oppressé. Les Français racontaient et mimaient ces supplices en surveillant les effets de leur récit sur les bons Yankees. Seul Anglais présent, je me crus obligé de faire montre d'un flegme que l'on dit « tout britannique ».

Le *sous-préfet* ayant réquisitionné la plupart des liquides potables de la ville, je me réfugiai chez Jon et Jeannie jusqu'au soir – le moment où devait avoir lieu un concours de beauté féminine. Cette soirée s'annonçait chaude et chargée d'électricité. Poli avait été conviée à fêter l'allégresse de l'indépendance avec un maximum de vitalité. Il y avait cependant une subtile frontière entre les invités personnels du *sous-préfet* et les badauds ignares que la police chargeait sporadiquement pour un matraquage bref mais musclé.

La grand-rue était noire de monde. On y chantait, dansait, hurlait et gesticulait à la mesure des bières ingurgitées. Les corps, les visages dégoulinaient de sueur. Sur la pelouse de l'aire officielle, des rangs serrés de chaises attendaient ceux qui auraient le privilège de s'y asseoir. Le docteur était accompagné de son épouse, une dame d'une imposante corpulence. Le commandant de la gendarmerie ne me quittait pas des yeux. Le receveur du bureau de poste m'ignorait ostensiblement, vexé depuis que je lui avais demandé de m'expliquer pourquoi tous mes envois arrivaient à Londres sans timbres.

Le concours de beauté avait été organisé de façon expéditive : les chefs de village avaient reçu une lettre officielle leur demandant d'envoyer un certain nombre de jeunes femmes à Poli le jour de la fête. Rien que d'y penser, j'en frissonne d'horreur. Autrefois, les Foulani se contentaient de choisir des esclaves et des concubines parmi les tribus qu'ils avaient soumises. Toutes les candidates présentes jetaient autour d'elles des regards de bêtes traquées. Certaines avaient dû marcher toute la journée et portaient les traces de leur longue et pénible route. Les Foulani ne s'abaissaient pas à exposer leurs propres femmes en de pareilles circonstances, mais ils étaient ravis de détailler les femmes des autres races. Les pauvres créatures devaient marcher dans un cercle, face aux spectateurs. Elles avaient les attitudes des esclaves vendues aux enchères. Certaines, les yeux pleins de larmes, fixaient le sol ; d'autres regardaient droit dans les yeux les spectateurs et les insultaient entre leurs dents serrées. Les gens présents les conspuaient sans ménagements ou leur faisaient des avances. Parmi la foule de la rue, certains avaient grimpé aux arbres pour mieux jouir du spectacle. Les invités de marque s'amusaient à les faire tomber en secouant les arbres. La foule applaudissait. Miss Poli, Miss Poli II et Miss Poli Consolation s'avancèrent dans l'espace libre. Le jeune adjoint au *sous-préfet* était chargé de les présenter et de danser avec la gagnante du concours. Miss Poli venait sûrement des régions montagneuses, elle était terrorisée. Lorsque le jeune homme s'approcha d'elle, elle serra les poings, pleurant de peur et de rage. Dans l'assistance, les sourires masquaient des menaces et des colères rentrées. La jeune fille trépignait dans ses chaussures en plastique bleu. Deux gendarmes la saisirent à bras-le-corps et la poussèrent brutalement hors de vue. La foule manifesta bruyamment sa satisfaction. Miss Consolation s'engouffra dans la brèche : la soirée pouvait commencer.

Les derniers succès occidentaux et la filandreuse musique nigériane conviaient les danseurs à se trémousser tant qu'ils pourraient tenir sur leurs jambes. Pour mon malheur, la grosse femme du docteur me fut mise d'autorité dans les bras. Et nous dansâmes plus de trente minutes. Nous tournions presque seuls en piste, tous les autres couples ayant préféré faire une pause pour jouir du spectacle que nous leur offrions. La dame devait faire de gros efforts pour se mouvoir. Elle me lâcha brusquement afin de pouvoir aller se débarrasser de ses chaussures, puis elle revint à ma rencontre d'un pas alerte. Ni elle ni moi ne voulions faire à l'autre l'affront de déclarer forfait. Nous nous obstinions donc à tanguer et vaciller, trempés de sueur et le souffle court. Une bonne âme nous apporta à chacun une bouteille de bière. Il est très difficile de boire tout en continuant à danser sans lâcher prise. Quelques badauds nous applaudirent.

Enfin je m'effondrai, quelque part dans un coin où le docteur sut me retrouver pour m'offrir une autre bière. Apparemment, il était en mesure d'apprécier mon tour de force. La fête battait son plein. Autrement dit, tout le monde était plus ou moins ivre. Vers minuit, je me retrouvai en compagnie de deux instituteurs de la savane, Patrice et Hubert. Où qu'il allât, Patrice ne se séparait jamais de sa chaise pliante. Il avait vécu une année parmi les Voko, sans aucun meuble. Dès qu'il en avait eu l'occasion, après une longue période dépressive, il s'était précipité à Garoua pour acheter une chaise pliante. Depuis, il avait juré de ne plus jamais s'en séparer. Il s'était même mis à danser avec sa chaise. La bière commençant à manquer, les invités se rabattirent sur le vin rouge. Ces mélanges de dernière heure ne produisent jamais rien de bon. On ne pouvait plus s'approvisionner en alcool qu'en s'adressant à un débit de boissons clandestin tenu par un musulman intégriste, à l'autre bout de la ville. Un infirmier à demi paralysé avait été chargé d'aller ravitailler les invités assoiffés. On l'installait sur sa moto, il démarrait et partait sans problème. Je n'y comprenais rien. Cinq minutes plus tard, il était de retour, mission accomplie. Et on le réinstallait sur une chaise pour lui permettre de boire tranquillement son verre de vin.

Patrice, sa chaise et moi sortîmes, attirés par les voix d'un groupe de Dowayo qui chantaient une histoire d'adultère. Un gardien de prison s'avança muni d'un magnétophone pour enregistrer les chanteurs. Il se conduisait comme si la musique lui appartenait d'autorité. Les Dowayo l'entourèrent et une femme piétina son appareil tandis que des gamins essayaient de lui mordre les mollets. Lorsque je faisais mon métier de chercheur, n'avais-je pas un peu le même comportement ? Il faudrait que j'en parle à Zuuldibo. Qu'est-ce qui m'avait préservé du sort de ce gardien indélicat ? En Afrique, il est encore plus dangereux qu'ailleurs d'être le témoin d'un délit ou d'un crime. La police ramasse tout le monde et tabasse tout un chacun jusqu'à ce que quelqu'un se dévoue pour se déclarer l'auteur du méfait. Ça marche à tous les coups.

A la réception offerte par le *sous-préfet*, les gendarmes occupaient maintenant le haut du pavé : ils dansaient entre eux. Après avoir fait quelques tours de piste au bras d'un sergent qui jouait les coquettes, je partis pour la mission. Il était cinq heures du matin, Jon m'accueillit en me plaisantant sur mes fredaines, sans ajouter foi à mes explications, convaincu que j'avais passé la nuit à me livrer aux pires débauches.

Mes recherches importantes étant plus ou moins terminées, il ne me restait plus qu'à entreprendre les démarches pour préparer mon retour à Londres. Comme je pouvais le prévoir, ce n'était pas une partie de plaisir qui m'attendait. Sans permis de sortir, j'étais retenu prisonnier dans le pays. Les missionnaires m'expliquèrent toutes les démarches à accomplir. Plus elles étaient inutiles, plus elles étaient compliquées.

La première salve fut tirée à Ngaoundéré. Par une fâcheuse coïncidence, mon permis de séjour expirait au moment où je déposai une demande de visa de sortie. Mais aucun fonctionnaire n'avait été formé pour comprendre que j'avais besoin d'une autorisation de séjour afin d'être en règle le jour où je demanderais un visa de sortie. Soit je voulais rester au Cameroun, soit je voulais en partir. Toutefois, je savais bien que, tant que je n'aurais pas pris place dans l'avion à destination de Londres, il était impensable que je puisse circuler sans avoir obtenu le renouvellement de mon permis de séjour : je savais qu'en cas de contrôle d'identité les gendarmes se montreraient intraitables.

Au bureau de la perception, on me fit remarquer que mon permis de recherches avait été établi à Yaoundé, que j'avais travaillé dans le nord du pays (une région dépendant administrativement de Garoua) et enfin que mon dernier visa de résidence m'avait été accordé à Ngaoundéré. Mon cas étant très particulier, on allait devoir l'étudier plus à loisir, et plus en détail. En attendant, on me remit un formulaire qui contenait, entre autres, les questions : « Nombre d'enfants ? Combien sont encore en vie ? » qui reflétaient la triste réalité de la forte mortalité infantile dans le pays. Lorsque je parvins à obtenir un rendez-vous avec le percepteur, il me signala que j'avais continué à payer des impôts en Angleterre – complication supplémentaire. Existait-il un accord fiscal entre mon pays et le sien ? Je l'ignorais totalement. Conciliant, il me suggéra de demander à mon ambassade une lettre précisant la réglementation fiscale britannique en la matière et de la lui apporter. Il me paraissait peu probable que l'ambassade accède à une telle demande. Aussi tentai-je de trouver un terrain d'entente avec le percepteur. Mais il resta inflexible.

Le temps passait. Mon visa n'arrivait pas. Un beau jour, on m'apprit que le poste de radio était en panne depuis un mois. Sans dialogue avec la capitale, il n'y avait aucune possibilité de m'établir un visa.

Le mois qui suivit me vit ballotté entre Garoua, Ngaoundéré et Yaoundé, pour le plus grand dommage de mes réserves d'argent. Tiraillé entre trois administrations distinctes, il finit par être évident que je ne trouverais jamais le moyen de sortir légalement du pays. Je me décidai à en parler à mes amis de Yaoundé que leur nationalité française rendait libres de se déplacer sans autre papier qu'une carte d'identité nationale. Ils me mirent en rapport avec un expert du bureau du trésorier-payeur général français, à qui je pus exposer toute la complexité de mes tribulations. Il sourit et me déclara qu'il n'y avait aucun problème : je n'avais qu'à user du stratagème habituel. Il suffisait que je fasse comme si je n'avais jamais quitté la capitale. Pour cela, il me fallait une adresse a Yaoundé; celle de mes amis français ferait l'affaire. Un Blanc a toujours besoin de domestiques noirs. Il doit pouvoir prouver qu'il leur accorde le salaire minimum et qu'il cotise pour eux à la Sécurité sociale. Mes amis me « prêteraient » toute cette figuration. Mon rôle consisterait à raconter que nous partagions le même appartement et que nous avions établi tous les papiers au même nom pour plus de commodité. Cela justifierait que rien n'ait figuré nulle part. Apparemment, diverses organisations utilisaient ce procédé pour échapper à l'horrible complexité administrative. Pour le cas où un fonctionnaire exigerait de visiter mon appartement, il fallait préparer les serviteurs à répondre à bon escient aux questions qu'on risquait de leur poser.

Restait à mettre le plan à exécution. Patiemment, au cours des semaines qui suivirent, je fis le siège des différentes autorités compétentes pour obtenir les neuf certificats requis. Ils devaient être dûment timbrés, et ce n'est qu'au prix d'interminables heures d'attente, de bousculade et de palabres, devenues pourtant familières depuis mon arrivée au Cameroun, que je parvins à les obtenir. Tous mes certificats d'emprunt passèrent comme lettre à la poste. L'inspecteur de la Sécurité sociale songea sérieusement à me rendre visite mais y renonça dès qu'il sut que je ne disposais pas de voiture pour le transporter jusqu'à l'appartement, d'autant qu'il pleuvait.

A la préfecture de police, pour obtenir mon visa, je passai d'un étage à un autre, d'un bureau à l'autre. Arrivé à neuf heures du matin, à trois heures de l'après-midi je pénétrai enfin dans le bureau du chef de la police, seul habilité à trancher. En effet, je n'avais plus de visa ni pour rester ni pour partir. Il me toisa d'un air dégoûté : « Donne-lui un visa! » aboya-t-il à un de ses subordonnés. Personne ne demanda à voir un seul des papiers que je m'étais procurés au prix de beaucoup de temps perdu et de peine inutile depuis sept semaines, sans parler de tout l'argent gaspillé. Je sortis du bureau accablé et incrédule. Et à bout de forces. Moïse a peut-être éprouvé quelque chose d'approchant lorsque Dieu lui a tendu les Tables de la Loi.

Toujours grâce à l'aide des membres de la mission, je commençai à faire la navette entre Ngaoundéré et Poli pour transporter mes affaires. Après la réception du *sous-préfet*, j'avais décidé, en grande partie sous la pression de Matthieu, d'organiser ma soirée d'adieu dans le village. J'avais pu me procurer une quarantaine de bouteilles de bière tandis que, de son côté, Mariyo devait brasser de la bière de mil. Pendant deux jours, le village fut en effervescence. Zuuldibo tressait des nattes pour les invités. Mariyo écrasait le mil en chantant d'une voix triste ou belliqueuse. Les enfants couraient en tous sens et se faisaient rabrouer ou chasser comme des mouches. Ils se disputaient tout ce que je jetais devant ma case. Entre leurs mains, comme entre les mains des adultes, les bombes aérosols devenaient des instruments de musique, les boîtes d'allumettes se changeaient en petits coffres à trésor et leurs étiquettes servaient de papier à cigarettes. On se disputait âprement la moindre boîte de conserve vide qui servirait d'ustensile de cuisine. Pour éviter que les enfants n'aillent ramasser et manger les médicaments qui ne me servaient plus, je pris soin d'aller les enterrer dans la savane. Quant aux hommes, ils se contentaient d'attendre la distribution de bière sans chercher à se rendre utile.

La fête se déroula dans la bonne humeur, dans la cordialité et avec beaucoup de délicatesse. Matthieu était déçu : il aurait aimé que je prononce un petit discours, ni plus ni moins comme le *sous-préfet*. Mais il n'était pas peu fier d'avoir été chargé de la distribution de la bière. Il exigea que les hommes fassent la queue pour avoir leur ration d'alcool, et il confia à son second le soin d'aller porter une bouteille de bière à tous les habitants du village qui n'avaient pu se déplacer, en lui recommandant de bien préciser qui était le donateur. En très peu de temps, tout le village flotta dans une douce euphorie.

Des instruments de musique firent leur apparition et un vieil homme se mit à racler le sol avec ses pieds tandis qu'un autre se balançait en mesure, bientôt suivi par tout un groupe d'hommes qui s'abandonnaient en jubilant au plaisir de la danse. La nuit était tombée, des villageois rentraient encore des champs. Accroupies à mes pieds, deux des femmes du chef du village sanglotaient bruyamment. Un musicien s'avança vers nous en jouant du tambour sur un tempo de plus en plus expressif et obsédant tandis que les danseurs se déroulaient autour de nous en battant des mains et en martelant de plus en plus fort le sol avec leurs pieds nus. D'une seule voix, par la magie de leur présence, ils m'adressaient un message obscur et pressant. Matthieu, réceptif et en alerte, se glissa derrière moi et me remit une poignée de pièces de monnaie françaises : « *Patron,* tu poses une pièce sur le front de chacun d'eux », me chuchota-t-il. Ce que je fis en leur offrant des paroles de bénédiction et de chance : « Que ton front soit le plus bosselé possible! » Cette formule traditionnelle ne pouvait que leur aller droit au cœur. Ils dansèrent de plus en plus frénétiquement puis s'évanouirent dans l'ombre pour aller attaquer les dernières bouteilles de bière.

Comme il se doit, Matthieu et moi nous rendîmes dans la hutte de Zuuldibo qui nous attendait en compagnie de riches Dowayo. J'essayai de ne pas trop m'embourber dans les formules d'adieux et de remerciements. Nous recommençâmes à boire bière sur bière. Au fil des heures, je pensais de plus en plus obsessionnellement au lit de terre qui m'attendait dans ma hutte. Il se mit à pleuvoir dans ma cabane : l'eau recommençait à filtrer à travers le toit.

Le lendemain, j'entendis parler comme d'un revenant de ma fameuse voiture. Elle était « presque réparée ». En effet, elle tenait d'aplomb sur ses quatre roues, en penchant toutefois nettement d'un côté d'un air canaille. Pour la reconduire à Kongle, il ne lui fallut pas moins de trois essais avant de démarrer, puis elle cala à deux reprises en cours de route. La troisième fois, lorsque je remis le contact, le moteur prit feu. Ensuite, je me retrouvai en panne sèche. Augustin obtint, je ne sais par quel moyen, qu'un employé du garage du *sous-préfet* me cédât quelques litres d'essence.

J'étais prêt pour le départ. Lorsque je réussis à faire démarrer la voiture, la sagesse me dicta de ne plus m'arrêter. Des Dowayo me souriaient et frottaient leurs pieds sur le sol. Barney, le chien, agitait sa queue. Jon et Jeannie souriaient en pensant aux chances que j'avais d'arriver à Ngaoundéré. Un geste de la main, un grincement de la boîte de vitesses, et je roulai en laissant derrière moi les montagnes où j'avais passé tant de temps à la recherche de choses étranges. Chaque départ s'accompagne d'un sentiment de vide, d'une fragile sensation de solitude cosmique. Pourquoi ne pas tout recommencer en oubliant que la recherche sur le terrain comporte surtout un pesant ennui, une grande solitude, un délabrement physique et moral. Tout d'un coup, un voile doré rend les sauvages plus altiers, les rituels plus fascinants. Mais si je parcours mon « journal de bord », je vois qu'en cet instant j'éprouvais surtout une joie hystérique à quitter le pays des Dowayo.

La voiture avait adopté une nouvelle conduite : elle aspirait par les conduits d'air toute l'eau de pluie glissant sur la carrosserie et la vaporisait en ronronnant sur les passagers. A Ngaoundéré, je passai deux semaines à tenter de faire embarquer sur un bateau un coffre plein de poteries. Le jour du vrai départ, je dis adieu à mes amis de la mission. Sans eux, je n'aurais pas été en mesure de mener à bien mon travail. Matthieu m'emprunta encore un peu d'argent, et je montai dans l'avion.

Mais le Cameroun n'est jamais à court de surprises. Le vol comprenait une escale d'une nuit dans le port de Douala, où j'eus l'imprudence de prendre un plat : vomissement et diarrhée qui sont, paraît-il, les spécialités de la ville lorsqu'on se hasarde à s'y restaurer. Je pus disposer d'un lavabo et d'un bidet – ce qui me fit agréablement oublier les salles de bains anglaises. Le lendemain, il fallut pratiquement me porter jusqu'à la passerelle de l'avion.

CHAPITRE XIII

Un Anglais d'ailleurs

La plupart des voyages en avion sont sans agrément. Sur mon siège, j'étais obligé de me tenir comme un I, une bouteille d'eau de Vichy à la main, sans cesser de surveiller les réactions de mon estomac. Et j'avais les oreilles agressées par la musique ou les dialogues tonitruants d'un film comique français de série. Sous mes yeux, je voyais le Sahara s'évanouir dans le lointain.

C'est à ce moment que j'eus l'idée de m'arrêter quelques jours à Rome, puisque je devais y changer d'avion. Je m'imaginais déjà jouissant béatement du calme et de la fraîcheur d'une chambre où je me serais voluptueusement glissé dans des draps légèrement empesés. L'ombre d'un arbre aux mille feuilles brillantes tomberait sur le lit et il pourrait aussi bien y avoir une fontaine dans la cour dont le murmure me bercerait.

Après l'atterrissage, je dus confier la majeure partie de mes bagages à une consigne. Entre ses mâchoires voraces, je ne vis pas mes carnets de notes et mon appareil photo disparaître sans une certaine appréhension. Devais-je aller jusqu'à partager leur sort ? N'ayant plus que ma veste de voyage fripée et salie et le pantalon dont m'avait fait cadeau la femme d'un missionnaire, j'attirais les regards incrédules des Romains à l'élégance étudiée. Mon air égaré, mes regards effarés ne pouvaient que susciter l'intérêt soupçonneux des *carabinieri* qui me suivaient du regard, les sourcils froncés.

Je trouvai ma chambre. Elle était bruyante et étouffante. Les lampes grésillaient. Son prix était une provocation. Une illustration de plus du rapport entre le désir et sa satisfaction, le fameux « de la coupe aux lèvres ».

L'écoulement du temps constitue l'une des notions qui différencient le plus un village africain d'une ville européenne, ce dont on parle peu. Pour un habitué du mouvement régulier de la vie des champs, où le temps se partage en saisons et où les jours n'ont pas de nom, les citadins semblent courir en tous sens, propulsés par le moteur de leurs innombrables frustrations. Je déambulais dans les rues de Rome tel un sorcier dowayo, dont la surnaturelle lenteur tire du quotidien son pouvoir magique. Les menus des cafés offraient un tel choix de plats que j'en étais paralysé : chez les Dowayo, j'avais pris l'habitude de m'en remettre aux autres, aux circonstances et aux nécessités du milieu. Là-bas, j'avais rêvé de repas pantagruéliques, ici je me contentais de sandwichs au jambon.

A force de m'entendre dire qu'en Italie je ne pourrais éviter, comme n'importe quel autre touriste, d'être volé, battu, pillé en pleine rue, je n'étais sorti en n'emportant qu'à peine de quoi m'offrir un café. En rentrant à mon hôtel, peut-être n'aurais-je pas dû être frappé de stupeur en constatant qu'on avait sorti de ses gonds la porte de ma chambre pour tout emporter, de mon billet d'avion à mes moindres vêtements. La direction déclina aimablement toute responsabilité. Ma capacité – très Afrique occidentale – à hurler et à me mettre en rage ne manqua pas d'être appréciée mais ne changea en rien ma situation. Dans l'une de mes poches, il me restait une livre. En pareil cas, il n'y a qu'une chose à faire : aller s'acheter des sandwichs. J'y fis ajouter une bière et m'installai à une table pour réfléchir posément. Le propriétaire du café était un gros homme alerte, narquois. Sur-le-champ il devina ma nationalité, ma profession, ma situation de famille. Puis il me montra une vieille photo de sa nombreuse progéniture. Il avait passé pas mal de temps au pays de Galles en qualité de prisonnier de guerre. Il me confia, presque en rougissant, qu'il y avait fréquenté des filles au tempérament très passionné. A mon tour, je lui racontai mes déboires.

« Ainsi, résuma-t-il avec un accent romano-celtique, vous n'avez plus rien. Je vais vous prêter dix mille lires. » Il posa sur ma table une liasse de billets, et je commandai un autre sandwich. Une si incroyable générosité ne me semblait pas plus exceptionnelle que tout ce qui l'avait précédée.

Mon bienfaiteur téléphona à l'ambassade d'Angleterre. Tout s'arrangeait. Je n'avais qu'à aller au commissariat pour y faire une déclaration, puis me rendre à l'ambassade où on se chargerait de me rapatrier en m'obtenant un passage sur un cargo.

Au commissariat, je vins grossir une horde de touristes outragés et désemparés, tous victimes des impitoyables brigandages de la jeunesse romaine. Automatiquement, un policier faisait passer les Allemands et les Anglais dans une pièce et dirigeait les Français vers une autre, beaucoup plus grande et plus fraîche que la première. Un homme parlant avec un fort accent de Bradford prit la parole : « C'est surtout à cause de Beryl que cette histoire m'embête. Beryl, c'est ma femme, dit-il en désignant une imposante personne portant un tailleur en tweed. Ils ont cru qu'elle était du genre à rigoler. Les hommes lui passaient devant en klaxonnant. Elle a dû jeter des poignées de prunes sur un type. (Nous la regardâmes d'un œil dubitatif). Puis, ces deux jeunes sont arrivés sur leur moto, et ils ont cassé la lunette arrière de la voiture à coups de marteau, avant de faire main basse sur nos bagages, absolument comme si nous n'étions pas là. » Gavé de sandwichs, je fis le mort jusqu'à ce qu'on me conduise dans le bureau d'un policier : « Vous avez été victime d'un vol à la gare centrale? – Non, à mon hôtel. – Combien? – Environ cent livres. » Il disparut en traînant les pieds.

Un autre policier entra dans le bureau et fit s'asseoir sur une chaise, en face de moi, un homme aux yeux fous, aux cheveux hirsutes, menottes aux poignets, qui se pencha et me fixa intensément. Nous savions l'un et l'autre que, si je le quittais du regard, il me sauterait à la gorge. Mais mon policier réapparut et me tendit une déclaration à signer. Décidément, on m'avait dérobé mille livres à la gare centrale, que je le veuille ou non. J'en avais vu d'autres, je signai sans hésiter.

A l'ambassade, des touristes atterrés patientaient sous la surveillance d'une attachée aux lèvres pincées, au regard malveillant. Elle faisait un exposé à une très jeune fille sale, en jeans déchirés : « Ça fait la troisième fois qu'on te dévalise à la gare, on ne peut plus continuer à te donner des passeports. Je vais téléphoner à tes parents. » La jeune fille renifla en gémissant : « Ils s'en foutent, non? » La dame serra un peu plus ses lèvres en signe de désapprobation : « Et cette fois, c'était qui? – Eh bien, on a rencontré ces deux mecs... » D'un geste, l'attachée d'ambassade lui fit signe de ne pas poursuivre. Elle disparut, nous laissant partagés entre la curiosité, l'embarras et la sympathie. La jeune personne nous dévisageait d'un air méfiant. Devant moi, un homme lui dit quelque chose qui la fit rire aux éclats. Ils s'écartèrent pour aller s'asseoir sur un siège près de la fenêtre.

« Viens ici, lança l'attachée en faisant irruption dans la salle. Je me suis mise d'accord avec tes parents pour qu'on t'avance le prix de ton billet de retour en Angleterre. Et ça aura lieu pas plus tard que demain, tu m'entends? » Tous les spectateurs se raidirent, sentant venir l'orage. La petite n'allait pas se laisser mener par le bout du nez. Mais elle nous surprit en se mettant à sourire d'un air ingénu : « Ça va, mignonne! Ce mec-là – elle désigna l'homme assis à côté d'elle – m'invite sur son yacht. » Et ils prirent la porte ensemble sous nos applaudissements muets.

Mon cas relevait de la pure routine. Seuls mes vêtements, mon pantalon surtout, m'attirèrent un regard et une moue de dégoût. En ce qui concernait mon retour en Angleterre, je n'eus qu'à rendre mes déclarations conformes à la déposition que j'avais signée au commissariat.

Dix-huit mois après mon départ, je me retrouvai sur le sol d'Angleterre, vêtu d'un pantalon déchiré, avec sept carnets de notes maculés, un appareil photo encrassé de sable et une déclaration de vol en italien. J'avais maigri de quarante livres. J'avais la peau tannée par le soleil et les globes oculaires d'un très beau jaune.

« Passeport? me demanda l'officier de l'immigration.

– Je regrette, je l'ai perdu, lui répondis-je en lui tendant ma déclaration en italien.

– Vous *êtes* anglais, monsieur?

– Heu... oui!

– Dans ce cas, vous allez devoir signer une déclaration dans ce sens, monsieur.

– Certainement.

– Parfait. Suivez-moi, monsieur. »

Ça ne pouvait pas se passer aussi simplement. Je flairais un traquenard. J'allais devoir jouer serré.

« Vous pensez que je peux me dispenser de crier, de vous menacer ou de vous proposer de l'argent?

– Si vous voulez bien me suivre, monsieur. »

Un paradoxe sur lequel les mathématiciens se sont largement penchés est celui du voyageur dans l'espace einsteinien. Ayant passé plusieurs mois à voyager dans l'univers, il revient sur terre pour découvrir que des dizaines d'années se sont écoulées. L'anthropologue qui voyage est dans une situation inverse. Il part pour d'autres mondes, pour ce qu'il considère comme un temps exceptionnellement long; il affronte des problèmes cosmiques; il vieillit énormément. A son retour, il s'aperçoit qu'à peine quelques mois se sont écoulés. Le gland qu'il avait mis en terre n'est pas encore devenu un arbre. Il n'a eu que le temps de lancer une fragile pousse. Ses enfants ne sont pas devenus des adultes et c'est à peine si ses voisins se sont aperçus de son absence.

Quel affront de constater que le monde fonctionne parfaitement sans vous. Tandis qu'il remettait en cause ses hypothèses les plus essentielles, le chercheur découvre que la vie a continué à couler doucement, sans remous. Ses amis collectionnent toujours les mêmes casseroles françaises et, au bas de la pelouse, l'acacia fleurit et prospère.

Un anthropologue ne s'attend pas à être accueilli comme un héros sur sa terre natale. Mais la désinvolture de certains de ses amis a quelque chose de blessant. Un de mes amis me téléphona pour me signaler que j'avais oublié un pull-over chez lui depuis deux ans et qu'il serait peut-être temps de venir le récupérer.

Vous éprouvez l'étrange sentiment d'être devenu un étranger au regard du monde qui vous entoure, où plus rien ne vous semble naturel ou normal. « Être Anglais » devient aussi peu convaincant qu'« être Dowayo ». Vous discutez de choses qui semblent importantes pour vos amis avec le même détachement appliqué que vous mettiez à parler de sorcellerie avec vos villageois. Il en résulte un sentiment d'insécurité qui prend des allures menaçantes et n'a d'égal que celui provoqué par la foule des gens qui ne cessent de se précipiter dans toutes les directions.

Le moindre achat dans un magasin vous met à la torture. Le spectacle des rayons d'alimentation dans un supermarché provoque en vous une répulsion qui va jusqu'à la nausée ou vous laisse interdit, incapable de faire un choix. J'en arrivais à faire le tour du magasin plusieurs fois de suite pour finalement renoncer à tout achat, ou à me jeter sur ce que je trouvais de plus coûteux en gémissant de crainte qu'on ne me confisque ces denrées de luxe.

Après des mois de solitude, la moindre conversation est une épreuve épuisante. Les silences qui se prolongent sont interprétés comme des menaces de mécontentement et, dans la rue, les gens s'offusquent de voir un homme parler tout seul. Se plier aux règles de la civilisation pose sans arrêt des problèmes douloureux. Le jour où le laitier laissa des bouteilles de lait en désordre sur le pas de la porte, je me lançai aussitôt à sa poursuite en l'insultant comme le font les Dowayo. Il s'en fallut de peu que je ne lui mette la main au collet. En Afrique, mon comportement n'aurait été qu'une marque de fermeté ; en Angleterre, je m'étais conduit comme un rustre. Sous cet éclairage, on se sent envahi d'humilité.

En revanche, de très petites choses procurent d'énormes satisfactions. Je devins un amateur passionné des gâteaux à la crème. L'eau courante, l'électricité me laissaient pantois d'admiration. Mais je répugnais à jeter les bouteilles vides ou les sacs en papier. En Afrique, on leur accorde tant de prix. En me réveillant le matin, j'éprouvais la volupté de découvrir que je n'étais plus dans ma hutte. Et mes carnets de notes se morfondaient sur mon bureau. Pendant des mois, j'évitai de les toucher et leur vue me révulsa.

Lorsque la malle contenant des poteries arriva, j'eus l'impression de l'avoir remplie des mois et des mois plus tôt. J'avais enveloppé chaque pièce dans des tissus dowayo et rangé le tout dans une malle en fer, recouverte d'étiquettes signalant en quatre langues la fragilité des objets qu'elle contenait. Tout ce soin avait d'ailleurs fortement intrigué Zuuldibo. Pourquoi ne pas en faire cadeau aux villageois ? J'étais riche. Je pouvais m'acheter les articles en fer émaillé qu'on fabriquait au Nigeria, comme le faisaient les potières. Mes femmes allaient en faire une drôle de tête lorsqu'elles découvriraient tout cet attirail en terre venu d'un village africain !

C'était étrange de retrouver la malle, qui avait séjourné dans ma hutte, dans un hangar humide et froid de Londres. Je l'avais expédiée lorsqu'elle était rectangulaire, depuis elle était devenue presque sphérique. Sur le couvercle, je distinguais les grandes empreintes des bottes d'un docker. Pour l'ouvrir, je dus m'aider d'un démonte-pneu. Ça fait toujours drôle de recevoir un paquet qu'on s'est envoyé : la double personnalité est prise à partie, surtout lorsque la personne qui le réceptionne est devenue si rapidement étrangère à celle qui l'a expédié. C'est le moment où l'on est tenté d'essayer de faire le point et de voir ce qui reste au compte des pertes et profits.

J'avais appris beaucoup sur un petit groupe d'hommes relativement peu important d'Afrique occidentale. La fin d'une enquête sur le terrain est une affaire de définition, non de fait. J'aurais aussi bien pu rester cinq ans de plus chez les Dowayo, à condition d'accepter la loi des rendements décroissants et de ne pas chercher à comprendre à tout prix des gens si différents de moi. Désormais, les monographies des anthropologues m'apparaîtraient sous un jour différent. Au premier coup d'œil, je décèlerai les passages délibérément vagues, évasifs, forcés, où les renseignements sont inappropriés, inutiles, avec une acuité qu'il m'était impossible d'envisager avant mon séjour chez les Dowayo. En essayant de comprendre la vision du monde de ces hommes, j'avais mis à l'épreuve la pertinence d'un certain modèle d'interprétation et de symbolisme culturel. Dans l'ensemble, il avait bien résisté à l'épreuve.

Sur un plan plus personnel, ma santé avait subi un coup dont je ne me remettrais que très lentement. Ma vague foi en la possibilité d'offrir une chance de salut culturel et économique au tiers monde n'avait pas résisté aux faits. Tout en trébuchant comme un astronaute sur le sol de mon pays qui m'était devenu étranger, j'éprouvais une vive satisfaction à redécouvrir que j'étais un produit de l'Occident, vivant dans une civilisation qui me sembla soudain précieuse et vulnérable. Mais le travail sur le terrain laisse, dans celui qui le pratique, une insidieuse accoutumance. Les séquelles de l'expérience n'ont aucune vertu neutralisante. Plusieurs semaines après mon retour en Angleterre, je téléphonai à l'ami qui m'avait suggéré de faire mes valises et de partir en Afrique, ou ailleurs.

« Ah, tu es de retour?

– Oui.

– C'était assommant?

– Oui.

– Tu as été très malade?

– Oui.

– Tu as rapporté des notes sans queue ni tête et tu as oublié de poser les questions essentielles?

– Oui.

– Et tu repars quand? »

Je ris faiblement. Pourtant, six mois plus tard, je repartais pour le pays des Dowayo.

TABLE

Petite Bibliothèque Payot

Guy Achard, La communication à Rome / **211**
Alfred Adler, Connaissance de l'homme / **26**
Alfred Adler, Le sens de la vie / **47**
Alfred Adler, Le tempérament nerveux / **84**
Alfred Adler, L'enfant difficile / **122**
Ernest Aeppli, Les rêves et leur interprétation / **64**
Alexandrian, Histoire de la philosophie occulte / **205**
Alexandrian, Histoire de la littérature érotique / **230**
René Alleau, De la nature des symboles / **319**
Jacques André, Être médecin à Rome / **256**
Gérard Apfeldorfer, Je mange, donc je suis / **140**
Hannah Arendt, Politique et pensée / **289**
Jean-Paul Aron, Le mangeur du XIXe siècle / **8**
Paul-Laurent Assoun, Freud et la femme / **219**
Piera Aulagnier, Un interprète en quête de sens / **43**
Pierre Avril, Essais sur les partis politiques / **41**
Michael Balint, Le défaut fondamental / **44**
Ilse Barande, Ferenczi / **270**
Jean-Pierre Barou, L'œil pense / **283**
Blandine Barret-Kriegel, L'État et les esclaves / **4**
Charles Baudouin, L'œuvre de Jung / **133**
Jean Bayet, La religion romaine / **360**
Walter Benjamin, Charles Baudelaire / **39**
Pierre Benoit, Le langage de la maladie / **318**
Eric Berne, Analyse transactionnelle et psychothérapie / **37**
Roger Beteille, La chemise fendue / **288**
Ernst Bloch, La philosophie de la Renaissance / **201**
Philippe Boulu, La dynamique du cerveau / **124**
François Boureau, Contrôlez votre douleur / **60**
Jean Bourguignon / Charles Houin, Vie d'Arthur Rimbaud / **172**
Régis Boyer, La saga de saint Óláf / **77**
T. Berry Brazelton, Écoutez votre enfant / **74**
T. Berry Brazelton, L'enfant et son médecin / **139**
Jacques Brosse, Mythologie des arbres / **161**

Michel H. Ledoux, Introduction à l'œuvre de Françoise Dolto / **262**
Jean-G. Lemaire, La relaxation / **45**
Sous la direction de **Bernard Lewis,** L'islam / **207**
Jean-Pierre Letort-Trégaro, Pierre Abélard / **311**
Anna Lietti, Pour une éducation bilingue / **179**
Lin Yutang, La Chine et les Chinois / **316**
Konrad Lorenz, Évolution et modification du comportement / **33**
Robert Lowie, Histoire de l'ethnologie classique / **49**
Margaret Mahler, Psychose infantile / **30**
Bronislaw Malinowski
La sexualité et sa répression dans les sociétés primitives / **28**
Jean Markale, La femme celte / **108**
Henri Massé, Anthologie persane / **330**
Predrag Matvejevitch, Bréviaire méditerranéen / **251**
Marcel Mauss, Manuel d'ethnographie / **13**
Gérard Mendel, Pour décoloniser l'enfant / **5**
Jack Messy, La personne âgée n'existe pas / **180**
Jacques Meunier, Le monocle de Joseph Conrad / **150**
A. de Mijolla / S. A. Shentoub
Pour une psychanalyse de l'alcoolisme / **40**
Pierre Milza, Voyage en Ritalie / **224**
Eugène Minkowski, La schizophrénie / **328**
Marie Moscovici, Il est arrivé quelque chose / **46**
Georges Mounin, La sémantique / **317**
J. D. Nasio
Enseignement de 7 concepts cruciaux de la psychanalyse / **111**
J. D. Nasio, Cinq leçons sur la théorie de Jacques Lacan / **203**
J. D. Nasio, L'hystérie / **263**
J. D. Nasio, Le plaisir de lire Freud / **356**
André Neher, L'identité juive / **198**
André Neher, Prophètes et prophéties / **272**
Jean-Pierre Néraudau, Être enfant à Rome / **295**
Rudolf Otto, Le sacré / **218**
Rudolf Otto, Mystique d'Orient et mystique d'Occident / **278**
Marc-Alain Ouaknin
Concerto pour quatre consonnes sans voyelles / **186**
Marc-Alain Ouaknin, Méditations érotiques / **187**
André Parrot, L'archéologie / **303**
Willy Pasini, La qualité des sentiments / **243**

Robert Louis Stevenson, Essais sur l'art de la fiction/**98**
Lytton Strachey, La reine Victoria/**126**
Rabindranath Tagore, La maison et le monde/**61**
Wou Tch'eng-en, Le singe pèlerin/**109**
René Thévenin/Paul Coze
Mœurs et histoire des Indiens d'Amérique du Nord/**94**
Louis-Vincent Thomas, Mort et pouvoir / **361**
Léon Tolstoï, Les récits de Sébastopol/**354**
Robert Turcan, Héliogabale et le sacre du soleil/**327**
Jean-Didier Urbain, L'idiot du voyage/**166**
Jean-Didier Urbain, Sur la plage/**271**
Jean-Didier Urbain, L'archipel des morts/**337**
Kati Varga, L'adolescent violent et sa famille/**304**
Alan W. Watts, Le bouddhisme zen/**70**
Arthur Weigall, Alexandre le Grand/**149**
Donald W. Winnicott, L'enfant et sa famille/**50**
Donald W. Winnicott, Fragment d'une analyse/**113**
Marina Yaguello, Les mots et les femmes/**75**

Petite Bibliothèque Payot/Classiques

Le livre interdit,
textes choisis et présentés par Jean-Christophe Abramovici/**298**
Maine de Biran : la vie intérieure,
textes choisis et présentés par Bruce Bégout/**237**
Les matérialistes au XVIIIe siècle,
textes choisis et présentés par Jean-Claude Bourdin/**280**
Karl Marx, Misère de la philosophie,
textes choisis et présentés par Jean Kessler/**294**
Politique d'Auguste Comte,
textes choisis et présentés par Juliette Grange/**293**
Politique de Condorcet,
textes choisis et présentés par Charles Coutel/**281**
La vision perspective (1435-1740),
textes choisis et présentés par Philippe Hamou/**238**

Petite Bibliothèque Payot/Voyageurs

Edward Abbey, Désert solitaire/**228**
John James Audubon, Journal du Missouri/**142**

Nigel Barley, Un anthropologue en déroute/**176**
Nigel Barley, Le retour de l'anthropologue/**267**
Nigel Barley, L'anthropologie n'est pas un sport dangereux/**365**
Jean-Michel Barrault, Le sacre et la pensée/**282**
Sybille Bedford, Visite à Don Otavio/**102**
Nicole-Lise Bernhein, Chambres d'ailleurs/**363**
Alain Blottière, L'oasis/**210**
Jean-Claude Bourlès, Retours à Conques/**242**
Jean-Claude Bourlès, Le grand chemin de Compostelle/**341**
Nicolas Bouvier, Chronique japonaise/**53**
Nicolas Bouvier, L'usage du monde/**100**
Nicolas Bouvier, Journal d'Aran et d'autres lieux/**155**
Fawn Brodie, Un diable d'homme (Richard Burton)/**130**
Bill Bryson, Motel Blues/**260**
Frank Bullen, La croisière du *Cachalot*/**147**
Richard F. Burton/John Speke, Aux sources du Nil/**58**
Robert Byron, Route d'Oxiane/**137**
Pino Cacucci, Poussières mexicaines/**307**
Théodore Canot, Confessions d'un négrier/**148**
Jean-Luc Coatalem, Mission au Paraguay/**346**
Anita Conti, Géants des mers chaudes/**322**
Anita Conti, Racleurs d'océans/**339**
Jules Crevaux, Le mendiant de l'Eldorado/**135**
Jules Crevaux, En radeau sur l'Orénoque/**193**
Richard H. Dana, Deux années sur le gaillard d'avant/**266**
Daniel Defoe, Les chemins de fortune/**119**
Daniel Defoe, Le grand rêve flibustier/**120**
Paul Del Perugia, Les derniers rois mages/**154**
Charles M. Doughty, Arabia Deserta/**189**
Lady Lucie Duff Gordon, Lettres d'Égypte/**333**
Gerald Durrell, La forêt ivre/**221**
Gerald Durrell, Le aye-aye et moi/**313**
Isabelle Eberhardt, Écrits intimes/**239**
Patrick Leigh Fermor, Courrier des Andes/**159**
Peter Fleming, Courrier de Tartarie/**79**
Peter Fleming, Un aventurier au Brésil/**152**
Robert Fortune, La route du thé et des fleurs/**181**
Robert Fortune, Le vagabond des fleurs/**320**
Louis Garneray, Corsaire de la République/**56**

Aaron Nimzowitsch, Mon système I / **157**
Aaron Nimzowitsch, Mon système II / **158**
Aaron Nimzowitsch, Pratique de mon système / **261**
Ludek Pachman, Les ouvertures / **173**
G. Renaud / V. Kahn, L'art de faire mat / **323**
Richard Réti, Les idées modernes aux échecs / **315**
Michael Stean, Les échecs simples / **114**
Siegbert Tarrasch, Traité pratique du jeu d'échecs / **117**
Xavier Tartacover, Tartacover vous parle / **115**

*Cet ouvrage a été reproduit
par procédé photomécanique par la
SOCIÉTÉ NOUVELLE FIRMIN-DIDOT
Mesnil-sur-l'Estrée
pour le compte des Éditions Payot
en septembre 1999*

Imprimé en France
Dépôt légal : février 1994
N° d'impression : 48164
ISBN : 2-228-88755-2